KB203991

루터의 생애와 신학에 관한 책은 이미 많이 나와 있다. 그러나 국내 저자가, 그것도 루터교 소속 신학자나 목사가 쓴 책은 거의 없었다. 『루터의 재발견』은 이 점에서 우리의 관심을 끈다. 이 책은 루터의 개혁 운동의 배경과 과정을 역사적으로 소상하게 알게 해주는 동시에 종교개혁이 지닌 의미를 다시 한 번 깨닫게 해준다. 무엇보다 몇몇 키워드를 가지고 루터를 다시 읽는 모습에서 한국 교회를 향한 저자의 목회자적 마음을 보게 된다. 자신의 신앙생활과 한국 교회의 현재와 미래를 생각하는 그리스도인이라면, 교파를 떠나 누구에게나 필독을 권한다.

강영안 미국 칼빈신학대학원 철학신학 교수·서강대학교 명예교수

운명과 자유는 늘 함께 간다. '시대의 아들'로 태어났으나 시대를 뛰어넘어 보편적 진리의 세계로 사람들을 이끌어야 했던 사람 루터, 그가 격랑의 역사와 맨몸으로 부딪쳐 일으킨 파란 불꽃이 미약하나마 세계를 밝히고 있다. 그는 당연의 세계에 의문 부호를 붙였다. 치열한 질문 덕분에 본질의 세계에 당도할 수 있었고, 그런 후에는 모든 것이 변했다. 복음의 본질을 가리고 있는 비본래적인 것들에 가차없이 도전했고, 그릇된 권위 앞에 숨죽이고 지내던 이들을 신앙적 주체로 호명했다. 저자는 루터와 종교개혁 이야기를 통해 오늘의 교회가 지향해야 할 방향을 가리키고 있다. 학문적 엄정함을 잃지 않으면서도 대중과의 소통을 소홀히 하지 않았기에 그의 글은 강한 흡인력으로 독자들을 빨아들인다. 종교개혁 500주년을 기념하여 루터에 관한 책 한 권을 읽고 싶어 하는 사람이 있다면, 단연 이 책을 추천하고 싶다.

김기석 청파교회 담임목사

내가 '루터'라는 이름을 처음 접한 것은 초등학교 때로 기억한다. 우리 동네에 마르틴 루터 초등학교가 있었기 때문이다. 궁금증 많은 어린 나이에 루터가 누구냐고 어머니께 물었는데, 어머니도 잘 몰라서 대답을 잘 못했던 기억이 난다. 사실 나를 포함하여 많은 독일인들이 루터에 대해서 잘 모른다. 그러다가 올해 종교개혁 500주년 특집 CBS 다큐멘터리 촬영차 저자와 함께 10일 동안 독일에서 보내게 되었는데, 내가 가톨릭 신자인데도 불구하고 많은 흥미로운 대화를 나누었고, 저자의 자세하고 생생한 설명 덕분에 처음으로 루터라는 인물에 대해서 깊이 배우게 되었다. 그때 나누었던 이야기가 바로 이 책에 오롯이 담겨 있다. 루터와 종교개혁 이야기는 개신교 신자뿐 아니라 누구나 들어도 배울 점이 아주 많다. '종교란 과연 어떤 역할을 해야 하는가?', '나는 과연 올바른 방식으로 종교 생활을 하고 있는가?' 등등. 『루터의 재발견』은 500년 전이 아니라 21세기를 살아가는 우리 자신의 재발견이다.

다니엘 린데만 방송인

16세기 종교개혁의 근본 정신은 교회가 무지와 편견에서 깨어나는 것이었다. 종교개혁 500주년을 맞이하여 한국 교회에 가장 절실한 일은 그 개혁 정신에 대한 무지와 오해에서 벗어나는 것일 게다. 종교개혁의 후예임을 자처하면서도 그 개혁을 주도했던 마르틴 루터조차 제대로 알지 못하는 것이 한국 교회의 개혁을 더 요원하게 만든다. 루터의 이름은 자주 언급되지만 그에 대한 지식은 피상적인 수준에 머물거나 편파적으로 뒤틀린 것들이 많다. 이런 상황에서 루터를 제대로 이해할 수 있는 책이 출간된 것은 참으로 감사한 일이다. 루터의 종교개혁이 성공적이었던 이유는 대중적 언어로 일반 신자들을 계몽하여 참 교회와 거짓 교회를 분별하는 지혜를 일깨워 주었기 때문이다. 이 책도 독자들이 쉽고 재미있게 읽을 수 있도록 이야기식으로 루터의 종교개혁을 풀어 가면서도 진중하게 우리 자신을 돌아보며 개혁 정신과 열정에 사로잡히게 한다. 저자는 종교개혁을 소비자 고발 프로그램에 비유하며, 소비자가 똑똑해져야 시장이 변하듯 일반 신자가 깨어야 교회가 변한다고 도전한다. 이 책으로 인해 "불량 교회와 불량 신학을 고발하고, 그 자리에 착하고 바른 교회를 세우는" 종교개혁의 후예들이 구름떼같이 일어나기를 바란다.

박영돈 고려신학대학원 교의학 교수

저자는 탁월한 이야기꾼이다. 단순히 많은 역사적·신학적 지식을 가지고 있거나 재미있게 말하는 재주가 있다는 의미가 아니다. 독자로 하여금 당대의 이야기를 지금의 상황 가운데서 자신의 이야기로 읽게 만드는 저자 특유의 능력과 기술 방법 때문이다. 물론 500여 년 전 중세 유럽을 중심으로 한 종교개혁 역사와 루터에 관한 폭넓고 균형 잡힌 지식이 없었다면 이 저술은 불가능했을 것이다. 저자는 이러한 지식을 바탕으로 기존의 기술 방법을 과감히 넘어서서, 연대기적 순서나 체계적 주제의 흐름들을 넘나들며 루터 이야기와 우리 시대를 흥미롭게 연결한다. 무엇보다 이 책이 호소력을 가질 수 있는 이유는, 그동안 한국 교회 상황에서 많이 오해되어 왔고 피상적으로만 알려져 있던 루터와 루터 신학에 대한 거의 모든 분야를 망라한 주제들에 대해 루터교에 속한 루터 신학자 입장에서 해명하고 있다는 점에 있다. 그런 의미에서 이 책은 루터와 종교개혁에 관한 역사적·조직신학적 주제들을 충실히 다루는 동시에, 피상적으로 알고 있던 루터 사상의 바른 방향과 깊이를 파악하는 데 큰 도움이 되리라 믿는다.

박일영 전 루터대학교 총장

우리는 루터를 모른다. 종교개혁 500주년을 맞아 한국 저자가 쓴 책 중에 오직 한 권, 이 책이 남을 것이다. 루터교 신학자이자 루터교회 목사인 저자를 찾아 5주간의 청어람 강좌를 열었던 결과물이 여기에 있다. 우리가 루터에게 던지는 온갖 질문에 대해 가장 정갈하게 갈무리한 답을 만날 수 있을 것이다. 우리의 루터 이해는 여기가 최전선이다.

양희송 청어람 ARMC 대표

2016년 10월, 청어람 ARMC가 주최하고 저자가 강론한 '루터의 재발견' 강좌에 참석했다. 생애 처음으로 루터에 대한 전문적 강의를 접할 수 있어서 매우 유익했다. 이 책은 그때의 강좌 내용을 체계적으로 정리한 것으로, 루터의 고민을 새롭게 제시하고 재해석하는 과정을 통해 질문과 소통 없는 한국 교회와 사회에 개혁의 의제를 던진다. 독자들은 종교개혁 500주년을 맞아 이 시대에 재해석된 루터를 통해, 이웃과 교회와 세상 사이에서 새롭게 소통하며 변혁의 영성을 함양할 수 있게 될 것이다.

이만열 숙명여자대학교 명예교수·전 국사편찬위원회 위원장

이 책은 루터의 삶을 근간으로 하고 있다. 즉 루터가 살아 냈던 삶이 이 귀한 책의 구조다. 진리를 추구하며 끊임없이 질문하라. 진리에 온몸을 바치며 비진리에 저항하라. 은혜로 다가온 진리의 말씀으로 세계와 소통하라. 그 토대 위에 오래된, 그러나 새로운 공동체 곧 교회가 움튼다. 그리고 우리가 사는 사회에 하나님 나라가 펼쳐진다. 어쩌면 우리는 이 책을 통해 루터를 처음 발견하는지도 모른다.

지형은 성락성결교회 담임목사

루터의 재발견

루터의 재발견

2017년 8월 30일 초판 1쇄 인쇄
2017년 9월 6일 초판 1쇄 발행

지은이 최주훈
펴낸이 박종현

도서출판 복 있는 사람
주소 서울특별시 마포구 연남동 246-21(성미산로23길 26-6)
전화 02-723-7183, 7734(영업 · 마케팅) 팩스 02-723-7184
이메일 blesspjh@hanmail.net
등록 1998년 1월 19일 제1-2280호

ISBN 978-89-6360-227-1 03230

이 도서의 국립중앙도서관 출판예정도서목록(CIP)은
서지정보유통지원시스템 홈페이지(http://seoji.nl.go.kr)와 국가자료공동목록시스템(http://www.nl.go.kr/
kolisnet)에서 이용하실 수 있습니다. (CIP 제어번호: 2017017845)

루터 의 재발견

Verbum
Domini
Manet
in Aeternum

질문,
저항,
소통,
새로운 공동체

최주훈 지음

복 있는 사람

'권위에 대한 믿음'을 '믿음에 대한 권위'로 바꾸려는

모든 저항자Protestant들에게

서문

우리는 루터와 종교개혁에 대해 전적으로 감사해야 한다는 사실을 전혀 모르고 있다. 우리는 정신적 편협함의 사슬에서 자유롭게 되었고, 우리의 근원으로 되돌아갈 수 있게 되었으며, 기독교라는 그 순수함 속에서 모든 역사와 문화를 이해할 수 있는 능력을 갖게 되었다. 우리는 하나님의 땅에 발을 확고하게 딛고 서 있을 수 있는 용기를, 그리고 성령을 받은 인간 본성 안에서 스스로를 느낄 수 있는 용기를 다시 갖게 되었다.

- 괴테Johann Wolfgang von goethe, 1749-1832,

1831년 에케르만과의 대화에서

마르틴 루터Martin Luther, 1483-1546는 종교개혁자다. 이는 정당한 평가다. 괴테의 고백처럼 루터는 교회를 넘어 역사와 문화의 근대적 변곡점을 마련한 인물로 알려져 있다. 그러나 후대에 다양한 분야에 영향을 끼쳤음에도 불구하고 루터는 오늘날 한국 기독교 세계에서 여전히 미지의 인물로 남아 있다.

그의 지명도는 세계적 관점에서 평가하느냐, 아니면 한국의 기독교 교세와 교파적 신학 맥락에서 평가하느냐 따라 달라진다. 세계사적 관점에서 본다면, 루터는 거의 모든 영역에서 영향력을 확인할 수 있는 개혁자로 힘을 발휘한다. 예를 들어, 신학·철학·교육·복지·문학·언어학·역사·음악·미술·정치·법 등 이 모든 분야에서 루터는 빼놓을 수 없는 중심인물 가운데 하나로 우뚝 서 있다.

그런데 매우 기이하게도 그의 신학은 한국에서 이미 오래전에 극복되었고, 무덤에 들어간 시체인 양 취급되어 왔다. 그러나 역시 매우 기이하게도 죽었다는 시체는 계속 부활하여 무덤 밖으로 나오고 있다. 현대 신학자들이 교회와 사회의 불안을 논의하며 새로운 길을 개척한다 하더라도 그 길들의 끝은 결국 막혀 있는데, 그 끝에는 항상 루터가 미소 지으며 기다리고 있다.[1]

한국에서 루터에 대한 무지 혹은 부정적 평가는 학문적 연구의 소산이라기보다는 쏠림 현상이 심각한 교파적 상황에서 기인한다. 여기에 기름을 부은 것은 미국의 근본주의 신학을 그대로 이식한 한국의 신학적 토양 때문이다. 자양분이 부족한 화분이 얼마 가지 않아 말라가듯, 한국 개신교는 점점 그 한계를 드러내고 있다. 비어 가는 교회는 제쳐 두고라도, 기독교 출판사와 학자들의 놀이터인 학회조차 특정 성향의 신학적 편중은 심각한 수준이고, 이는 곧 신학적 편식으로 이어졌다. 루터는 편집되어 버렸고, 그 자리에 칼뱅John Calvin, 1509-1564이 등 떠밀려 왕 노릇한 지 오래다. 그 옆에 웨슬리John Wesley, 1703-1791가 엉거주춤 서 있다.

2017년 현재 한국에 루터교회는 49개, 전체 성도는 최대치로 잡아도 5천 명이 채 되지 않는다(실제로는 반도 안 될 것으로 추정한다). 그 때문에 루터교회 목사인 내가 어디를 가든 소개하는 말이 생겼다. "당신은 지금 천연기념물보다 보기 힘든 루터파 목사를 만나고 있습니다."

1958년도에 한국에 발을 들였으니 선교 역사가 짧은 탓도 있겠지만, 선교 초기부터 '교회를 섬기는 교회가 되자'는 선교 원칙을 지켜 왔기 때문에 교세 확장과는 담을 쌓은 지 오래다. 다른 교파들처럼 소위 '공격적 마케팅'을 했다면 지금 상황이 많이 달라져 있을지도 모르겠다. 하지만 당시 장로교·감리교·성결교 등으로 즐비한 한국에 교회를 다시 경쟁하듯 세우는 것이 옳지 않다고 중지를 모았던 것은 지금 생각해도 비교적 깨끗한 출발이었다고 자부할 수 있다.

선교 초기 루터란아워Lutheran Hour 방송을 통해 '이것이 인생이다'라는 라디오 프로그램이 제작된 것을 비롯하여, 기독교 통신 강좌·한국 최초의 헌혈 운동·컨콜디아 출판사·최초의 성서연구 프로그램인 '베델성서'를 통해 한국 교회에 건강한 자양분을 공급했다. 이런 좋은 일들을 하면서도 '루터교회'라는 이름을 내세우지 않았다. 루터란아워 방송 말미에 항상 "이 방송을 듣고 예수를 믿고 싶으시면 가장 가까운 교회에 가십시오"라는 고정 멘트를 했고, 베델성서연구 자료집에서 루터교회의 흔적을 찾기란 거의 불가능했을 정도다.

'교회를 섬기는 교회'의 기치를 내건 한국 루터교회의 출발이 이렇듯 긍정적인 면만 있는 것은 아니다. 다른 한편으로 보면, 나쁜 신학에 대항할 만한 힘을 키우지 못했다고도 볼 수 있다. 공격적 마케팅으로 교회를 '부흥'(?)시킨 일부 교파들이 방송사와 언론사와 출판사를 소유하게 되면서 자유로운 학문의 장이 되어야 할 신학교까지 마케팅으로 장악했다. 그 결과 한국에서는 교단 기득권자들의 입맛에 맞게 '요리된 신학'이 아니고서는 살아남지 못하는 우스운 풍토가 조성되었고, 학자들은 입맛 까다로운 종교정치인들의 요리사가 되어 버렸다. 이것은 비극이다. 사정이 이렇다 보니 교회 목회자는 말할 것도 없고, 신학교에서조차 '루터는 이단'이라고 말하는 웃지 못할 일들이 실제로 여러 차례 벌어졌다.

그나마 다행인 것은 2017년 종교개혁 500주년을 맞이하며 루터 신학에 대한 관심이 높아졌고 다양한 소통과 논의의 장이 마련되었다는 점이다. 그러나 루터를 책 한 권, 한두 시간 학회나 강연으로 제대로 소개하기란 불가능하다. 그의 생애와 관련된 시대적 상황과 저작에 관한 사항만하더라도 다양한 스펙트럼이 존재한다. 더욱이 그가 저술한 문서 분량을보면 사람이 이렇게 쓰는 것이 가능할지 의문스러울 정도다.

또한 종교개혁 신학의 핵심이라고 모두가 동의하는 '칭의론' 자체만하더라도 몇 가지 명제로 압축하는 것이 불가능하다. 왜냐하면 종교개혁시대와 그로부터 파생된 '개신교 신학'의 각론으로 들어가면 칭의론을바라보는 각도가 일치하는 곳이 과연 존재하기나 할까 싶을 정도다. 그러한 맥락에서 이 책의 이야기들은 루터와 종교개혁을 전반적으로 아우르는 개론서가 아니다. 더구나 나는 그런 작업을 할 만한 깜냥이 되지 못한다. 그저 한국 땅에 살고 있는 루터파 목사의 관점에서 나누고 싶었던이야기들, 그리고 나에게 주어진 종교개혁과 개신교 정신의 의미를 풀어내려고 노력했다.

간혹 종교개혁을 오직 교회의 교리 차원에만 국한시키려는 현상들을본다. 그러나 그것은 매우 편협한 시각이다. 유럽 역사의 발전과 현대 유럽 사회의 모습을 유심히 관찰하면, 종교개혁 정신이 그 사회에 얼마나잘 녹아들었는지 볼 수 있다. 특히 루터교회의 영향력이 지대한 북유럽과독일, 덴마크의 현재 모습을 보면 뚜렷해진다. 우리가 부러워하는 정치인들의 청렴도·보편 교육 체계·토론 문화·사회복지 시스템·교회와 사회의 협력 관계 같은 것들의 기반을 추적해 보면, 거의 모두 여기에 기초해 있다고 보아도 과언이 아니다. 질문·저항·소통을 통한 새로운 공동체를 이루고자 하는 염원을 이곳에서 공통적으로 발견할 수 있다.

개신교 정신은 바로 그런 것이다. 권위주의 체제에 저항하고, 전통과 구습에 질문을 던지며, 그 질문지로 소통하고, 그 소통의 힘으로 교회와 사회를 변혁하는 새로운 공동체를 만들어 가는 힘, 그것이 개신교 정신이다. 우리가 루터를 배우는 이유가 바로 여기에 있다.

물론 16세기 당시 개신교라는 이름으로 여러 그룹들이 존재했다는 것도 간과하지 말아야 한다. 크게는 루터파·개혁파·재세례파·성공회, 조금 늦게는 웨슬리안까지 여기에 포함된다. 그러나 냉정히 따져 보면, 당시 이 그룹들은 결코 하나가 될 수 없는 일종의 경쟁 상대였다. 그럼에도 불구하고 공통분모는 확실했다. 일종의 '반가톨릭 진영'이라고 할 수 있다. 그러나 단순한 반가톨릭이 아니다. 정확히 말하면, 앞선 시대를 그대로 수용하는 것이 아니라 질문과 소통을 통해 재해석하고 그 해석의 힘으로 자기 삶의 자리를 변혁시켜 나간다는 것이 개신교 진영의 공통점이다. 그래서 나에게 종교개혁 정신은 간단히 말해, 질문하고 소통하여 바로잡고 새로운 공동체를 만드는 힘이다.

당연히 어그러진 것을 바로잡기 위해서는 힘이 든다. 그렇기에 그 일을 감당하는 사람이 '저항'이라는 이름의 프로테스탄트Protestant 곧 개신교인이 된다. 물론 나에게는 '저항'이라는 거창한 말보다 '개긴다'는 말이 더 친근하다. 어쨌든 개신교회가 가져야 할 근본적 기운이 이것이기에 우리는 '프로테스탄트'라는 이름을 자랑스럽게 여긴다. 그렇다고 무턱대고 개기는 그런 조잡한 저항이 아닌 것은 다 알 것이다. 그렇게 혼자 개기다간 얼마 가지 않아 탈진하고 만다. 잘못된 것·의혹이 있는 것·불의와 부정·권위주의를 향해 혼자가 아닌 같은 뜻을 품은 저항자들이 손을 잡고 개기는 것이 프로테스탄트의 저항 정신이다.

이 책에서 앞으로 '질문·저항·소통·새로운 공동체'라는 네 가지 핵심어를 뼈대로 루터와 종교개혁 역사를 풀어 나갈 것이다. 독자들과 함께 이 원리들이 역사 속에서 어떻게 작동하고 있는지, 그리고 현대 교회에서 반추할 개혁의 과제들이 무엇인지 차례대로 고민해 볼 것이다.

그 후 음악과 그림, 특히 비텐베르크 시 교회「종교개혁 제단화」와 개신교 최초의 교회 건축인 토르가우 성채 교회를 통해 종교개혁 정신이 예술 속에 어떻게 녹아들었는지 그 상관관계를 찾아볼 것이다. 그런 다음 '루터의 신학'에서 중요한 주제들을 골라 신학적 논의를 다룰 것이다(활발한 논의의 장을 마련하기 위해 별도로 참고자료를 덧붙였다).

앞서 언급했듯이 종교개혁 정신을 한 권의 책에 담는다는 것은 현실적으로 불가능하다. 그렇기에 다루지 못하고 빼 놓은 주제들이 여전히 많다. 이런 주제들은 다음 기회를 빌려 내놓을 계획이다. 다만 이 책의 목표는 현장 목회자가 이해한 루터와 종교개혁 정신을 가급적 쉬운 언어로 풀어내는 데 있다. 그 때문에 간혹 엉뚱한 문장이 튀어나올 수도 있는데, 너그럽게 이해해 주기를 바란다.

이 책을 내면서 감사한 이들이 있다. 우선 언제나 듬직한 지지자가 되어 주는 중앙루터교회 교우들에게 감사의 마음을 전한다. 한결같이 믿어 주는 이들이 없었다면 이 책은 나오지 못했을 것이다.

다음으로 청어람 ARMC 양희송 대표를 비롯한 스텝들에게 감사를 전한다. 2016년 10월부터 '루터의 재발견'이라는 제목으로 5주간 다섯 차례에 걸쳐 진행되었던 청어람 강좌는 나에게 크나큰 모험이고 도전이었다. 그동안 토막 지식으로 가지고 있던 것을 한데 묶어 내며 대중과 소통

했던 다이내믹한 경험은 이 책의 가장 큰 뼈대가 되었다. 청어람 강좌 원고는 그해 1월 양화진문화원 목요강좌에서 '루터의 종교개혁은 소통 혁명'이라는 주제로 발표했던 글을 확장시킨 것이고, 이 강의록을 다시 보완하고 수정하는 과정을 통해 이 책 『루터의 재발견』이 탄생하게 되었다. 청어람 강좌의 현장 분위기를 조금이라도 남겨 두기 위해 당시 인사말을 1장 앞부분에 그대로 담아 놓았다.

또한 2017년 4월 열흘 동안 함께 촬영했던 종교개혁 500주년 특집 CBS 3부작 다큐멘터리 「다시 쓰는 루터로드」(2017년 10월 방송 예정) 팀 반태경, 박유진 피디를 비롯한 열두 명의 스텝들에게 감사를 전한다. 이들 덕분에 책으로만 보고 상상했던 것들을 직접 찾아가서 확인할 수 있었고, 미처 보지 못했던 역사의 흔적들을 더듬어 볼 수 있었다. 이 책에 나오는 몇몇 에피소드와 사진 자료는 이들과 함께 독일 현지에서 발견한 보물 같은 것들이다.

또한 이 책의 출간을 흔쾌히 허락해 준 복 있는 사람 출판사 박종현 대표와 이 책이 나오도록 큰 힘을 실어 준 문신준 팀장, 매번 친구같이 그리고 매서운 편집자의 눈으로 글의 아귀를 따지며 완성도를 높여 준 문준호 팀장에게 감사를 전한다.

끝으로 꼭 언급하고 싶은 사람은 사랑하는 아내 김옥미, 그리고 깨물고 싶을 정도로 귀여운 내 딸 슬기다. 언제나 곁에서 기도해 주고 응원해 주는 가족이 내 일상의 힘이다.

2017년 8월 후암동 사무실에서

최주훈

차례

Verbum
Domini
Manet
in Aeternum

'메뚜기도 한철'이라는 말이 있다. 2017년이 종교개혁 500주년이니 루터교회 현직 목사인 나를 이곳저곳에서 부르는 것 같다. 사실 내 주위에는 훌륭한 루터 전공자들이 많다. 그런데 굳이 나를 부르는 이유는 아마도 '제철 곤충'으로 적당하다 싶어서인 것 같다. 이왕 부름받았으니 이 시간을 통해 루터교회 목사가 이해하고 있는 루터 이야기를 풀어 볼까 한다.

　우선 질문 하나 하겠다. 태어나서 지금까지 루터교회 목사를 한 번이라도 본 적이 있는가? 우리나라에서 루터교회는 총 49개, 현직 목사 수는 60여 명에 불과하다. 천연기념물보다 적은 숫자다. 그러니 이 책을 읽고 있는 당신은 지금 멸종 위기 동물과 마주하고 있는 것이나 다름없다. 사정이 이렇다 보니 루터교회를 의심의 눈초리로, 심지어 '이단', '삼단'으로 보는 분들을 자주 만나게 된다.

그런데 이런 현상은 다분히 '한국적 상황'이라는 것을 알고 있는가? 현재 루터교회는 세례 교인수 약 7,500만 명으로 성공회와 함께 전 세계 개신교 중에서 가장 큰 교단이다.

우리나라 최초의 방문선교사가 독일 루터교 목사인 칼 귀츨라프Karl Friedrich August Gützlaff, 1803-1851라는 사실을 알고 있는가? 나는 식탁 위에 강원도 감자가 놓일 때마다 1832년 충청남도 보령의 고대도에 상륙했던 귀츨라프를 떠올린다. 그는 당시 빈궁한 삶을 살았던 조선 백성들을 위해 감자씨를 가져와 심은 뒤 재배법을 가르쳐 주었다.

루터의 고향인 독일로 눈을 돌려 보자. 독일의 총리인 앙겔라 메르켈 Angela Dorothea Merkel을 알 것이다. 박근혜 전 대통령과 여러 모로 비교 대상이 되곤 한다. 메르켈은 유럽 역사상 가장 훌륭한 여성 정치가로 꼽힐 만큼 반듯하고 푸근하다. 그런데 메르켈의 아버지가 바로 루터교 목사라는 사실을 아는가? 제2차 세계대전 당시 히틀러 암살단에 들어갔다가 형장의 이슬로 사라진 디트리히 본회퍼Dietrich Bonhoeffer, 1906-1945라는 루터교회 목사의 이름은 많이들 들어 보았을 것이다. 그런데 내가 생각하기에 메르켈의 아버지 호르스트 카스너Horst Kasner 또한 본회퍼만큼 위대한 목회자다. 제2차 세계대전이 끝나고 동독과 서독이 분리될 때, 서독 함부르크 출신 목사였음에도 동독에 있는 자기 민족을 그대로 둘 수 없다며 자진해서 동독으로 넘어간 사람이 바로 메르켈의 아버지이고, 그런 아버지 밑에서 성장한 사람이 바로 독일 총리 앙겔라 메르켈이다.

또 한 명 꼽자면, 전직 독일 대통령 요아힘 가우크Joachim Gauck도 루터교 목사 출신이다. 독일은 총리제이기는 하지만 대통령의 권한도 무시할 수 없다. 그렇지만 2015년 10월 그가 한국을 공식 방문했을 때 언론의 주목을 전혀 받지 못했다. 그러한 데는 이유가 있다. 그는 2012년 취임 2년 만에 사퇴한 크리스티안 불프Christian Wilhelm Walter Wulff 대통령의 후임이기 때문이다. 그가 사퇴한 이유가 걸작이다. 독일은 한국과 달라서 고위 공직자가 되어 관사에 살게 되더라도 자기 급여로 집세를 지불해야 한다. 우리로 말하자면 대통령이 청와대에 살면서 집세를 내야 하는 것이니 우리에게는 좀 낯선 풍경이기도 하다. 하지만 불프는 주지사 시절 공관 집세가 너무 비싸다는 이유로 공관에서 살지 않고 자기 주택을 따로 구매하게 된다. 그런데 여기서 특혜 시비가 붙는다. 그 특혜라는 것이 은행보다 약 1퍼센트 포인트 정도 낮은 이자율로 지인에게 사채를 썼고, 이것이 대통령 재임 당시 문제가 된 것이다. 그런데 엎친 데 덮친 격으로 다른 특혜 의혹—친구의 돈으로 호텔 객실 업그레이드를 한 것, 아내가 0.5퍼센트 포인트 낮은 자동차 할부 이율을 적용받은 것, 자동차를 구입할 때 5만 원 상당의 장난감을 아들 생일선물로 받은 것—이 드러나 결국 자리에서 물러나게 된다. 우리나라에서라면 상상하기 힘든 일이지만, 공직자의 청렴과 양심을 중시하는 독일에서 이것은 충분한 사퇴 사유로 인정되었다. 다음 후임자가 바로 요아힘 가우크인데, 그는 원래 동독 출신 루터교 목사로 독일이 통일되기 전 동독에서 인권 운동을 하다가 모진 고문으로 장애가 생겼고, 1989년까지 동독 비밀경찰인 슈타지Stasi가 매일 따라다녔을 정도로 요주의 인물이었다. 한국에 와서도 인권에 대하여 강연하고 탈북 청소년 기관 같은 곳을 돌아다녔으니 박근혜 정부가 생각하기에 그리 탐탁지 않았을 것이다.

독일뿐 아니라 복지국가인 덴마크 역시 루터교 국가다. 우리나라 1970-80년대 새마을 운동의 효시가 바로 이곳인데, 그 운동의 창시자가 바로 덴마크의 아버지인 그룬트비히Nikolaj Frederik Severin Grundtvig ,1783-1872이며, 그 역시 루터교 목사다. 요즘 뜨는 북유럽 국가인 노르웨이와 스웨덴과 핀란드 역시 전 국민의 약 95퍼센트 이상이 루터교다. 그래서 우스갯소리로 산타클로스도 루터교인이라는 농담이 있을 정도다.

내가 이렇게 장황하게 루터교회를 소개하는 데는 이유가 있다. 앞서 소개한 모든 나라의 공통된 특징이 무엇인지 아는가? 이미 눈치 챘겠지만 독일·덴마크·노르웨이·스웨덴·핀란드와 같이 루터교회가 압도적인 나라, 루터교회 역사가 오래된 나라일수록 인권·복지·보편 교육 등이 잘 발달되어 있고 빈부격차가 그리 심하지 않다. 이것은 종교가 한 개인의 성향이나 정신 영역뿐 아니라 국가의 역사·문화·복지·교육·정치 같은 모든 분야와 밀접하게 연결되어 있다는 것을 방증한다. 루터는 그런 식으로 유럽의 기독교적 맥락에서 발견된다.

그런데 오늘 우리의 문제는 500년 전 독일의 이야기가 아니다. 21세기 우리 사회, 좁혀 말하자면 우리나라의 기독교 내에서 루터를 어떻게 발견하고 적용할 것인지의 문제다. 이것에 대해 고민하는 것이 이제부터 우리가 시작할 루터와 함께하는 여행이다.

한 가지 당부의 말을 하고 시작한다. 어쩌면 나는 이 책을 읽을 독자가 이제껏 익숙하게 들어 왔던 기독교 내의 교파─장로교·감리교·성결교·침례교·순복음 등─의 이야기들과 조금 다른 이야기를 할 수도 있다. 그런데 그 '다름'은 '틀림'이 아니다. 기독교의 세계란 서로 다름의 색깔이 함께 조화를 이루는 무지개와 같다. 기독교 역사도 마찬가지다. 아우구스티누스Sanctus Aurelius Augustinus, 354-430가 말한 것처럼 본질에서는 통일성을 추구하고 비본질에서는 다양성을 추구한 것이 바로 서로 다른 색깔의 기독교가 이제껏 함께 걸어올 수 있던 힘이요 원리다.

나는 '루터'라고 하는 조금 다른 색깔을 들고 이 자리에 나왔다. 천연기

루터의 재발견

넘물의 이야기이지만, 부디 잘 경청하여서 이 땅에 기독교라는 아름다운 무지개가 수놓아지기를 바란다.[1]

루터에 대해 아는 게 거의 없는 이유

한국에서 루터는 미지의 세계라고 할 수 있다. 그렇다면 우리가 루터에 대해 아는 게 거의 없는 이유는 무엇일까? 청어람 ARMC 양희송 대표는 그것을 세 가지로 정리한다.

첫째, 칼뱅파만 넘치고 루터파가 거의 없기 때문이다. 한국 교회에 칼뱅의 후예는 차고 넘치지만, 루터의 후예는 눈을 씻고 찾아봐도 만나기 어렵다. 다시 말해, 칼뱅을 시조로 생각하는 장로교가 '규범적 우세종'normative dominant이다. 굳이 장로교가 아니더라도 장로교에 준하는 규범이 한국 교회 주류를 이루고 있다.……반면 루터파로 꼽을 그룹은 극소수다. 교단으로는 루터교단이 존재하지만 총 목회자 수가 100명도 되지 않는 초미니 교단인데다, 한국에 들어온 것도 한국전쟁 이후다. 루터에 관해 들어 볼 기회는 확률적으로 극히 미미하고, 루터를 실천적으로 추종하는 이에게 들을 확률은 거기서 더 극미한 수준이다.

둘째, 루터의 저작을 읽을 기회가 드물기 때문이다. 루터에게 관심이 있는 이들에게 손쉽게 소개해 줄 대중적 책은 몇 권 되지 않는다. 최근에 약간 개선되는 느낌은 있으나 루터가 누구인지 손에 잡히게, 혹은 조금이라도 심도 있게 읽을 조건이 되어 있지 않다. '루터의 3대 논문'으로 꼽히는 책을 온라인으로 검색하면 서지정보도 제대로 뜨지 않는 옛날 버전만 있다. 관심이 있는 사람이라면 영문판 문헌은 무료나 소액으로 전자책을 구입할 수 있지만, 저작권도 다 풀려 있을 텐데 제대로 번역해서 출간하면 얼마나 좋을까 아쉬운 상황이다. 그의 저작을 직접 읽기가 쉽지 않다 보니 루터에 관한 이해는 대체로 파편적이다. 몇몇 영웅적 에피소드들, 그것도 과장되거나 오해된 말과 행동이 설교 예화 정도로 등장한다. 최근의 신학과 역사학 연구에 따라 수정해야 할 장면이 한둘이 아니다. 그가 과연 비텐베르크 교회 정문에 '95개조 논제'를 대자보로 박았는지, 보름스 제국의회1521에서 그가 남긴 발언의 정확한 내용은 무엇이었는지 등 정밀하게 재검토할 부분이 있다.

셋째, 루터 읽기의 기준이 없기 때문이다. 루터는 하늘에서 떨어진 인물도 아니고 진공 중에 살았던 존재도 아니다. 그는 특정한 역사와 공간을 살았던 맥락이 있는 존재였다. 가끔 마련되는 특강은 그를 제대로 파악하기 위한 기초 지식을 수립하느라 대부분의 시간을 까먹고 만다.……우리는 아마 종교개혁 500주년 행사를 성대하게 치르고 나서도 마르틴 루터에 관한 위의 세 가지 결핍을 고스란히 안고 있을 가능성이 크다. 나는 한국 개신교가 종교개혁 500주년을 이런 식으로 맞아서는 안 된다고 생각한다. 모종의 변화나 전환의 계기를 만들어 볼 수 있을 중요한 시기를 돈과 시간만 소진할 뿐, 성찰도 반성도 대안도 없이 보낼 수는 없는 일이다.[2]

위에서 지적한 대로 루터는 한국에서 "규범적 우세종"이 아니다. 상황이 이렇다 보니 루터에 대해 들어 볼 기회가 희박하다. 물론 루터를 전공한 유능한 학자들이 있기는 하지만, 삶의 자리를 타 교단에 두고 있는 분들이 대부분이고, 한국적 상황에서 루터에 대한 기초 지식이 보편적이지 않다 보니 이래저래 마음껏 자기 전공 분야를 펼치기 어려운 것도 사실이다. 그러나 이보다 원초적인 루터 연구의 난맥상은 다른 곳에 있다.

서문에서 말한 대로 루터의 생애와 관련된 16세기 상황과 저작에 관한 자료만 하더라도 다양한 스펙트럼이 존재하고, 그가 저술한 문서 분량만 보더라도 상상을 초월한 정도다. 예를 들어, '바이마르판'Weimarer Ausgabe, WA이라 불리는 루터 전집은 루터 연구의 1차 자료에 속한다. 루터 탄생 400주년을 기념하여 1883년 시작된 이 작업은 2009년에서야 마감되었고, 현재 8만 페이지의 글이 127권으로 편집되었다. 보통 집으로 따지면 한쪽 벽면이 모두 루터 전집으로 가득 차 있는 꼴이다. 루터 학자와 출판업자들이 몇 세대를 달라붙어 심혈을 기울인 이 대형 프로젝트의 진행이 130년을 훌쩍 넘어 버렸지만 여전히 서지 작업은 진행 중이다. 이런 학문적 열기와 출판계의 집념을 보고 있자니 그저 부럽기만 하다.

그런데 문제는 이렇게 거대한 분량의 글들 가운데 반 이상이 라틴어이고, 독일어로 쓰여진 부분조차 현대 독일어와 전혀 다른 문체인 경우가 많다는 것이다. 게다가 전 세계에서 매년 쏟아져 나오는 루터 관련 단독 저서와 학술논문만 하더라도 보통 1,500-2,000권 정도 되기 때문에 루터에 대한 객관적 평가라고 하는 것은 사실상 불가능하다. 사정이 이렇다 보니 종교개혁 신학의 핵심이라고 모두가 동의하는 '성서 이해' 자체만 하더라도 통일된 견해로 압축하는 것이 거의 불가능할 지경이다. 종교개혁 시대와 그로부터 파생된 '개신교 신학'의 각론으로 들어가면, 루터 신학을 바라보는 각도가 일치하는 곳이 과연 존재하기나 할까 싶을 정도로 다양하기 때문이다. 그러니 루터 관련 서적을 몇 권 읽고 아는 체하는 게 얼마나 미련한 짓인지 모르겠다.

하나 덧붙이자면, 연구 방법론에 관한 부분이다. 루터를 연구하고 서술하는 방법은 보통 역사적 서술과 조직신학적 서술로 구분된다. 양자 모두 장단점이 뚜렷하다. 역사적 서술은 사건의 세밀한 것들에 관심을 가져 '언제, 무엇을, 어떻게'라는 식으로 자료의 중요성을 말하는 반면, 오늘

이 시대에 의미를 창출해 낼 수 있는지 그 접점이 모호할 때가 많다. 한편 조직신학적 서술은 오늘의 관심 분야에 부응하는 면이 있지만 학자들의 입담으로 끝나는 경우가 많다. 게다가 한국인의 입장에서 루터 신학을 한 가지 주제로 꿰뚫어 가는 조직신학적 저술서나 일반인들이 이해하기 쉬운 관점의 저서들은 좀처럼 보이지 않는다. 거의 모든 경우 유명 외국 학자의 저작을 번역한 것이거나 평이한 수준의 종교개혁지 여행 가이드 정도다. 쉽게 말해 한국인의 관점에서 루터의 신학을 꿰뚫어 볼 수 있는 쉽고 창조적인 책을 만나기 힘든 것이 현실이다. 이런저런 이유로 한국에서 루터는 여전히 미지의 영역이다.

루터에 대한 평가

이제 기초부터 시작해 보자. 프로테스탄트 제1호로 꼽히는 루터라는 인물은 도대체 어떤 사람이었을까? 이 질문에 다양한 답이 나올 수 있다. 어떤 이는 까칠한 사람 또는 욕쟁이에 술꾼으로, 또 어떤 이는 칼날 같은 신학자로 그 이미지를 떠올린다. 분명한 것은 그가 통념적 신앙의 금지선을 넘어섰으며, 대학교 기독교 동아리 간사 같은 스타일은 아니라는 점이다. 루터의 글을 통해 보이는 다면적 인상은 가끔은 호탕하고 목소리 큰 의리파였다가, 또 어떤 때는 쪼잔한 공처가가 되기도 하고, 동네 아저씨처럼 헐렁한 모습을 보였다가, 또 어떤 때는 목숨 건 투사 같은 이미지를 보이기도 한다. 그렇다면 역사에 방점을 찍었던 사람들은 루터를 어떻게 평가할까? 다음은 루터에 대한 다양한 평가다.

마르틴 루터는 세상을 바꾸는 데 성공한 유일한 사람이다. 여기에 루터의 위대함이 있다. 사람들이 그를 루터파와 동일하게 본다면 그가 가진 위대함의 진가는 인정될 수 없을 것이다.……루터는 루터파와 아무런 상관이 없다. 그는 기독교 교회 역사에서 몇 안 되는 위대한 예언가 중 한 사람이다.

– 폴 틸리히Paul Tillich, 1886-1965

독일 이교도들은 국가의 권위에 관한 루터의 두 왕국설을 이용하여 나치를 기독교적으로 정당화시켜 버렸다.

– 칼 바르트Karl Barth, 1886-1968

사람들은 루터가 의도했던 것과는 전혀 다른 결과를 몰고 왔다. 그것은 루터의 생애와 과업을 의심하게 할 만한 것이었다. 이미 100년 전 키르케고르는 루터가 말한 것과 전혀 다른 것을 오늘날 사람들이 말하고 있을 것이라고 예언했다. 짐작하건대 키르케고르의 말이 옳다.

– 디트리히 본회퍼

우리는 분명 기독교라는 기반 위에 서 있다. 우리의 분명한 답변은 이것이다. 독일인 루터의 정신과 그의 영웅적 경건함에 상응하는 기독교 믿음이 바로 우리의 고백이다.

– 나치에 충성을 맹약하던 독일기독당의 「표준 원칙」1932에서

칼 마르크스와 프리드리히 엥겔스는 루터를 사회개혁의 창시자로, 그의 종교개혁을 봉건 체제에 대항한 유럽 시민 계급 최초의 결전決戰이라고 평가했다. 동시에 그들은, 혁명적 노동자 운동을 특별한 의무로 느꼈던 토마스 뮌처를 비롯한 농민 전쟁 참여자들이 루터가 제공한 동기에서 유발된 필연

적 결과를 구체화했다고 말했다.

- 루터 탄생 500주년을 기념하여 구 동독 사회학자 그룹이 제시한

「마르틴 루터에 대한 논제」1983에서

만일 마르틴 루터가 오늘날 살아 있다면 그가 설 자리가 있기나 할까? 그가 가르치던 비텐베르크 대학교는 1815년 할레 대학교와 통합되었다. 그러나 비텐베르크 대학교가 오늘날에도 존재했다면 그는 절대 교수로 초빙될 수 없었을 것이다. 그는 너무 보수적이고, 지나치게 경건하며, 더욱이 과거의 전통을 중시했던 '가톨릭적' 인물이었으며, 심하게 중세에 속해 있어서 시대의 정점에 서 있는 인물로 말할 수 없을 것이다. 물론 그가 이룬 업적의 결과물로만 평가하자면 의심의 여지가 없다. 그러나 그는 내 동료가 되기에는 너무 불편하고, 주류에 속하는 것을 좋아하지 않던 사람이었다.……악마에 관해서는 어떠한가? 악마에 관해서라면 그는 아직 계몽되지 않은 미개인의 상태였기에, '악마가 없었더라면 도대체 그가 무엇을 할 수 있었을까?' 하고 진지하게 되묻게 된다.……하나님도 그에게 너무 멀리 있었기 때문에 '악마가 없었더라면 자기 상태가 더욱 나빠졌을 것'이라는 그의 대답이 얼마나 이상하게 들리는지!……그를 대학 교수 자격으로 강의할 수 없게 만들 결정적인 근거는 현대 심리학적 분석 결과라고 할 수 있다. 심리학적 소견서의 결과는 다음과 같이 나올 것이다. 파라노이아 레포르마토리카Paranoia reformatorica 곧 "개혁 망상."

- 네덜란드 교회역사가 헤이꼬 오브르만Heiko Oberman, 1930-2001,

『루터: 하나님과 악마 사이의 인간』1982에서

예수 그리스도의 모습으로 나타나 우리에게 분배된 하나님의 무한한 은총에 관한 복음, 그것은 복음을 믿는 새로운 언어 형식이며 이해였다.……

루터의 재발견

우리의 눈에 띄지 않았지만 실상 가장 큰 영향력을 발휘한 루터의 존재에 대해 오늘날의 가톨릭은 고민하고 답을 내놓아야 한다. 이 책은 간단한 조언으로 끝을 맺고자 한다. 루터를 읽으라! 이는 구교와 개신교를 믿는 모든 그리스도인을 위한 조언이다.

— 가톨릭 신학 교수 오토 헤르만 페쉬Otto Hermann Pesch, 1931-2014,

『루터에게로』2004에서

루터는 지난 1,500년간 누구도 하지 못했던 것을 해냈다. 그동안 아무도 알아채지 못했던 바울 사상의 근간인 칭의론으로 들어가는 직접적이며 중요한 통로를 발견한 것이다. 1,500년 동안 미루어져 왔고, 파묻히고, 봉인되어 덧칠된 바울 사상의 근간인 칭의 사상을 알려 준 것은 놀랍고도 거대한 신학적 업적이다. 따라서 로마는 루터를 공식적으로 복권시키고 그에 대한 파문을 취하하기를 촉구한다.

— 한스 큉Hans Kung,

기고문 「가톨릭 교도들이 루터 사건 앞에서 자백해야 할 일」1996에서

거인의 어깨 위에 서 있는 난쟁이는 당연히 거인보다 멀리 볼 수 있다. 특히 난쟁이가 안경을 썼을 때는 더욱 그러하다. 그러나 거인의 실수에 대해 신랄하게 비판하는 것은 우리에게 어울리지 않는다. 높은 곳에서 바라보기는 하나 거인의 심장 안에 깃든 고귀한 감정마저 우리의 것으로 만들 수 없다. 우리에게는 거인의 심장이 결여되어 있다. 루터의 견해가 편협하다고 비판하는 것은 우리에게 어울리지 않다.

— 하인리히 하이네Heinlich Heine, 1797-1856,

『독일의 종교와 철학의 역사』1834에서

이렇듯 루터는 다면적 인물로 평가된다. 어느 각도 어느 관점에서 보느냐에 따라 평가는 달라진다. 그런데 이처럼 다양한 관점이 나올 수밖에 없는 이유는 앞서 언급한 대로 그의 방대한 저술과 역사 정황, 그리고 해석자가 서 있는 삶의 지평 때문이다. 이는 루터 연구의 난맥상이지만, 역으로 말하면 루터 연구의 다양성을 확보할 수 있다는 뜻이기도 하다.

다만 루터를 알아가면서 주의해야 할 점이 있다. 루터는 슈퍼맨이 아니라는 점이다. 그 역시 한계가 분명한 '시대의 아들'이다. 이 점은 매우 중요한데, 이것을 간과한다면 루터에 대한 이해는 영웅담이 되어 버리기 십상이다. 루터 역시 중세 시대의 특징들을 그대로 가지고 있었고, 미신적 세계관·중세 신분 질서·반유대주의적 편파성을[3] 지니고 있던 인물이다.

프로테스탄트 제1호·새로운 교회 창립자·보편 교육과 복지의 초석을 놓은 사람·현대 민주주의의 초석·종교적 천재·탁월한 설교자이자 목회자 등등 루터는 다면적으로 관찰된다. 그러나 우리에게 중요한 것은 다른 사람들이 이해한 루터도 아니고, 500년 전 먼 나라 독일의 종교개혁 이야기도 아니다. 루터를 본다는 것은, '내가' 이해하는 루터와 '오늘 우리 시대 한국 땅'에서 건져 올릴 종교개혁의 의미를 찾는 것이다. 이러한 맥락에서 앞으로 전개될 루터의 이야기는 순전히 나의 관점에서 시작하고, 한국의 현직 루터교회 목사인 내가 발견한 의미를 펼쳐 보고자 한다.

2

문제의
발단

Verbum
Domini
Manet
in Aeternum

종교개혁이란?

우선 '종교개혁'이라는 용어부터 시작해 보자. 이 용어는 'Reformation'을 번역한 것이다. 그러나 이것만으로는 불충분하다. 왜냐하면 유럽과 세계사 속에서 이해하는 'Reformation'은 단순히 한 종교에 국한된 역사가 아니기 때문이다. 20세기 말 유럽 중심주의 역사관을 탈피하자는 의도 때문에 잠깐 동안 'European Reformations'라는 용어를 사용하는 학자들이 몇 명 있었지만, 16세기 개혁 운동의 정신을 세계 도처에서 이어받았다는 의미에서 이제는 'Reformation'이라고 통용된다.

한국에서 1910년 이전에 이 용어를 사용한 흔적은 찾아보기 어렵다. 19세기 말 아펜젤러Henry Gerhard Appenzeller, 1858-1902가 가져온 여러 선교 문서들을 번역하는 과정에서 '대개혁'으로 번역되기도 했는데, 정확한 용어 사용은 1905년 10월 11일자 「매일신보」 논설 제목 '종교개혁이 정치개혁의 근본이 된다'에서 찾을 수 있다. 그 후로 'Reformation'은 '종교개혁'으로 통용되었다.[1]

주목할 것은 한국에서 종교개혁이라는 용어를 처음 사용할 때 정치개혁과 연관시켰고, 그것이 단순히 교회에 국한된 사건이 아니라는 점을 초기부터 인식했다는 점이다. 이런 이해는 매우 정당하다. 왜냐하면 루터의 개혁은 교회의 교리개혁으로부터 시작하여 권위주의를 타파하는 민주주의 체계의 근간이 되었고, 보편 교육, 사회복지의 틀로 확장되어 역사를 만들었기 때문이다.

앞서 언급했다시피, 종교개혁은 교리 차원에 국한될 수 없다. 그 정신은 유럽 역사의 거의 모든 영역에서 발견된다. 그렇다면 16세기 종교개혁은 어떤 배경 가운데 등장했을까?

르네상스 교황기

15세기 우리나라 땅에는 세종대왕재위 1397-1450이 문화의 위대한 꽃을 피우고 있었다. 그런데 지구 반대편 서쪽에서는 사회 곳곳에서 아주 고약한 냄새가 코를 찌르고 있었다. 얼마 지나지 않아 서구 유럽은 급변하는 시대를 맞게 되는데 콜럼버스의 신대륙 발견1492, 고종 21년1234 상정고금예문보다 216년 늦은 구텐베르크Johannes Gutenberg, 1397?-1468의 금속활자술 발명1450, 대학 개혁, 인문주의의 발흥 같은 거대한 사건들이 튀어나오기 시작했다.

이런 서구 역사의 급변기를 논할 때마다 등장하는 게 '중세는 암흑기'라는 말이다.[2] 그런데 실제로 암흑기였을까? 우선 고려해야 할 것은 중세는 거의 완벽한 종교세계였다는 점이다. '요람에서 무덤까지'라는 말을 일반적으로 사회복지 분야에서 흔히 사용하지만 이 말은 원래 교회의 성례전 시스템에서 기원한 용어다. 출생 직후 유아세례로부터 임종의 순간 종부성사(가톨릭 7성사 가운데 하나로 신자가 병이나 노쇠로 죽을 위험에 놓였을 때 받는 성사)까지 교회가 책임지는 성례전 시스템은 중세인들의 삶의 기초가 어디에 있었는지를 여실히 보여준다. 중세인들의 종교적 열정과 열심은 대단했다. 예를 들어, 중세 초기 기독교의 특징 중 하나로 꼽을 수 있는 '수도원 운동'과 다양한 경건의 삶과 예배에 대한 '방대한 서적'들이 이를 방증한다. 종교개혁 직전이던 15세기만 하더라도 거대한 교회 건축 프로그램들이 왕성했고, 순례 여행 역시 활발했으며, 성물 수집도 유행했다. 시대사적으로 분류할 때 그때를 '신비 문학의 범람기'로 구분하는 것만 보아도 종교적 열심이 얼마나 대단했는지 알 수 있다.

그럼에도 불구하고 중세, 특히 15세기는 '종교적으로 왕성한 시대, 그러나 암울한 시대'였다. 몇 가지 예를 들어 보자. 우선 종교인들의 악폐와 타락상을 들 수 있는데, 교황부터 말단 수도사까지 예외 없이 비판거리로 넘쳐난다. 가톨릭 교회사가들이 피하고 싶어 하는 역사가 바로 이 지점이다.

이 시기는 일명 '르네상스 교황기'로 불린다. 르네상스 교황이란 1440년에서 1520년까지 활동한 교황을 일컫는다. 이 시기 교회는 교황청이 로마에서 아비뇽으로 옮겨진 '아비뇽 유배'와 교황이 두 명인 '서구 대이교' 시기 등을 거치면서 쇄신의 목소리가 높았고, 엎친 데 덮친 격으로 콘스탄티노플을 함락시킨 오스만 튀르크의 침공 위협이 극에 달했다. 또한 이탈리아 내 도시 국가들의 분쟁이 말할 수 없는 지경에 이르렀고 동시에 민족국가들의 등장으로 인해 군주들이 성직 서임권을 마음대로 처리하려는 국교회(정부 주도형 교회) 사상이 드높았던 시기였다. 따라서 어느 때보다 영적 임무에 충실하고 교회개혁의 과업을 성실히 수행할 교황들이 필요했다. 그러나 불행하게도 교회를 세속화시키고 성직을 부패시킨 교황들이 줄을 이었다. 마치 10세기 카롤링거 왕조의 몰락 이후 닥친 교황들의 암흑시대가 다시 도래한 듯했다.

이 시기의 교황들은 '베드로 세습지'를 사유 영지처럼 생각하며 스스로 한 국가의 군주처럼 행동했고, 교황직의 보편적 사명을 잃어버렸다. 다만 로마를 예술품으로 장식하는 데 보다 관심을 쏟는가 하면, 문란한 생활을 통해 얻은 사생아들에게 영지를 주는 데 혈안이 되기도 했다. 자기 친족에게 성직과 영주의 자리를 넘기는 족벌주의는 이 시기 교황들의 특징처럼 되어 버렸는데, 결국 종교개혁의 한 원인이 되기도 했다. 그들은 교황령 지역들을 아들이나 조카에게 봉토로 주었을 뿐 아니라, 아예 교황령에서 빼내어 독립 공국으로 만들 시도까지 했다. 사실 족벌주의는 강력해진 세속 군주들의 도전에 중앙집권 체제를 구축해 강력한 교황권을 갖기 위한 방편으로 사용된 것이었지만 그 폐해가 너무 컸다. 그리고 이런 목적으로 임명된 추기경단은 그 능력이나 신앙적인 면에서 너무 형편없어서 결국 또다시 자격미달의 교황을 선출하는 악순환을 되풀이할 수밖에 없었다.

르네상스 교황들 중 특히 식스토 4세_{Sixtus IV, 재위 1471-1484}부터 레오 10세_{Leo X, 재위 1513-1521}까지의 50년간은 교황권이 최악으로 퇴폐한 시기였다. 시스티나 성당_{Sistine Chapel}을 건립한 식스토 4세는 후에 교황이 된 조카 율리오 2세_{Julius II, 재위 1503-1513}를 비롯해 두 명의 조카를 추기경으로 만들었고, 또 다른 조카에게는 이몰라 공국을 사유지로 제공하는 등 족벌주의를 제도화하며 교황청과 추기경단을 사유화했다. 1451년 아마데오 8세_{Amedeo VIII, 1383-1451}는 교황청을 매수하여 여덟 살이었던 자기 아들을 제네바 시의 주교로

임명했다. 인노첸시오 8세|Innocentius VIII, 재위 1484-1492는 추기경 매수를 통해 교황
이 된 인물이다. 그는 사제가 되기 전에 이미 두 명의 사생아가 있었는데,
교황이 된 다음 이들의 결혼식을 바티칸에서 성대히 거행하기도 했다. 또
한 그는 자신의 사돈인 메디치 가문의 열세 살짜리 소년을 추기경으로
임명하기도 했는데, 이 사람이 후에 루터를 파문한 교황 레오 10세다.

인노첸시오 8세의 뒤를 이은 알렉산데르 6세|Alexander VI, 재위 1492-1503는 교황
역사상 최악의 교황으로 손꼽힌다. 삼촌인 갈리스토 3세|Callistus III, 재위 1455-1458
교황에 의해 추기경이 된 뒤 1492년 추기경단에 돈을 뿌려 교황이 되었
다. 그런데 그는 교황이 된 이후로도 몇 명의 정부情婦를 거느리고 있었고,
알려진 사생아가 최소 7명에 이르렀으며, 심지어 교황청 부근에 수도사
를 위한 공창 지역을 만들라고 지시할 정도였다. 그가 낳은 사생아 중 한
명을 추기경으로 임명하고 나머지는 모두 교황령의 영주로 만드는 등 족
벌주의를 일삼았다. 예수회 3대 총장은 그의 손자다.

비오 3세|Pius III, 재위 1503와 같이 청렴하고 신앙심 깊은 교황들도 있었지만,
르네상스 시기의 교황들은 거의 대부분 영적 지도자의 모습을 갖추지 못
했으며 세속적 권위를 지키는 데에만 몰두하여 교황권의 위신을 스스로
추락시켰다. 한편으로 이 시기 교황들이 르네상스 시대의 문예 부흥에 크
게 이바지한 측면도 있지만, 교회 내부 개혁을 등한시했으며 족벌주의로
교회를 더욱 피폐하게 만들었다. 심지어 루터의 개혁을 단순히 수도자들
의 불평 정도로 치부하고 개인적 관심사에 심취하면서 교회는 돌이킬 수
없는 역사의 대격변을 맞게 된다.[3]

돈이면 주교도 될 수 있고 교황도 될 수 있던 시대였다. 『군주론』의 저
자 마키아벨리Niccolo Machiavelli, 1469-1527는 "이와 같은 부도덕한 시대의 원인은
바로 교황의 부도덕에서부터 시작했다"고 일침을 놓기도 했다.

교황만 부패한 시기가 아니었다. 매관매직은 일반 사제들 가운데서도 비일비재했다. 하위 성직자들도 문젯거리였다. 라틴어 문맹인 사제들이 수두룩했고, 이로 인해 뜻도 모르고 앵무새처럼 나불거리던 라틴어 미사 경문들은 평신도들의 높아진 지적 수준으로 인해 점점 조롱거리가 되어 갔다. 15세기 도시의 경우에는 실제로 평민들의 문맹률이 점차 해소되기 시작했다. 성직자를 향한 불만이 '불평 문학'grievance literature이라는 장르까지 만들어 낼 정도였으니 어느 정도였는지 가히 짐작할 만하다.

인문주의

그러나 이런 상황은 점차 한계를 드러냈다. 결정적인 역할은 교육을 통한 평민들의 지적 수준이 높아진 데서 기인한다. 여기에는 인문주의 학자들의 공도 간과할 수 없다. 인문주의는 르네상스의 근간을 이루는 세계관이다. '원천으로 돌아가자'ad fontes는 인문주의자들의 구호는, 고전에 대한 유려하고 탁월한 교양만 추구한 것이 아니라 성서 원문 연구에 대한 중요성도 함께 부각시켰다.

이런한 인문주의 운동의 대표적 사례가 에라스무스Desiderius Erasmus, 1466-1536다.[4] 에라스무스는 1503년 출간된 『그리스도의 군사에게 주는 안내서』에서 교육받은 평신도 남녀들에게 다음과 같이 강력하게 주장한다. "교회의 미래는 성서를 아는 평신도들의 등장에 달려 있다." 이것은 단순한 주장이 아니었다. 그는 평신도들의 자기 인식의 수준과 폭이 교회의 미래를 결정할 수 있다는 확고한 신념을 가지고 있었다. 그런 신념하에 에라스무스는 1516년 『헬라어 신약성서』를 출간하기에 이른다. 이 출간은 당시 신성불가침 영역으로 여겨지던 라틴어역 『불가타 성서』의 권위에 정면으로 도전하는 것일 뿐 아니라, 교회 신학자들이 독점하고 있던 교리의 근간을 뒤흔드는 일로 간주될 만한 시도였다. 그는 『불가타 성서』의 필사본과 원문을 꼼꼼히 대조하고 확인하였으며, 원문을 임의로 바꿔 놓은 곳을 여실히 드러내 보여주었다.

예를 들어, 당시 신학자들이 삼위일체 교리를 옹호할 때 가장 강력한 증빙 구절로 제시되었던 요한1서 5:7-8의 번역은 원문에 없는 내용이 『불가타 성서』에 임의로 삽입되었다는 것을 밝혀냈다.[5] 원문을 읽을 줄 아는 인문학자들의 등장은 성서 해석의 독점권을 주장하던 로마 교회에 대한 도전으로 여겨졌다.

그러나 '성서를 원문으로 읽어야 한다'는 요구는 서유럽 전역에서 폭넓은 지지를 얻었고, 이와 더불어 르네상스가 표방한 이상향을 목표로 삼은 신생 대학들이 설립되기 시작했다. 그 대학들의 공통점은 헬라어·히브리어·라틴어에 능통한 교수를 채용하고 그런 학생들을 길러 내는 데 초점이 맞춰져 있었다. 이 당시 대학이 목표로 삼은 인재상은 곧 언어에 능통하여 고전 문헌을 읽어 낼 수 있는 사람이라고 할 수 있다. 벨기에의 루뱅 대학교1425, 스페인의 알칼라 대학교1499, 독일의 비텐베르크 대학교1502, 옥스퍼드 대학교의 코르푸스 크리스티 칼리지1517, 파리의 왕립 콜레쥬 드 프랑스1530가 이런 목표로 설립되었다. 이 점에서 루터가 신생 대학이었던 비텐베르크 대학교를 종교개혁의 본거지로 삼은 것은 우연이 아니다.

흑사병·획일화된 소통 구조

종교개혁사를 논할 때마다 흔히 16세기는 '부패가 극에 달한 시대'라고 말한다. 교회가 권위주의 체계를 공고히 하기 위해 말씀을 심하게 왜

곡시켰고, 본질이 흔들리다 보니 윤리적 병폐도 심각했다는 뜻이다. 이 내용은 앞서 언급했으니 더 이상 다루지 않겠다. 다만 여기서는 이런 위기가 올 수밖에 없었던 이유를 다른 각도에서 찾아보려고 한다. 크게 두 가지인데, 하나는 14세기부터 불어닥쳤던 '유럽의 흑사병', 다른 하나는 '라틴어로 획일화된 유럽의 소통 구조'를 꼽을 수 있다.

중세 역사를 조금이라도 안다면, 13세기까지 교회 사제 그룹이 최고의 지성인들 또는 귀족들로 꾸려져 있었다는 것은 일반 상식에 속하는 일이다. 그때야말로 교회가 일종의 최고 전성기를 누리고 있었다고도 할 수 있다. 당시 출현한 고딕 양식의 교회 건축은 교회의 권위와 위세가 어떠했는지를 가늠하게 한다. 신학적으로 보면 스콜라 신학의 전성기였고 토마스 아퀴나스Thomas Aquinas, 1225-1274 같은 신학의 대가들이 나타난 시기였다. 그러나 그 후로 교회는 급속도로 그 위세가 꺾이게 된다. 갑작스레 이런 변침이 일어난 이유는 무엇일까?

14세기부터 10여 차례 휩쓸고 간 흑사병은 유럽을 초토화시켰다. 예를 들어, 1347년부터 약 3년간 창궐한 흑사병이 유럽 전체 인구의 3분의 1을 죽음으로 몰고 갔다는 기록은 상식에 속한다. 이 대목을 간과할 수 없다. 중세 유럽은 거의 완벽한 종교 사회였다. 거기서 흑사병은 교회의 신비를 해체하는 역할을 하게 된다. 흑사병은 신의 저주로 불렸고 전염병이었기에 일반인은 시신을 수습할 수 없었는데 오직 신의 대리자로 알려진 사제들만 수습이 가능했다. 그러다 보니 가장 많이 죽어 나가는 비율의 직업 종사자는 다름 아닌 흑사병 시신을 수습하던 사제들이었다. 이 시기에 사제들이 일반인들보다 사망률이 높았던 것은 논리적으로 당연한 일이다.

그런데 문제는 여기서부터 생겨났다. 사제들의 죽음을 보면서 교회와 성직자들에 대한 일반인들의 신비감이 점차 반감되었고, 당시 비대해질 대로 비대해져 있던 교회는 기존 체제를 유지하기 위해 죽어 나간 사제들의 빈자리를 마구잡이로 채우기 시작한 것이다. 이 과정에서 이전과 달리 교육받지 못한 무자격자들이 대거 사제 신분을 얻게 되었다.

루터 당시에도 이런 상황은 변하지 않았다. 지금 같은 현대 교회에서 정상적인 목회자가 되기 위해서는 수년간의 신학 공부를 한 다음에야 비로소 안수를 받을 수 있지만, 루터 당시에는 일단 사제가 된 다음 신학을 공부하는 시스템이었다. 루터 역시 사제가 된 다음 신학을 공부했다는 사실은 비밀 아닌 비밀이다. 이렇듯 중세 말 교육받지 못한 성직자가 대거 양산될 수밖에 없던 구조는 교회가 부패할 수밖에 없고 개혁의 외침이 나올 수밖에 없는 잠재 요인이었다.

게다가 앞서 언급한 대로 교회의 모든 소통 구조가 라틴어로 획일화되었다는 점은 불에 기름을 붓는 격이었다. 라틴어역 성서인 『불가타 성서』가 1천1백여 년 동안 불변의 진리로 받아들여졌고, 미사 역시 라틴어로 집례되었다는 것은 이미 다 알려진 상식이다. 문제는 당시 사회가 상상을 초월할 정도로 문맹률이 높았다는 데 있다.

16세기 독일 뉘른베르크Nuremberg 같은 대도시 같은 경우도 라틴어를 모르는 문맹인이 95퍼센트나 될 정도였으니 시골은 더 심각했을 게 뻔하다. 이런 상황 가운데 사제들 역시 라틴어를 모르는 이들이 대거 발탁되었으니 교회의 꼴이 어떻게 돌아갔을지 짐작할 만하다. 당시 사제가 라틴어를 모른다는 것은 교회 역사와 신학을 모른다는 것이고, 그것은 교회의 법도가 세상 풍조와 같이 돌아가게 될 위험을 초래하는 것이었다. 실제적인 예를 들어 보자. 교회 미사는 라틴어로 집례된다. 그런데 집례하는 사제가 라틴어를 모른다? 그러면 어떤 일이 벌어질까? 실제로 당시에 이런 일은 비일비재했다. 그래서 라틴어를 모르는 사제들은 어쩔 수 없이 기억에 의존하여 앵무새마냥 주절거리며 미사를 대충 집례했다. 물론 거기에 참석한 사람들이 모두 라틴어를 모르면 문제 없다. 그런데 만일 그 자리에 라틴어를 아는 평신도가 있었다면 참 곤란한 상황이 연출되었을 게 뻔하다.

이런 상황 때문에 15-16세기 독일에서 등장한 독특한 문학 장르가 하나 있는데, 바로 앞에서 말한 '불평 문학'이다. 이 장르의 특징은 사제들의 무식함을 평신도들이 비꼬고 풍자한다는 점이다. 오늘날에도 이런 종류의 불평 문학은 SNS상에 넘쳐난다.

라틴어로 획일화된 소통 구조, 흑사병으로 인한 자격 미달 사제들의 대거 출현이 교회의 구조적 타락을 불러왔다. 여기서 중요한 것은, 성서를 읽지 못하는 평신도 때문에 타락이 시작된 것이 아니라 성서를 스스로 읽지 못하고 해석하지 못하고 소통할 수 없던 폐쇄적 사회가 결국 종교개혁의 단초를 만들게 되었다는 점이다. 여기에 더 큰 불을 지핀 것은 개혁을 요구하던 루터 이전의 개혁자들의 외침, 인문주의자들의 공헌, 신대륙의 발견, 금속활자술 같은 것들이다. 이런 모든 복합적 요인들의 정점에 있던 사람이 바로 루터였다. 내가 보기에, 루터가 아니더라도 종교개혁은 일어났을 게 분명하다.

지금 우리는 개신교가 개혁의 대상이 되어 버린 시대를 살아가고 있다. 마치 종교개혁이 일어나기 직전 모습과 별반 다른 것 같지 않다. 그렇다면 역사를 통해 견주어 배워야 한다. 21세기 한국의 개신교 상황은 흑사병도 없고, 신학대학도 넘쳐나고, 교회도 목사도 넘쳐나는 시대다. 그런데 역설적이게도 다닐 만한 교회도 없고, 존경할 만한 목사도 없다는 푸념을 이곳저곳에서 심심찮게 듣는다.

무엇이 문제일까? 단지 '영성' 없는 목사들이 많기 때문일까? 내가 보기에는 신학 교육, 역사에 대한 이해, 소통에 대한 이해가 재고되어야 한다. 이런 모든 문제의 기저에는 '교육'의 문제가 숨어 있다. 특히 목사가되는 교육 과정은 중요하다. 좋은 나무에서 좋은 열매가 열리듯, 좋은 스승 밑에서 좋은 교육을 받은 학생이 좋은 목사가 될 수 있다. 그리고 그런 목사가 좋은 목회를 할 수 있다. 여기서 좋은 목회란 다름 아니라 모두가 신앙 안에서 함께 고민하고 소통할 수 있는 장을 마련하는 것이다. 이런 장을 통해 서로가 서로에게 배우고 생각하며 신앙의 삶을 꾸릴 수 있다. 개신교 신앙이란 본디 '생각하고 실천하는 신앙'이며, 예루살렘과 아테네가 그리 먼 곳이 아니기 때문이다.

개신교, 프로테스탄트

우리는 16세기 교회사의 획을 그은 사건을 두고 '종교개혁'이라 칭하고, 거기서 나온 교파들을 통칭하여 '개신교'라고 부른다. 21세기 개신교의 여러 교파들은 가톨릭과 대비되는 '친족' 같은 유대감을 공유하고 있다. 그런데 이런 유대감과 동질성이 16세기 당시에도 동일했을까? 사실 역사를 알고 보면 우리가 개신교라고 말하는 진영의 공통점은 거의 없어 보인다. 루터가 개혁파 진영의 수장 격이던 츠빙글리^{Huldrych Zwingli, 1484-1531}에게 "너와는 영이 다르다!"며 결별을 선언했는가 하면^{마르부르크 회의, 1529}, 침례교회의 전신 격인 재세례파에 대해서는 루터파나 개혁파 모두 교황주의자만큼 극도로 거부했다. 감리교 같은 경우에는 후대에 출현했기 때문에 여기서 논외로 할 수 있지만, 일부 개혁파 전통에서는 세미-펠라기아니즘(5세기경 펠라기우스^{Pelagius, 360?-420}와 그의 추종자들은 인간이 선하며 무한한 자유의지가 있다고 강조했지만, 히포의 주교 아우구스티누스에 의해 이단으로 정죄되었다)이라는 의심을 계속 하고 있다.

그럼에도 불구하고 우리가 개신교라고 부르는 진영들 사이에는 공통점이 있다. 앞서 언급한 대로 현실을 직시하고 질문과 소통을 통해 재해석하며, 그 해석의 힘으로 자기 삶의 자리를 변혁시켜 새로운 공동체를 만들어 간다는 점이 그것이다. 이러한 힘은 복음에 대한 진지한 성찰의 결과라고 할 수 있다. 이 진지한 성찰 위에 자신의 영혼을 물 붓듯 쏟아 놓는 것이 종교개혁의 정신이며, 이와 동일한 목적을 가진 무리를 통칭하는 용어가 '개신교'다. 개신교회는 이런 종교개혁 정신 아래 세워진 교회이며, '저항' 혹은 '반항'이라는 의미의 '프로테스탄트 교회'라고도 불린다.

역사를 거슬러 올라가 보자. '프로테스탄트'Protestant라는 단어에는 흥미로운 배경이 있다. 1520년 루터는 로마 교회로부터 파문 교서를 받고, 이듬해 보름스 제국의회1521에서 실질적 제제 조치인 제국 추방령을 선고받는다. 그 이래로 여러 우여곡절 속에서 신약성서 번역1522이라든지 농민전쟁1525 같은 파고를 지나게 된다. 그 후로 루터의 영향력이 위기에 봉착하자, 독일의 루터파 제후들은 루터를 보호하기 위해 1526년 6월 작센의 정치 중심 도시였던 토르가우에서 '토르가우 동맹'이라는 정치군사협약 체제를 결성하게 된다.

당시 유럽은 오스만 튀르크 족의 유럽 침입으로 기독교 세계가 위기에 봉착한 것으로 판단하였기 때문에 로마 교황청은 모든 제후들의 힘을 빌려 이슬람에 대항하는 정치적 연합을 모색하기에 이르렀다. 그리고 1526년 6월 25일 제1차 슈파이어 제국의회에서 '지역의 종교는 그 지역 통치자의 종교로 한다'는 종교 선택의 원칙을 결의하게 된다. 이 결의의 이면에는 보름스 제국의회1521에서의 루터에 대한 판결을 덮어 두겠다는 정치적 합의가 숨겨 있었다. 그러나 3년이 지나 이슬람 군대가 퇴각함에 따라 국제 정치 지형도가 급변하고 이슬람의 위협이 사라지자, 황제는 곧바로 개신교의 확산을 막기 위해 1529년 4월 19일 제2차 슈파이어 제국의회를 소집하게 된다.

이 회의가 열리기 직전, 신성로마제국의 황제 칼 5세Carlos V, 1500-1558는 모든 루터파 제후들에게 경고장을 발송한다. 루터파를 떠나 모교회 품으로 돌아오라고 권고하면서, 그렇게 하지 않으면 불과 검이 루터파 제후와 영주들을 찾아갈 것이라고 경고한 것이다. 그리고 예상대로 제국의회에서는 루터를 정죄한 '보름스 칙령'을 재천명하며 '로마 교회의 신앙만이 유일한 합법적 신앙'이라는 결정을 하게 된다. 그러자 루터파 제후들은 거세게 저항하며 준비한 선언문을 발표하게 된다. 작센의 선제후 프리드리히 3세Friedrich III der Weise, 1463-1525의 뒤를 이어 1525년부터 선제후였던 요한Johann der Beständige, 1468-1532이 서명한 선언문은 다음과 같이 시작한다.

> 우리는 우리의 모든 하나님의 백성 앞에서, 우리의 창조주이며 구속자이시며 구원자이시며 우리의 심판주가 되실 하나님 앞에서 아래와 같이 저항하며 선언한다.[6]

위와 같은 서문 다음에 긴 내용이 계속되는데, 내용을 요약하면 황제가 루터파에 대해 의심을 갖고 있더라도 개신교 신앙으로 끝까지 저항한다는 긴 신학적 답변이다. 간단히 말해, '아니다! 우리는 성서에 기초한 우리의 참된 신앙을 포기하지 않을 것이다!'라는 내용이다.

황제의 결정에 불복하며 읽은 낭독문의 시작이 저항의 뜻을 가진 '프로테스트'Protest였기 때문에 이후에 황제 측 사람들은 루터과 영주들을 가리켜 '프로테스탄트'Protestant 혹은 '루터란'Lutheran이라고 칭하게 된다. 그러나 실은 비꼬는 조롱조의 말이다. 황제의 뜻에 '개기는 놈들', '루터를 따르는 보잘것없는 놈들'이라는 뜻이다.

여기서 프로테스탄트라는 이름이 개신교인들 스스로 붙인 이름이 아니라는 점을 주목해야 한다. 이는 로마 교회의 신앙 체계와 구별된다는 것을 의미하기 때문이다. 이 회의에서 저항했던 명분은 세 가지로 요약된다. 누구도 신앙을 강요할 수 없다는 '신앙의 자유', 교회 공의회나 사제의 권위보다 높은 '성서의 권위', 성서는 성서 자체가 해석한다는 '성서 해석의 원리'가 바로 이것이다. 이 세 가지는 칭의론의 핵심 주제이며, 루터가 이를 두고 '교회가 서고 넘어지는 시금석'이라고 할 만큼 개신교회 신앙에서 최우선 원칙으로 삼고 있으며, 16세기 종교개혁가와 지금껏 모든 개신교회가 목숨처럼 공유하는 신학적 원리라고 할 수 있다.

이 원리는 개신교 신학에서 다섯 가지 표제어로 세분화되는데, 그것이 바로 '5대 솔라Sola'의 원리다. 솔라 스크립투라Sola Scriptura, 오직 성서 · 솔라 피데 Sola Fide, 오직 믿음 · 솔라 그라시아Sola Gratia, 오직 은총 · 솔루스 크리스투스Solus Christus, 오직 그리스도 · 솔리 데오 글로리아Soli Deo Gloria, 오직 하나님께 영광, 이 다섯 가지 슬로건은 따로 떨어져 있는 것이 아니라 상호 보완적이다. 다만 여기에 '오직'이라는 뜻의 라틴어 'Sola'가 붙은 이유가 있다. 각각의 솔라는 단독을 뜻하는 것이 아니라 강조를 뜻하는 것이며, 중세 로마 가톨릭 신학에 대한 반대 표제어라고 할 수 있다. 즉 이에 대한 바른 이해는 교회가 개신교회인지 아닌지를 판별하는 시금석이라고 할 수 있다. 다른 말로 하면, 이 다섯 '솔라'를 잘못된 신학과 목회에 적용할 경우 개신교회의 탈을 쓴 중세 교회가 될 가능성도 농후하다는 뜻이 된다.

개신교 정신을 앞서 언급한 '소통'이라는 관점에서 엮어 보자. 종교개혁 정신에서 나오는 자유로운 소통은 필연적으로 신앙의 영역에서 수직적 소통인 동시에 세상이라는 수평적 소통으로 확장해 나가는 것이라 할 수 있다. 나는 종교개혁의 기초를 신과 인간의 소통으로부터 시작하여 동일한 목적을 가진 신자들의 연합으로 파악한다. 이런 소통 공동체에는 이미 '솔라' 원리가 모두 집약되어 있다. 신-인간, 인간-인간이라는 수직적·수평적 소통이 그것이다. 그런데 안타깝게도 한국 개신교회는 종교개혁의 정신, '솔라'의 정신, 소통의 정신이 모두 사라져 가고 있는 듯하다. 게다가 프로테스탄트가 가진 저항의 힘, '개김의 미학'마저 사라져 가고 있다. 그 자리에 기득권에 대한 '순종'이 저항의 자리를 호시탐탐 노리고 있다. 개신교 정신은 권위에 대한 순종과 믿음이 아니다. '권위에 대한 믿음'을 '믿음에 대한 권위'로 바꾸는 것이 종교개혁 정신이다.

우리가 살아가고 있는 자리를 보면 현실에 대한 날카로운 질문·저항·소통이라는 종교개혁 정신은 사라지고, 교회 조직의 권력 독점화와 관료제로 인해 비인격적 인간관계를 야기하고 있다. 목회자는 행정가나 무당, 예능프로그램 진행자로 변신하였고, 교역자와 직분자들은 하나님 나라의 동역자라기보다는 하나의 기능직이나 취미생활로 전락하고 있다. 또한 교회 내 권력의 중앙집권화로 인해 정책 결정권이 소수에게 집중되어 교회 구성원의 다수인 일반 신자들은 소수집단에 의해 결정된 정책을 내용도 모른 채 따르는 실정이다. 대부분의 재정 지원은 헌금을 통한 공동책임이지만, 재정 사용은 소수 엘리트 집단에 의해 사용이 결정된다. 흔히 '교회 공동체'라고 표현하지만, 사실 소수에게 권한이 집중되어 있는 조직은 공동체라고 말할 수 없다. 그렇다고 현대 교회의 조직 구조가 잘못되었다는 것은 아니다. 각 교회와 교파마다 교파 신학에 합당한 구조 체계가 있고, 거기서 파생한 직제 구조는 나름 타당한 이유가 있다. 그러나 모든 교회의 체계 안에 개신교 정신이 작동하고 있지 않다면 문제다. 소통과 평등 가치가 사라진 형태의 조직 운영 체계라면 중세 교회와 다를 바 없다.

역사를 기억하는 그들만의 방식

얼마 전 우리 교단의 한 포럼에 참석할 기회가 있었다. 나는 짬밥도 되지 않고 말도 잘 못하는 탓에 조용히 듣는 데만 집중했다. 그런데 포럼 내내 엉뚱하게 경청을 방해하며 머릿속을 헤집고 돌아다니던 녀석이 있었다. 바로 내가 읽고 있던 닐 맥그리거Neil MacGregor의 책『독일사 산책』의 시작부에 나오는 주제 '역사를 기억하는 그들만의 방식'이 그것인데, 그 일부를 끄집어내어 여기 묶어 놓는다.

여기에는 '개선문' 이야기가 등장한다. 콘스탄티누스 대제Constantinus the Great, 272-337가 세운 로마의 개선문이 아니라 19세기 중반 무렵 영국 런던, 프랑스 파리, 독일 뮌헨에 세워진 개선문 이야기다. 이 셋 모두 거의 같은 시기에 세워졌는데, 나폴레옹 전쟁과 관련하여 세워졌다는 공통분모가 있다. 모두 로마의 개선문을 본떠 만들었기 때문에 웅장하고 장엄하지만 죄다 비스무리하다.

그런데 속을 들여다보면 뮌헨 것이 꽤 특이하다. 모양만 놓고 보면, 뮌헨의 개선문은 한쪽 면은 멀쩡한데 다른 면은 제2차 세계대전 중 폭격으로 파괴되어서 고전 장식들이 사라졌기 때문에 소위 '민짜'다. 독일인들의 습성상 복원할 만도 한데 이제껏 그대로 놔두었다.

그 개선문 앞뒤로 새겨진 문구가 아주 특이하다. 훼손되지 않은 북쪽 면에는 '바이에른 군대에게'Dem Bayerischen Heere라는 문구가, 민짜가 되어 버린 반대편에는 '승리에 헌정되고, 전쟁으로 파괴되어, 평화를 권면하는'Dem Sieg geweiht, vom Krieg zerstört, zum Frieden mahnend이라는 문구가 새겨져 있다.

다른 유럽인과 차별적인 독일인의 역사 기억 방식이 바로 여기서 여실히 드러난다. 런던과 파리의 개선문은 기분 좋은 승전보만 골라 들려준다. 다시

독일 뮌헨 개선문 북면(↕)과 남면(⋯▸)

루터의 재발견

말해 국가적으로 크게 성공한 기억, 영광스러운 순간만 기억하게 한다. 반면 뮌헨의 개선문은 영광스러운 기억이 아닌 쓰라린 패배, 가감 없는 역사 반성, 민족적 자존심의 생채기를 민낯 그대로 보여준다.

유럽 역사를 보면 알겠지만, 프랑크 왕국이 갈라진 800년경부터 독일과 프랑스의 갈등이 시작되었다고 보아도 무방하다. 그 후 오토 대제Otto der Große, 912-973부터 시작된 신성로마제국은 독일 역사의 중심축이 되었고, 천 년 이상 동안 프랑스인과 독일인의 갈등은 끊임없었다. 우리가 잘 알듯 프랑스인이나 독일인 모두 역사적 자긍심이 대단한 민족이다.

그런데 독일 바이에른 군대가 프랑스 나폴레옹 군대의 힘에 밀려 강제로 프랑스 연합군이 된 역사가 있다. 당시 연합군의 주축이 되어 버린 바이에른 군대가 자기 민족의 영지를 짓밟아 프랑스의 승리를 도울 수밖에 없었던 암울한 역사다. 이 사건은 독일인에게 아직도 역사적 트라우마에 속할 정도로 수치스러운 일로 기억되고 있다. 이때 승리를 기념하며 세워진 것이 바로 뮌헨의 개선문이다. 그러다 보니 개선문 북쪽 곧 화려한 고전 장식이 그대로 살아 있는 면에 새겨진 '바이에른 군대에게'라는 문구는 민족적 자존심에 커다란 상처를 입혔던 일을 기억하게 만드는 장치라고 할 만하다.

남쪽 면도 마찬가지다. 폭격 맞은 곳을 복구하지 않고 제2차 세계대전의 상흔을 그대로 남겨 놓은 것은 개선문을 바라보는 모든 이에게 전쟁의 쓰라림을 드러내고 평화의 길을 걷게 하려는 일종의 교육 장치다.

닐 맥그리거는 개선문 이야기만 예로 들었지만, 나는 독일에 있으면서 이런 모습을 여러 곳에서 보았다. '역사를 기억하는 그들만의 방식'은 같은 전범국가인 일본과 확실히 다르다. 그리고 그 역사 기억 방식이 지금의 강한 독일을 가능하게 한 힘이 되었다고 나는 확신한다.

우리 이야기로 돌아가 보면, 우리 안에는 일본식 역사 기억 방식을 역설하는 사람도 있고, 독일식 역사 기억 방식을 역설하는 사람도 있고, 전혀 관심 없는 사람도 있고, 침묵하는 사람도 있다.

루터와 종교개혁 500주년, 그리고 종교개혁 신학은 그저 낭만적으로 생각할 만한 사안이 아니다. 과거를 돌아본다는 것은 찬란한 기억의 회상이 아니다. 그것만으로는 배울 것도 없고 미래도 없다. 냉철히 돌아보고, 아프게 기억하고, 새로 시작해야 한다. 그래야 우리 후배, 우리 후손들이 배우고 똑같은 실수를 반복하지 않는다.

3

질문

Verbum
Domini
Manet
in Aeternum

유령의 숲에 사는 루터

　　　　　　종교개혁을 논할 때 가끔 잊고 있는 사실이 하
나 있다. 16세기는 중세와 단절된 새로운 세계가 아니라 철저히 중세의
연장선에 있었다는 점이다. 그 때문에 나는 루터를 논할 때마다 '시대의
아들'이라는 표현을 자주 사용한다. 루터를 '영웅'으로 이해하는 사람들
이 있는데 그렇지 않다. 그는 사람 냄새 풀풀 나는 그런 시대의 인물이었
다. 그것이 매력이기도 하지만, 그 때문에 루터의 한계들이 드러나기도
한다. 시대의 아들 루터, 그가 살았던 중세는 어떤 세상이었을까? 루터와
동시대인들이 이해하고 있던 세상은 어떤 색깔이었을까?

　최근 우리말로 번역된 헤르만 셀더하위스Herman J. Selderhuis의 『루터, 루터
를 말하다』의 부제가 '유령의 숲에서 하나님을 추구한 사람'인데, 이것은
루터와 그가 살던 '미신적 세계'에 대한 탁월한 묘사다. 중세인들은 말 그

대로 무언가 신비하고 기묘한 마성적 힘들이 수수께끼처럼 얽혀 세계를 지배하고 있다고 여겼다. 천사·악마·마녀·요정·트롤·사람처럼 말하는 동물이 실제로 존재한다고 믿었고, 거주민 가운데는 이미 죽은 사람도 숨어 살고 있다고 여겼으며, 신탁의 비밀과 운명의 점괘, 문화적 터부 같은 것을 철석같이 믿었다. 그 때문에 집 같은 건축물이나 옷에는 악귀를 막고 복을 들이기 위해 치렁치렁 장식했다. 지금 이 시대도 미신적 세계관이 완전히 사라진 것은 아니지만 중세는 그야말로 '유령의 숲'이었다.

루터와 관련해서 예를 들면, 루터의 모친인 마가렛 루더Margaret Luder, 1463?-1531는 아주 '신실한 신앙'을 가진 것으로 알려져 있다. 그런데 어느 날 어린 딸이 갑자기 죽게 된 적이 있었다. 당시 위생 상태와 의료 수준을 생각하면 이런 일이 그리 특별한 일은 아니었다. 아침에 벌레에 물려 열이 나다가 저녁 때 죽을 수도 있고, 흑사병 때문에 일주일 만에 한 마을이 순식간에 사라지거나 하는 일이 비일비재했다. 어린 딸이 죽자 마가렛 루더는 곧장 그 원인을 마녀가 한 짓이라고 의심했다. 자기 딸이 너무 예쁜 나머지 마녀가 샘이 나서 그 생명을 앗아 간 것이라고 생각했던 것이다. 거기까지면 좋을 텐데, 그 의심의 화살은 옆집 여자에게로 향했다. 옆집 여자가 딸을 죽인 마녀라고 속으로 확신했던 것이다.

그런데 '까마귀 날자 배 떨어진다'더니, 얼마 후 의심하고 있던 그 여자가 마녀 재판으로 공개 처형을 당하게 되자 루터의 모친은 속으로 의혹을 품고 확신하던 일을 가족과 이웃들에게 알린다. 그리고 옆집 여자의 마녀 재판을 정당한 하나님의 심판으로 믿게 된다.[1] 당시에는 이런 게 '신실한 신앙'이었다. 종교개혁자로 불리는 루터 역시 이런 신앙 세계 속에서 살았다.

종교개혁의 중심지인 비텐베르크Wittenberg는 중세의 잔재가 제거된 신新

인류의 도시였을까? 꼭 그렇지는 않다. '95개조 논제'로 유명한 비텐베르크는 명실 공히 종교개혁의 발상지이자 중심지다. 루터가 교수와 목사로서 활동하던 주 무대가 이곳이고, 요하네스 부겐하겐Johannes Bugenhagen, 1485-1558이 개신교적 절차에 따라 최초의 담임목사로 청빙되고1523, 개신교적 교리에 따라 양형 성찬(떡과 포도주를 함께 나누는 성찬)이 시행되고, 자국어 예배와 회중 찬송Coral이 시작된 곳이 바로 비텐베르크다.

역사가 그렇다 보니, 비텐베르크는 중세가 품고 있던 미신적 색깔이 모두 제거된 '계몽된 도시'일 것이라고 지레짐작한다. 어떻게 보면 이것은 맞는 이야기다. 다른 도시와 달리 이곳은 종교개혁 정신이 잘 스며든 스펀지 같은 곳이었다. 그럼에도 중세의 미신적 흔적은 여전히 감지된다. 심지어 루터가 두 눈을 부릅뜨고 살아 있던 시절에도 마찬가지였다.

앞에서 루터의 모친과 옆집 여자 이야기를 통해 중세 시대가 흔히 말하는 '신실한 신앙'이 어떤 종류였는지 살펴보았다. 여기서 언급된 '유령의 숲'은 그리 쉽게 제거되지 않는다. 비텐베르크를 도시라고 하지만 구시가지 크기는 우리네 '동'의 크기보다 작다. 이곳 중심부에는 너른 광장이 펼쳐진 구시청사 건물이 자리 잡고 있다. 여기서 잠시 타임머신을 타고 1540년 6월 29일 비텐베르크로 들어가 보자. 지금 시청사 광장에서는 끔찍한 광경이 벌어지고 있다. 프리스타 프뤼보틴Prista Frühbottin이라는 늙은 여인과 아들, 그리고 두 남자가 나무에 달려 가죽이 벗겨진 채 화형식이 진행되고 있다. 그 옆에는 시민들이 구경하러 나와 있고, 그 가운데서 화가 루카스 크라나흐Lucas Cranach der Ältere, 1472-1553가 화폭에 그 장면을 담담하게 그려 내고 있다. 루터가 그 광장에 있었는지는 분명치 않다. 그러나 그가 이 사건을 몰랐을 리 없다.

크라나흐의 회고에 따르면, 프뤼보틴은 50세가 넘은 할머니였다(당시

루카스 크라나흐, 목판화 전단지, 1540, 비텐베르크 시의회 소유.
출처. 요르크 하우슈타인, 『마법사와 마녀에 대한 마르틴 루터의 입장』, 슈투트가르트, 1990, 187.

평균수명이 45세 이하였다). 죄목은 가뭄과 폭염을 만들고 대지에 독약을 뿌려 풀이 나지 않게 만들었다는 것이었다. 한마디로 '마녀'라는 것이다.

1540년 비텐베르크는 500년 만의 기록적인 이상 기후로 몸살을 앓고 있었다. 물 부족 현상으로 대지는 타 들어가고, 그나마 있던 물도 오염되어 식중독이 심각한 상태였다. 그때 해결책을 찾지 못한 시의회는 가뭄과 폭염의 이유를 마녀에게 돌려놓는다. 그러고는 당시 다른 지방에서 이주해 온 프뤼보틴의 가족을 마녀 집안으로 지목하여 화형에 처한다. 이때 도망갔던 사람들은 끝내 붙잡혀 다른 지역에서 처형당하게 된다. 기록에 의하면, 이 사건이 발생한 1540년부터 1674년까지 비텐베르크에서 마녀 재판에 최소 21명이 기소되었고, 그중 8명이 사형, 나머지 13명의 행방은 알 길이 없다고 보고되고 있다. 그러나 역사 기록 이상으로 많은 사람들이 마녀 재판에 기소되어 사형대 위에 섰을 것이라는 점은 주지의 사실이다.[2]

21세기를 살아가는 우리들이야 천재지변이나 이상기후 문제를 자연과학적 원인에서 찾지만, 16세기에는 그런 지식 자체가 존재하지 않았다. 그러한 일들을 모두 '흑마녀'의 일로 치부했고, 그 때문에 마녀 재판을 하는 것은 지극히 정상적인 일로 간주되었다. 비단 비텐베르크만 유별났던 것은 아니다. 이 시기 독일 도처에서 마녀사냥이 성행했던 데에는 바로 이런 배경이 깔려 있었다. 종교적인 열정이 강한 도시일수록 이런 일이 빈번하게 일어났는데, 그 때문에 무고하게 피해를 본 부류 중 하나가 바로 재세례파 진영의 사람들이다.

이것이 중세인들의 보편적 세계 이해였고, 루터의 가족이나 종교개혁의 중심지 역시 이 세계상을 빗겨나 있지 않았다. 루터의 글에서 마귀가 도처에서 등장하고 미신적 문구들이 튀어나오고, 중세 신분제 질서를 벗어나지 못하는 뉘앙스가 나타나는 이유도 여기서 기인한다. 루터는 하늘에서 뚝 떨어진 인물이 아니다. 그는 분명 '시대의 아들'이었으며 완전하지 않았다. 그러나 그런 시대 속에서 새로운 시대의 여명을 보고 걸어 나갈 수 있었기에 '개혁자'로 불린다.

역사적 맥락에 대한 이해 없이 21세기의 눈으로 16세기를 칼질하는 것은 쉽다. 그러나 그런 칼질은 마치 초등학교에 갓 입학한 꼬맹이에게 미적분을 왜 못 푸느냐고 윽박지르는 것과 같다. 역사가 천천히 흘러가는 가운데 사람들도 유령의 숲에서 천천히 걸어 나왔고 대지의 빛을 서서히 보게 되었다. 역사는 서로 단절되어 있지 않고 새로운 시대를 향해 연속된 형태로 존재한다. 종교개혁의 역사와 루터도 이런 배경 가운데 이해해야 한다.

참고로, 독일에서는 종교개혁 500주년인 2017년을 10년 전부터 부러울 만큼 섬세하게 준비하며 새로운 미래를 도모해 왔다. 그 과제 중 하나가 바로 '역사에 대한 철저한 고증과 참회'다. 이 정신에 따라 2013년 10월 30일 비텐베르크 시의회는 16세기 당시 마녀 재판 기록들을 일반인들에게 공개하고 그로 인해 죽은 모든 사람을 추모하는 행사를 열었다. 이렇듯 역사적 과제 수행을 통해 다시는 이런 아픔의 역사가 되풀이되지 않고 평화와 공존의 미래가 열리기를 바라는 것이야말로 진정한 '종교개혁 500주년 기념사업'이라 할 만하다. 또한 종교개혁 신학을 공부한다는 것은 바로 그런 의미가 아닐까 싶다.

그렇다면 우리의 종교개혁 500주년은? 그리고 매년 맞이하는 종교개혁 기념일은? 그리고 우리가 학교와 교회에서 배우는 개혁자의 신학은? 그저 물음표, 물음표, 물음표다.

우리나라에서 11월 11일은 '빼빼로 데이'로 통한다. 젊은 연인이나 친구들끼리 빼빼로를 주고받는 날로, 기업들의 상술과 결합된 특이한 날이다. 그런데 아버지 한스 루더Hans Luder, 1458?-1530와 어머니 마가렛 루더 사이에서 태어난 루터에게도 이날은 특별하다. 왜냐하면 루터가 세례를 받은 날이 바로 빼빼로 데이기 때문이다.

루터는 1483년 11월 10일에 태어났다. 그리고 다음 날 곧바로 집에서 걸어서 5분 거리도 안 되는 곳에 있던 베드로-바울St. Petri Pauli 교회에 가서 세례를 받았다. 그날이 성 마르틴St. Martin, 316-397의 축일이었기 때문에 자연스레 이 아이의 이름은 마르틴Martin이 되었다.

여담이지만 요즘 같으면 이런 유아세례는 엄두도 못 낼 일이다. 아기가 태어난 다음 날 한겨울 찬물에 성부 성자 성령의 이름으로 세 번 몸을 담그거나 머리에 물을 듬뿍 붓는 것이니 지금 생각하면 식겁할 일이다(루터 당시 유아세례는 아이를 세례대에 담긴 물속에 세 번 완전히 들어가게 하는 침례식이 남아 있었다). 우리네 같으면 "그 겨울에 제정신이냐?"라든지 "교회 가려면 아이 낳고 백 일은 되어야지"라고 당당하게 말할지도 모르겠다. 어찌 되었건 태어나자마자 세례 받게 하는 것은 중세 시대 때 아주 당연한 풍습이었다. 루터의 부모가 그리스도인인 것은 맞지만 그렇다고 아주 분에 넘치고 열정적인 신앙을 가졌던 것은 아니다. 어찌 되었건 아이를 낳자마자 세례 받기 위해 추운 겨울 난방시설도 없는 교회로 나왔다는 것은 당시 종교적 상황을 방증하는 예라고 할 수 있다.

사실 중세 시대 유아 사망률이 현저히 높았던 것은 이 같은 유아세례 풍조와 관련이 깊다. 굳이 연구보고서까지 들먹이지 않더라도 아이를 키우는 엄마 아빠라면, 낳자마자 그 추운 날 얼음장 같은 찬물에 아이를 담그거나, 출생한 지 하루도 안 된 아이 머리에 찬물을 부으면 어떻게 된다는 것쯤은 상식적으로 알고 있다. 당시 사람들도 잘 알고 있었지만 누구도 말을 못했다. 당시 종교적 관례가 그러했으니 누구도 이의를 제기할 수 없었다. 시대적 정황으로 보자면, 14세기 중반부터 시작된 흑사병과 그 외의 질병이나 사고 때문에 급작스레 죽는 경우가 빈번했고, 유아가 사망하는 일은 흔히 있는 일이었다. 이런 이유로 구원의 보증표라고 할 수 있는 세례라도 빨리 받게 해야겠다는 일반인들의 종교적 열성은 지극히 당연한 것이었다.

이와 관련하여 흥미로운 사실은, 16세기에는 개신교 영지와 가톨릭 영지가 칼같이 구분되어 있었는데, 개신교 지역에서는 유아세례의 시기가 좀 더 자유로워져서 훨씬 뒤로 늦춰졌다는 사실이다. 그러니 유아 생존율도 당연히 가톨릭 지역보다 높아졌고, 이것은 언제나 개신교인들의 자랑이 되었다고 한다.

어쨌든 루터는 그렇게 세례를 받았고 자연스레 마르틴이라는 이름이 생겼다. 그런데 문제는 '성'이다. 우리가 맨날 강아지 이름 부르듯 부르는 '루터'Luther는 성이다. 일반적으로 아들은 아버지의 성을 따라간다. 그런데 루터의 아버지 이름을 살펴보면 한스 루터가 아니라 한스 루더다. 그런데 좀 이상하지 않은가? 아버지의 성이 루더면 아들의 성도 당연히 루더여야 할 텐데, 우리가 알고 있는 개혁자의 성은 루더가 아니라 루터다.

성이 바뀌었다. 무슨 일일까? 우선 뜻부터 풀이해 보자. 루터나 루더가 비스무리하게 들리지만 뜻은 완전히 다르다. 루더Luder는 동물을 유인해서 죽이는 '사냥꾼'Jäger의 뜻을 가진 고대 독일어이지만[3] 후에 루터는 자신의 성을 루터Luther로 바꾼다. '자유인'이라는 뜻의 헬라어 'ελευθερος'엘류테로스

　　　　　루터의 재발견

에서 앞뒤 철자ε,ος를 빼고 가운데 것λευθερ,류터만 취한 것이다.

여기에는 두 가지 설, 곧 1512년설과 1517년설이 있다.[4] 후자부터 설명하면, 1517년은 보통 종교개혁 원년으로 삼는 시기다. 면죄부를 반박하는 '95개조 논제' 게시로 유명한 해다. 그러다 보니 종교개혁의 극적 연출을 위해 루터가 로마 교황청으로부터 '자유하게 된 기념'으로 성을 바꾸었다고 주장한다. 그러나 다음의 1512년설이 보다 설득력 있어 보인다.

루터의 원래 성은 앞서 언급한 대로 '유혹하는 사냥꾼'의 뜻을 가진 루더Luder다. 그런데 당시만 해도 아직 표준 독일어 표기가 정착되지 않았던 시기였기 때문에 이 단어의 발음과 표기는 여러 용법이 가능했는데, Lüder, Luder, Loder, Ludher, Lotter, Lutter, Lauther와 같이 다양하게 통용되었다.[5]

한편 '루더'라는 자기 성에 담긴 부정적 이미지를 잘 알고 있던 루터는 비텐베르크 대학교에서 성서 연구를 통해 1512년 신학박사 학위를 받게 된다. 그는 평생 이것을 자랑하며 살았는데, 신약성서를 통해 '복음의 자유'를 체험했기 때문이라고 거듭 강조한다. 남을 유혹하며 죽음으로 빠뜨리는 사냥꾼의 인생에서 자유자로 거듭나게 한 성서의 복음. 이것은 루터가 성을 바꾸는 결정적 이유가 된다.

이름이란 본디 부르고 불리며 자기 정체성을 확인하며 공고히 만들어 간다. 그것이 바로 이름이다. 요즘 이름을 바꾸는 사람들이 법원에 점점 늘어 간다고 한다. 이름을 바꾸는 사람들 모두 이전과 다른 새로운 삶을 희구하며 개명을 한다. 어쩌면 지난 세월을 통째로 바꾸려는 첫째 관문이 이름을 바꾸는 일일지도 모른다. 루터 역시 성을 바꾸기까지 자기 인생을 깊이 고민했던 사람이다. 루더에서 루터로! 그는 입에 풀칠할 것을 쫓아

살며 양심을 속이고 이웃을 꼬드기며 살아야 했던 피곤한 사냥꾼의 삶이 아닌, 무엇에도 얽매이지 않는 자유자로 살기를 희망하며 완전히 다른 삶을 살고자 했던 것은 아닐까?

루터의 성에 대한 글을 쓰다 보니 '왕보다 더 자유로운 삶을 살았던 노예' 에픽테토스Epictetus가 갑자기 떠오른다.[6] 서기 50년경 히에라폴리스에서 태어나 130년경 죽은 것으로 알려졌는데, 에픽테토스의 가르침이 담긴 『엥케이리디온』은 신약성서가 제대로 보급되지 않았던 초대 교회에서 초대 교인들이 늘 손에 지니고 다니며 애독했던 책이다. 특별히 중세 때는 수도원에서 이 책을 애독했을 만큼 그리스도인들에게 사랑받은 '노예 철학자의 책'이다. 에픽테토스를 수식하는 용어 역시 '자유자'ἐλεύθερος다. 혹시 루터가 에픽테토스에게 깊은 인상을 받고 성을 바꾼 것은 아닐까? 그냥 내 상상이다.

학창시절

루터의 아버지 한스는 광부로 알려져 있다. 그러나 우리가 보통 생각하는 가난한 광부는 아니다. 그는 바닥에서부터 성공한 광산업자다. 원래 집안은 농부 출신이었지만 자기 소유의 땅이 없어서 먹고살기 위해 광산촌인 아이스레벤Eisleben으로 이주하게 되고, 그렇게 열심히 살아 성공한 광산업자의 삶을 살다가 말년에는 만스펠트의 시의원에까지 오르게 된다. 젊은 시절 고생했기에 자녀만큼은 그런 고생 시키지 않고 사회적 지위를 누리기를 바란 것은 당연한 일이었다.

당시에는 사회보장제도 같은 것이 없었기에 노년에 이른 사람에게 사회보장이나 보험 같은 역할을 하는 것은 오직 자기 자녀밖에 없었다. 자식이 성공하면 부모가 혜택을 보는 것인데, 그 때문에 한스는 공부에 특출한 능력을 보인 둘째 아들 마르틴에게 큰 기대를 걸고 법률가로 만들 꿈을 가졌다.

처음에는 아이스레벤에서 살다가 1484년 얼마 떨어지지 않은 만스펠트Mansfeld로 이주하게 된다. 교육을 위한 일종의 유학이었다. 루터는 그곳에서 아주 엄격한 라틴어 기숙학교에 다니게 된다. 당시에 라틴어 학교를 다닌다는 것은 일반적인 일이 아니었다. 우리로 따지면 어려서부터 비싼 국제학교에 입학하여 교육을 받은 꼴이다. 그러나 루터에게 이 어린 시절의 경험은 후에 끔찍한 기억으로 남게 된다. 일례로 어느 날 아침 라틴어 수업 준비를 제대로 하지 못해 열다섯 차례나 회초리로 맞았던 악몽을 회고하면서, 자녀 교육이 왜 필요한지, 그리고 교육기관에서 왜 사랑으로 양육해야 하는지를 『대교리문답』1529에서 거듭 강조할 정도였다.

간혹 "옛날이 살기 좋았지"라며 현실을 한탄하는 분들을 본다. 그렇다면 16세기 사람들은 낭만적 삶을 살았을까? 전혀 그렇지 않다. 우리의 기대와 달리 당시의 삶은 아주 힘들었다. 생활환경뿐 아니라 사회 내 사고방식도 까다롭고 냉혹했다. 그 시대 모든 것이 그랬지만, 특히 자녀 양육은 더욱 엄격했다. 교회도 엄격했고 부모도 매우 엄격했다. 실제로 루터가 회고하기를, 자기가 가진 하나님에 대한 시각(진노와 심판의 하나님)은 어린 시절 엄격했던 자기 아버지로부터 영향받은 것이라고 고백하기도 했다. 심지어 어릴 때 벌을 받고 나서 정말 아버지가 자기를 사랑하는 것이 맞는지 의심했다고 한다.

사회법도 엄격한 편이어서 아주 작은 범법 행위에도 가혹한 징벌이 뒤따랐다. 당시에는 모두 이런 분위기 속에서 자랐다. 나이가 들어 루터는 이런 기억들을 모아 종종 이야기했는데, 호두를 훔쳤다가 체벌받은 기억

을 떠올리며 피가 거꾸로 솟는 경험이라고 회고하기도 했다. 이런 끔찍한
경험은 학교뿐만 아니라 16세기를 살던 사람들에게는 일상이었다.

지구 종말과 사과나무

"내일 지구의 종말이 온다 해도 나는 오늘 한 그루의 사과나무를 심겠다!" 이 멋진 경구를 말한 주인공은 누구일까? 스피노자? 땡! 보통 스피노자의 경구로 알려져 있지만, 아무리 뒤져도 그 근거를 찾을 수 없을 것이다. 아마도 종말의 때까지 못 찾을 게 분명하다. 팩트체크를 해보면 재미난 사실이 하나 더 발견되는데, 이 명언을 스피노자의 것으로 알고 있는 나라는 전 세계에서 한국이 유일하다는 것이다. 구글로 'Spinoza'와 'apple'을 함께 검색해 보면 비슷한 문장조차 찾을 수 없다. 즉 스피노자의 경구라는 말은 근거 없는 낭설이다. 그럼 이런 낭설은 어디서부터 시작되었을까? 자세히 검색해 보면 인용의 오류가 1971년 「중앙일보」 사설로부터 시작했고, 이것이 일반 상식으로 굳어 버렸다는 사실을 알 수 있다.[7] 그럼 루터의 말인 것은 확실할까? 글쎄다. 맞을 수도 있고, 아닐 수도 있다.

2017년은 종교개혁 500주년이 되는 해라 한국의 많은 그리스도인들이 독일 종교개혁지를 탐방하러 오고 갈 텐데, 몇몇 도시에서 루터하우스Lutherhaus를 만나 볼 수 있을 것이다. 원래대로 하자면 루터가 태어난 아이스레벤 정도에만 있을 법하지만, 비텐베르크와 아이제나흐Eisenach에서도 루터하우스를 만날 수 있다. 그중 아이제나흐에 가보면 루터가 하숙했다고 알려진(실제로는 이것도 불분명하다) 코타Cotta 가족의 집이 루터하우스로 꾸며져서 박물관 역할을 하고 있다. 정문에서 바흐Johann Sebastian Bach, 1685-1750의 생가가 있는 쪽으로 몸을 돌리자마자 잘 보이는 곳 사과나무 아래 돌 비석 하나가 자리 잡고 있다(사실 아이제나흐는 루터보다 바흐 때문에 잘 알려진 도시다). 그 비석에 우리가 스피노자의 말로 알고 있는 문구가 새겨져 있고, 그 밑에 'Martin Luther'라고 이름이 박혀 있다.

이 명언의 정확한 출처를 독일인들에게 물어보면 죄다 '루터의 일기장'이라는 답을 들을 수 있을 것이다. 그런데 문제는 루터의 일기장이 남아 있지 않다는 사실이다. 이것이 함정이다. 게다가 루터가 사과나무를 길렀는지조차 의문스럽다. 물론 그의 아내인 카타리나 폰 보라Katharina von Bora, 1499-1552가 맥주 제조뿐만 아니라 포도주 생산을 위해 포도원을 직접 경작했다는 기록은 있지만 사과나무 재배는 확실하지 않다. 중세 시대 사회인데도 불구하고 공처가로 유명했던 루터였지만, 아내가 억척스레 살림을 꾸려 나가던 포도원에서 작물을 심고 경작을 도왔다는 기록도 전무하다.

이런 것으로 추정해 볼 때 루터가 사과나무를 직접 심었다는 것은 상당히 의심스럽다. 물론 가능성 역시 열려 있다. 어느 날 사과나무 한 그루 심은 감격으로 저녁에 일기장에 남겼을 수도 있다. 다만 앞서 언급한 대로 일기장이 남아 있지 않다는 게 문제다.

그럼 도대체 이 말의 명확한 출처는 어디일까? 최초 출처는 1944년 10월

아이제나흐 루터하우스 옆 골목 사과나무 아래 세워져 있는 기념비석

5일 헤센주 교회 멤버들에게 보내는 목회 신문Rundbrief에 등장한다. 헤센의 목사였던 칼 로츠Karl Lotz가 쓴 기고문이 우리가 확인할 수 있는 첫 번째 출처다. 교회사에 관심 있는 사람이라면 '바르멘 선언'Barmer Theologische Erklärung, 1934. 5. 31.에 대하여 들어 본 이들이 있을 것이다. 1934년 히틀러가 정권을 휘어잡고 독일은 나치 체제로 전환하게 된다. 이때 히틀러에 저항하기 위해 본회퍼와 칼 바르트 같은 신학자 그룹을 중심으로 개혁파와 루터파 교회들이 연합하여 만든 교회 연합체가 고백 교회Bekennende Kirche인데, 이때 저항하며 만든 신학 선언문이 바로 바르멘 선언이다. 히틀러 정권 패망의 징조가 보이기 시작하던 1944년 말까지 여기에 속한 그룹들은 나치친위대SS와 비밀경찰이었던 게슈타포Gestapo로부터 심각한 감시와 탄압을 받았다.

이런 긴박한 상황 속에서 칼 로츠 목사는 고백 교회 멤버들에게 비밀리에 신문 형태의 목회 서신을 만들어 돌렸다. 목숨을 건 신앙적 용기가 없다면 불가능했을 것이 분명하다. 루터의 경구가 인용된 앞 구절은 이렇게 시작한다. "우리 민족은 지금 매우 급박한 상황 가운데 처해 있습니다. 그러나 내가 보내는 이 글은 절대로 훼손되지 않습니다. 루터의 말을 명심하시기 바랍니다. 내일 지구의 종말이 온다 해도⋯⋯."

7개월이 지나 세상은 뒤바뀌었다. 1945년 5월 8일 히틀러의 독일은 연합군에게 항복하게 된다.

그렇다면 여기서 한 가지 더 질문을 해보자. 로츠 목사의 용기는 가상하지만 왜 이 경구를 '루터의 말'이라고 했을까? 7천 구절이 넘는 루터의 『탁상담화』1566에도 나오지 않고, 1883년부터 100여 년 동안 편집된 루터의 바이마르 전집에 한 구절도 나오지 않는 말을 왜 루터의 말이라고 했을까? 혹시 이 용감한 목사가 요한 알브레히트 벵겔Johann Albrecht Bengel, 1687-1752의 말을 루터의 말로 착각한 것은 아닐까?

뱅겔 같은 경우야 충분히 그런 말을 할 수 있는 여지가 있어 보인다. 슈바벤 경건주의의 창시자로 알려진 그는 요한계시록 20장을 근거로 후천년설을 지지하면서 종말론을 펼친 인물이었다. 그는 실제로 1836년 7월 18일을 종말의 때라고 계산하고 설교했던 인물이니 충분히 가능성이 있다. 그러나 이것 역시 '가능성'일 뿐이다.

그것은 그렇다 치고, 우리나라에서 이 경구를 스피노자의 것으로 알고 있는 것처럼 독일이나 서양에서는 이 말을 루터의 것으로 철석같이 믿고 있다. 그러나 정확히 말해 이 명언의 출처나 명확한 근거 자료가 없기 때문에 아직까지는 일종의 '전설'Legende이라고 할 수 있다. 단 전설이란 완전히 근거 없는 곳에서 나오지 않는 법이니, '개연성은 있으나 확증되지 않았다' 정도로 이해하는 편이 좋을 것 같다.

종합해 보자. "내일 지구의 종말이 온다 해도 나는 오늘 한 그루의 사과나무를 심겠다"는 경구는 스피노자의 것은 분명 아니고, 루터와 관련된 전설이다. 혹시 어느 날 루터의 일기가 발견된다면 '전설'에서 '진실'로 바뀔 수도 있을 것이다. 어쨌든 중요한 것은, 내일 루터의 일기가 발견된다 해도 나는 오늘 내 할 일을 해야 한다.

　　루터가 열다섯 살인 1498년부터 1501년까지 아이제나흐의 코타 가족 집에 하숙했다고 알려져 있는데, 당시 그는 신실한 이 집안의 분위기에 매료된다. 루터는 자신의 어린 시절은 항상 우울했지만 코타 가족과 함께 했던 아이제나흐의 생활만큼은 기쁨의 시절이었다고 회고한다. 거기서 자기의 음악적 재능을 살려 아이제나흐의 게오르그 교회Georgenkirche 합창단원이 되었다. 어찌 되었건, 루터는 라틴어 학교와 전혀 다른 분위기에서 대학을 준비하게 된다. 김나지움Gymnasium, 인문계 중고등학교 과정을 마친 후, 루터는 에르푸르트 대학교에 입학하게 된다. 그 당시 에르푸르트Erfurt는 2만5천여 명의 시민으로 이루어진 대도시였고, 그때만 해도 '인재를 만들려면 에르푸르트로!'라는 말이 떠돌 정도였으니, 우리로 따지면 '말은 제주도로, 사람은 서울로'라는 말과 같은 식이라고 할 수 있다.

　　그렇게 큰 대도시의 유명한 대학에서 1년간 수학한 후 학사학위를 받고, 그다음 2년 반에서 3년 정도 공부한 후 석사학위를 받게 된다. 지금 시대야 석사학위는 특정 분야의 전문학위이지만 당시는 그렇지 않았다. 어떤 사람이 더 높은 수준의 전문 교육을 받기 위해 거쳐야 하는 일반 교육 과정이라고 할 수 있다. 당시에 전공 학부는 의학·법학·신학, 이렇게 셋뿐이었다.

　　루터의 증언에 따르면, 그의 대학 생활은 그리 특별한 게 없었던 것 같다. 그나마 인상적이었던 점을 꼽는다면, 대학 도서관에서 성서를 만난 사건이다. 물론 그는 이전에도 교회에서 성서구절을 들어 보긴 했지만 그것이 한 권의 책이라는 사실을 그제야 알게 되었다. 이 만남은 루터에게 엄청난 충격이었다. 당시 성서는 오직 성직자들만 읽고 해석할 수 있는 신비하고 어려운 문서로 여겨졌기 때문이다.

그럴 수밖에 없는 이유 중 하나는 구텐베르크의 인쇄술이 나온 직후지만, 그 당시만 해도 인쇄술이 원시 단계에 머물러 있어서 책의 대량생산이 아직 현실로 이어지지 못할 때였다. 오직 필사에 의존하여 성서를 제작했는데, 당시 성서 필사본의 가격은 상상을 초월했다. 그 때문에 루터가 공부하던 시절만 해도 성서 전권을 만나기란 쉽지 않았다. 오죽했으면 대학 시절 도서관에서 만난 성서 전권이 평생토록 루터의 뇌리에 깊게 박혔을까?

당시 교회는 이렇게 가르치고 있었다. '당신이 이 책을 이해하려면 사제들의 도움이 필요하다. 이 책은 매우 신비스럽기 때문에 이 책을 해석하기 위해서는 전문적 지도를 필요로 한다.'

죽음의 공포, 수도사 서원

16세기 사람들이 대부분 그러하듯 루터도 죽음 이후의 삶에 깊은 관심을 갖고 있었다. 그러나 그가 사후세계나 종교세계에 특별한 관심을 갖게 된 몇 가지 사건들이 있다. 1503년, 그는 부모를 방문하려고 에르푸르트 대학교를 떠나 고향으로 돌아가는 중에 칼이 다리 동맥을 관통하는 부상을 입은 적이 있다. 피를 많이 흘렸는데, 그것은 루터에게 매우 끔찍한 사건이었다. 그 사건으로 인해 루터는 죽음이 아주 가까이 와 있다는 것을 체험하게 된다.

당시에는 죽음의 공포가 매우 보편적이었다. 지금도 그렇지만 중세인들은 흑사병과 같은 역병 등으로 인해 현대인보다 더욱 갑작스런 죽음을 만날 수밖에 없었다. 그래서 그들은 '내가 어떻게 하면 하나님의 은총을 내 것으로 만들 수 있을까?', '내가 어떻게 하면 천국에 갈 수 있을까?'라는 종교적 질문을 늘 가슴에 품고 살았다. 지금 당장 죽더라도 천국 갈 수 있는 보증수표를 얻고 싶었던 것이다.

루터도 별반 다르지 않았다. 자신이 칼에 찔렸을 때, 마음속에 있던 죽음의 공포가 더욱 강하게 다가왔을 것이다. 여기에 더하여 1505년에는 죽음의 공포를 더욱 가까이 체험하게 된다. 흑사병으로 두 명의 동생을 잃고, 게다가 자기가 다니던 대학에서 세 명의 교수가 죽었다는 소식을 듣게 되자, 대학 생활에 대한 깊은 회의가 일어난다. 특히 세 교수의 장례식 때 두 명의 교수가 임종의 순간 남긴 말을 듣고 더욱 충격에 빠지게 된다. 두 교수의 말은 이렇다고 한다. "아, 내가 수도사였다면 얼마나 좋았을까?" 법률학자나 법관으로 살다 죽는 것이 덧없음을 루터는 이때 심각하게 깨달았다.

그리고 마침내 그 유명한 시기가 도래한다. 1505년 7월 2일, 루터는 슈토테른하임Stotternheim의 너른 벌판에 있었다. 법학과에 등록한 지 6주 정도 지날 무렵 휴가를 내어 부모를 방문하고 에르푸르트 대학교로 돌아오던 길이었다. 그런데 갑자기 폭우와 함께 갑자기 천둥번개가 내리쳤다. 그는 겁에 질렸고, 곧바로 "성 안나여, 나를 도우소서. 내가 수도사가 되겠나이다!"라고 소리쳤다.[8] 그런 다음 누구나 그렇게 하듯 '그래, 역시 수호 성녀가 날 지켜 주었어!' 하고는 서원한 대로 수도원을 찾아 나선다.

다시 학교로 돌아온 루터는 아버지가 석사학위 졸업 선물로 준 매우 값비싼 법률 책과 자기 소유물 전부를 중고시장(?)에 미련 없이 팔아 버리고, 보름 후 에르푸르트에서 가장 엄격하다고 알려진 아우구스티누스 수도원Augustinerkloster in Erfurt으로 들어가게 된다.

루터가 이런 드라마틱한 과정을 통해 수도사가 되었다고 해서 그를 위

번개 사건으로 수도사 서원을 했던 슈토테른하임에 세워진 루터 비석

이 비석에는 다음과 같은 글귀가 새겨져 있다.

"복받은 땅. 종교개혁의 전환점. 하늘의 번개가 젊은 루터의 발길을 비추었다."(전면부)

"성 안나여, 나를 도우소서. 내가 수도사가 되겠나이다."(후면부)

대하고 특별한 인물로 이해할 필요는 없다. 그렇게 따지면 당시 수도원에 들어온 모든 수도사들 역시 위대하고 특별하다. 왜냐하면 모든 수도원의 수사와 수녀들은 루터 같은 인생의 특별한 이야깃거리를 안고 그곳에 들어왔기 때문이다. 지금도 역시 마찬가지다. 수도원이든 무엇이든 간에 종교적 귀의를 결행하는 일은 우리 주변에서 늘 있는 흔한 일이고, 거기에는 언제나 드라마틱한 인생의 이야기가 숨겨져 있다.

아우구스티누스 수도사 생활

1505년, 루터는 아우구스티누스 수도원에 들어가 수도사가 되기로 서약한다. 훗날 그는 그 서약이 억지로 한 것이었고 진지하지 않았다고 회고하지만, 서약을 한 이상 자기 말에 책임을 지고 완벽히 지켜야 한다고 여겼다. 그가 이 서약을 한 데는 당시 교회의 가르침이 결정적이었다. 수도원에 들어가 수도사가 되면 죽은 후에 더 나은 행복의 기회를 제공받을 수 있다는 것, 바로 이것을 루터는 굳게 믿었다. 그러나 얼마 지나지 않아 자유가 아닌 절망을 맛보기 시작했다. 수도원의 규칙에 따라 생활하고 금욕적 생활을 철저하게 지키는 가운데 죄의식과 영원한 심판의 두려움이 점점 커지자, 이런 금욕의 노력이 모두 헛되다는 생각에 사로잡히고 만다. 루터는 이렇게 회고한다. "나는 경건한 수도사였다. 만일 수도사 생활로 천국에 간 수도사가 있다면 내가 갔을 것이다!"

루터가 이렇게 수도사 생활을 무가치한 것으로 혹평했지만, 인생 전체를 조망해 보면 그가 혹평한 수도사 생활은 절대 무가치한 시절이 아니라고 판단할 수 있다. 이 시기의 아픔과 절망이 오히려 복음을 더욱 찬란하게 발견하는 발판이 되었기 때문이다.

에르푸르트 아우구스티누스 수도원 예배당 회랑(：)과 내부(：) 전경

아우구스티누스회의 수도사가 된다는 것은 쉬운 일이 아니다. 다람쥐 쳇바퀴처럼 도는 수도원 일과표를 보면 깜짝 놀랄 만하다. 기상 시간은 오전 1시 45분. 자기 방에서 옷을 갈아입고 준비하다가 오전 2시 종이 치면 모두 회랑으로 나와 기도회 모임에 참석해야 했다. 그런 다음 30분간 수면 시간을 갖고 다시 오전 4시와 오전 6시에 예배를 드린다. 이 모두가 아침식사 이전에 해야 할 일과였다. 그런 다음 노동·기도·강독 그리고 반복되는 예배가 오후 1시 45분까지 있고, 그다음 2시간의 낮잠 후에 다시 일과가 시작되었다. 하루에 보통 일곱 번의 기도회가 있었다. 이처럼 수도원의 하루 일과는 매우 엄격했다.

이 당시 루터는 자신의 영혼 구원에 관심이 많았다. 그러나 최고의 금욕 생활을 해도 구원에 대한 확신과 안도를 전혀 느낄 수 없었다. 자신의 문제들을 해결하기는커녕 더욱 악화되었다.

요하네스 자카리아와 루터

　여기서 한 가지 흥미로운 역사 한 가지를 짚어야겠다. 루터가 땅에 납작 엎드려 평생 수도자로 살기로 서약했던 제단 바로 밑에는 루터와 전혀 반대 방향의 삶을 살았던 한 사람의 무덤이 있었다(지금은 무덤이 옮겨진 채 표시만 남아 있다). 루터보다 백 년 전 에르푸르트 대학교의 신학 교수였던 요하네스 자카리아Johannes Zachariae, 1362/64-1428라는 인물이다. 도미니크파 수도회의 신학자였던 그는 콘스탄츠 공의회1415에서 체코의 종교개혁자 얀 후스Jan Hus, 1369-1415를 화형에 처할 때 현장에 있었던 종교재판관 중 한 명이었다. 화형의 때 후스가 남긴 유명한 말이 있다. "우리는 오늘 거위(후스의 발음이 거위와 비슷하다) 한 마리를 불태우지만, 백 년 후에 백조 한 마리가 우리 앞에 등장할 것이다."

　그로부터 백 년 후 역사에 백조가 등장하는데, 그가 바로 루터다. 호사가들은 루터가 자카리아의 묘 위에서 백조의 날갯짓을 시작했다고 말한다. 종교개혁자 루터를 종종 백조로 비유하는 것도 이런 배경이 있기 때문이다. 루터 역시 자신을 그렇게 백조로 비유한 적이 있다. 이 이야기는 루터 생애에서도 가장 후반부인 1546년 설교에서 발견된다. 정말로 루터가 자신을 후스가 예언한 백조로 인식했든 안 했든 상관없이, 이 이야기는 종교개혁자 루터와 개혁자를 화형에 처한 자카리아와 오버랩되며 드라마틱하게 다가온다.

로마 여행

1510년 루터는 수도원 문제로 로마 여행의 기회를 얻게 된다. 그러나 로마에 도착한 순례자는 지역 구석구석을 다니며 점점 환멸을 느끼게 된다. 후에 회고하기를 "만일 지옥이 있다면, 지옥 위에 로마가 세워진 것이다"라고 말할 정도였다. 특별히 로마가 점점 가까워질수록 에르푸르트에서 파송된 두 명의 독일 촌뜨기 수도사들은 어리둥절해졌다. 그동안 그들의 숙소는 가장 엄격하고 청빈하기로 소문난 아우구스티누스파 수도회였는데, 로마에 가까워 올수록 아우구스티누스 수도회 소속 숙소는 화려해졌고 음식은 기름진 것으로 풍성해졌다. 독일에서는 상상조차 할 수 없는 일들이 벌어지고 있었던 것이다.

그뿐 아니라, 로마에서 경험한 '거룩한 도시'Scala Santa, 빌라도 법정의 계단의 실상은 차마 입에 올리기조차 역겨울 정도였다. 거룩한 계단을 두고 로마 교회는 28개 계단을 주기도(주기도문)를 외우며 올라가기만 하면 연옥에 있는 영혼 하나를 구할 수 있다고 선전했고, 곳곳에 전시된 성유물들은 모조리 돈을 내야만 만나고 기도할 수 있는 타락의 온상이었다. 성 칼리투스St. Callitus 지하 납골당에는 40명의 교황과 76,000명의 순교자가 묻힌 공로의 창고가 있고, 모세가 보았다는 떨기나무의 가지, 헤롯 왕 때 베들레헴에서 살해당한 갓난아이의 뼈 300조각, 베드로의 머리카락, 골고다 언덕의 십자가를 박았던 못, 유다가 예수를 팔고 받은 은전 하나, 유다가 목매달아 죽은 대들보 등 상상할 수 없는 성유물들이 가득한 곳이 로마였다.

심지어 로마에 있는 교회들이 혜택을 고루 나누어 갖자는 의미에서 베드로와 바울의 시신을 나누어 머리는 라테라노 대성당에, 몸은 반쪽씩 나누어 두 교회(그들의 이름이 붙은 성 바울 대성당과 성 베드로 대성당)에 안치하기까지 했다. 분명한 점은 이 모든 것이 면죄의 보화로 둔갑하여 교회 경영을 위한 수단으로 쓰였다는 점이다. 게다가 분초를 쪼개서 참석한 미사에서는 사제들의 철저한 무지와 경박성을 보고 정신이 혼미해질 지경이었다.[9] 진지한 모습은 찾아볼 수 없고 그저 시간만 때우고 순례자들의 주머니만 노리는 로마 교회의 모습 때문에 이전에 가졌던 환상은 모조리 깨져 버렸다. 그런 충격 속에 루터는 에르푸르트로 돌아왔고 기독교에 대한 회의가 절망으로 격화되어 갔다. 루터는 일종의 '가나안 성도'('안 나가'를 거꾸로 한 표현으로 한국 교회 교인들의 탈교회 현상을 가리킨다)가 된 것이다.

루터가 목격한 로마는 거룩한 하나님의 도성이 아니라 '지옥'이었다. 이와 같은 현실 직시는 속에서 끓어오르는 질문을 만들어 냈고, 성서와 판이하게 다른 교회와 성직자들의 현실 앞에 루터는 성서의 답이 무엇인지 끊임없이 고민하며 연구하게 된다. 결국 이러한 질문들은 불의한 현실에 대한 저항의 힘으로 나타나게 된다.

4

저항

Verbum
Domini
Manet
in Aeternum

연옥과 고해성사

기독교 초기의 그림을 보면, 최후의 심판은 시간의 끝에서 예수가 재림하는 것으로 묘사된다. 휘광을 두른 예수가 재림하여 죽어 있는 자들이 잠에서 깨어나는 게 일반적이다. 심판이라든지 처벌 같은 주제들은 찾아보기 힘들다. 그러나 12세기에 이르면 변화가 감지된다. 이전에 보이지 않던 '심판'이라는 주제가 도드라진다. 특히 커다란 천칭 저울이 중심에 나오고 거기에 죽은 자들의 영혼을 달아 천국과 지옥으로 가르는 장면이 강조된다. 그런 장면 외에 한 가지 더 주목할 점이 있다. 심판주로 오신 예수의 얼굴 주위의 모습이다.

16세기 사람들의 머릿속에 있던 그리스도 상※은 요한계시록에 나오는 그리스도와 같았다. 영광 중에 오실 심판의 그리스도. 한 손에는 자비와 용서의 백합꽃을, 다른 한 손에는 진노와 심판의 칼을 들고 계시는 그리

한스 멤링, 「최후의 심판」(열렸을 때), 목판에 유채, 242×180.8cm, 1466-1473, 폴란드 그단스크 국립미술관

세 폭 제단화의 가운데 패널은 최후의 심판 장면이, 양쪽 패널에는 천국과 지옥 장면이 각각 묘사되어 있다.
가운데 패널에서 무지개 위에 앉아 있는 그리스도의 머리 좌우로 자비를 상징하는 백합과 심판을 상징하는 불칼이 보인다.

스도 앞에서 사람들은 어떻게 하면 칼을 피하고 백합을 얻을지 고민했다.

중세 교회는 이에 대한 답을 이미 가지고 있었는데, 그 답은 매우 흥미롭다. 당시에 이 답안지는 슬로건 형태로 요약·정리되어 강단에서 퍼져 나갔다. '무엇을 하든지 당신 자신에게 달려 있습니다. 당신이 거부하지 않는 한, 당신이 행한 만큼 하나님께서 은총을 베푸실 것입니다. 당신이 할 수 있는 만큼 최선을 다하십시오!'

그런데 그렇게 칼을 피해 백합을 얻을 만큼 내가 완벽하지 않으면 어떤 일이 일어날까? 이 질문에도 교회는 답이 준비되어 있었다. 그것은 바로 로마 가톨릭 교회의 일곱 가지 성례전 중 하나인 '고해성사'告解聖事다. 고해성사는 여섯 단계 곧 성찰省察, 통회痛悔, 정개定改, 고백告白, 사죄赦罪, 보속補贖의 절차를 통해 이루어진다.

우선 참회자가 양심적으로 '성찰'을 하여 지은 죄를 생각해 내고, 그 죄를 진심으로 뉘우치며 가슴 아파하는 '통회'를 하며, 다시는 이 같은 죄에 빠지지 않기로 결심하는 '정개'를 하고 나서, 하나님의 대리자인 사제 앞에 나아가 자기의 마음을 열어 죄를 낱낱이 '고백'한다. 그러면 사제는 '사죄'를 하고 '보속'을 정해 준다. 보속의 실천은 진실로 참회한다는 것을 행동으로 보여주는 것인데, 경우에 따라 큰소리로 '마리아'를 외쳐야 될 때도 있고, 주기도나 사도신조(사도신경)를 지정된 만큼 외워야 하는 경우도 있었다. 그러나 큰 용서를 받아야 한다고 여겨진 경우에는 이보다 더 엄중한 보속을 해야만 했다. 중세 시대에는 이런 경우 특정한 목적의 헌금을 하도록 제안받기도 했다.

이것은 아주 구체적이고 세밀한 시스템이었다. 죄를 지은 만큼 고해와 보속의 양은 비례했다. 이것을 통해 죄를 용서받고 제대로 된 삶의 궤도로 다시 돌아갈 수 있게 된다는 아주 잘 짜인 교리 구조였다.

그런데 만일 참회가 충분하지 않다면 어떻게 될까? 여기서부터가 루터가 문제 삼던 대목이다. 만일 모든 죄목을 빠짐없이 고해하지 않았다면 어떻게 될까? 그때 교회가 제시한 답은 '연옥'이었다. 연옥 교리의 역사를 보면 알겠지만, 성서적 근거가 있다기보다는 '교리'일 뿐이다. 당시 교회가 가르친 것을 요약하면 이렇다.

> 당신의 참회(고해성사)가 완전하지 않다면, 당신은 하나님 앞에서 아직 완전하지 않은 것입니다. 그렇게 완전하지 않은 상태인데도 불구하고 당신은 여전히 선한 삶을 추구하고 천국을 소원합니다. 그렇다면 우리(교회)는 당신을 지옥에 바로 보내지 않고, 우선 중간 단계인 연옥에 보낼 것입니다. 그곳은 교회와 하나님이 당신을 깨끗하게 만들어 천국에 갈 수 있도록 준비시키는 곳입니다. 그러나 여러분, 연옥은 기쁘고 즐거운 곳이 아닙니다. 거기서 당신은 잠벌을 치르고 죄를 씻기 위해 땀에 젖을 것입니다. 그리고 당신이 땅에서 지은 악한 행동에 대한 모든 대가를 지불해야 할 것입니다. 연옥에서 죄의 마지막 한 조각까지 대가를 지불하게 된다면 그때에야 비로소 다음 단계로 넘어갈 것입니다. 그리고 그제야 비로소 하나님의 임재가 가득한 천국으로 들어가게 될 것입니다.

사후세계를 천국과 지옥으로만 나누는 것이 아닌 제3지대로 '연옥'이 생겨난 것은 획기적인 일이라고 할 수 있다. 어찌 보면 인간의 삶이란 천국으로 가든지 아니면 지옥으로 가든지 무 자르듯 판정하기 쉽지 않기 때문에 나온 자구책이라고 할 수 있다. 완전히 구원받기에는 부족하고, 그렇다고 지옥으로 보내자니 아까운 영혼들이 있다면 어떻게 할까?

어떻게 살아야 할지를 고민하는 것이 산 사람들의 주제일지 모르겠지만, 역설적이게도 '인간이 어떻게 죽을까? 죽음 이후의 세계는 어떤 것일까?' 하는 것은 살아 있는 사람의 삶의 태도를 결정하는 중요한 시금석 역할을 한다. 그러니 당연히 천국과 지옥이라는 2차원적 세계를 뛰어넘는 제3의 지대가 필요했는지도 모른다.

이런 고민의 결과인 '연옥' 개념이 급작스레 생긴 것은 아니다. 아우구스티누스 시대 즈음인 4세기경, 교회 사람들은 이미 연옥에 관해 이야기하고 있었다. 당시만 해도 연옥은 구체적인 장소가 아니라 그저 '정화하는 불'in igne purgatorio 정도의 비유나 수식어 정도로만 사용되었다. 그러다가 1274년 리옹 공의회는 죄를 씻는 장소라는 개념으로 '연옥'pugatorium이라는 용어를 채택하게 된다.

연옥은 원래 교회의 공식적 가르침이 아니었다. 제3의 사후세계가 교회 안에 자리를 잡게 된 것은 단선적 과정이 아니다. 오랜 기간에 걸친 사회 요인과 더불어 신학 논쟁, 일반인들의 상상 같은 것들의 최종 결과물이다. 사회·정치·종교가 한데 어우러져 만든 산물이라는 점을 역으로 생각해 보면, 연옥이라는 사후세계의 등장은 중세 사회 곳곳에 교회의 영향을 미칠 수 있는 좋은(?) 무기가 되었을 것이다. 예를 들어 교회가 군주들을 길들이는 가장 좋은 방법 중 하나가 바로 연옥에 대한 설교였는데, 실제로 위대한 군주로 꼽히던 칼 마르텔Carolus Martellus, 680-741, 칼 대제Carolus Magnus, 740?-814 같은 황제들이 연옥이나 지옥에서 고통받고 있다는 식의 설교는 정치권이 교회를 마음대로 휘어잡지 못하게 만드는 무서운 위협이었다. 교회가 사후세계를 관장하고 있으니, 괜히 교회 앞에서 폼 잡지 말라는 식이었다. 이것으로 교회는 정치권과 평신도들의 지배권을 점차 강화해 나갔다.

연옥의 교리가 어느 정도 통용되자, 교황의 능력은 이 개념을 통해 이

승과 저승의 중재자뿐 아니라 저승의 영혼까지 좌우할 수 있는 역할까지 확장되었다. 실제로 1300년도 성탄절에 교황 보니파시오 8세Bonifacius VIII, 재위 1294-1303는 '연옥에서 고통받는 모든 이를 사면하고 천국으로 보낸다'는 대 사면령을 선포하기도 했다. 그렇지만 여전히 연옥 교리는 완전한 형태의 교회 공식 교리로 자리 잡지는 않았는데, 공식적 교회 교리로 굳어진 것은 종교개혁에 대한 반동으로 시작된 1550년 트리엔트 공의회에 이르러서다. 상대적으로 늦은 시기다.

교회는 죄의 결과를 '죄의식'guilt과 '형벌'punishment로 구분하여 가르쳤다. 그래서 죄지은 사람은 반드시 사제에게 그 죄를 고백해야 했다. 하지만 그다음 단계인 벌이 기다리고 있었다. 문제는 사죄 선언absolution은 죄에 대한 죄의식을 다룰 뿐, 죄의 책임인 형벌을 다루지는 않는다는 데 있었다. 그러니 고해성사를 다 마친 사람 역시 죄의 형벌이 남아 있었다. 특히 보속을 통해 해결받지 못한 '스스로 고백하지 못한' 죄목들은 고스란히 형벌로 쌓이게 되었다(잠벌). 그리고 그 형벌은 여기 이생에서나 아니면 연옥에서 집행되어야 했다. 참회자가 스스로 고백한 죄는 보속을 통해 이 땅에서 형벌을 치를 수 있지만, 문제는 모르고 지은 죄, 기억하지 못하는 죄에 대한 형벌이 여전히 남아 있다는 데 있었다. 그 죄가 바로 연옥의 출발점이다.

여기서 교회의 (중보)기도가 이미 죽은 다른 자들을 연옥에서 구해내는 데 유용할 수 있다는 사상이 생겨나기 시작했다. 천국에 가고도 남을 충분한 공로가 있는 사람들은 교회의 이름으로 성자로 추앙되고, 이들의 공로는 교회의 창고에 쌓이게 된다고 가르쳤다. 11세기와 12세기 교회는 이러한 '공로의 보고'treasury of merit 개념을 발전시켰다. 이 보화의 창고에 담긴 것은 그리스도의 공로, 마리아의 공로, 그리고 성인들이 행한 여분의 선행과 공로라고 가르치는 데, 전문 용어로 '공덕'super=rogation이라고 한다. 또한 모든 신자의 구원을 위해 이 보화의 창고를 열고 닫을 수 있는 권세가 교황의 권위 아래 있다고 가르쳤다. 이것이 바로 로마 가톨릭이 이해하고 있는 '천국 열쇠의 직무'다. 물론 루터가 가르치는 '개신교적 천국 열쇠의 직무'(이 직무의 핵심은 용서다. 그리고 용서를 베풀 수 있는 것은 신자 상호 간의 특권이며, 이것이 모든 신자의 만인사제직이다)와는 전혀 다른 종류의 것이다. 로마 교회는 교황만이 죄인들을 위해 공로의 창고를 열고 닫을 수 있으며, 그 방식 중 하나가 바로 면죄부였다.

95개조 논제와 종교개혁 프로그램

우리의 주요 선생이신 예수 그리스도께서 '회개하라'마 4:17 하신 것은 신자의 전 삶이 돌아서야 함을 명령한 것이다.

이것은 1517년 10월 31일 비텐베르크 성채 교회당 정문에 게시된 루터의 '95개조 논제' 제1조에 해당하는 문장이다. 루터가 정말 우리가 알고 있는 날짜에 게시했는지 아닌지 그 여부는 제쳐 놓고서라도 중요한 게 있다. 바로 이 논제가 목회적 관점에서 출발했다는 점이다.

1517년 막데부르크의 대주교 알브레히트Albrecht von Mainz, 1490-1545는 면죄부 판매를 위해 『면죄부 지침서』를 발행했는데, 그 내용은 감독의 권위로 도배되어 있었고, 순진한 독일의 일반 신자들이 이것을 얻기 위해 자기 재산을 털어 구입하는 일이 도처에서 일어났다. 루터는 이렇게 사람들이 헛된 일에 사로잡히는 것을 심각하게 받아들였다. 특히 작센 지방에 위치한 비텐베르크의 경우에는 '라이프치히 분할 조약'1485 때문에 면죄부 판매

루터의 '95개조 논제'가 게시되었던 비텐베르크 성채 교회당 정문

가 불가능했지만, 주민들이 사상 초유의 강력한 면죄부를 구입하기 위해 목숨 걸고 영지를 벗어나 산과 강을 넘는 일도 생겨났다. 비텐베르크에서도 이런 일들이 벌어지자 당시 비텐베르크 시 교회 설교자이자 대학 교수로 재직중이던 루터는 자신의 목회지에서 일어나는 이 일을 간과할 수 없었다. 그 때문에 루터는 '95개조 논제'를 통해 대학 사회에서 정식 토론을 제안하게 된다. 이런 배경에서 출발한 '95개조 논제'의 전체 내용은 두 가지 원리로 집약된다.

첫째, '독일 교회는 독일인의 교회다. 면죄부는 독일 민족의 재정을 착취하는 것이다.' 제50조에서 루터는 이렇게 토로한다.

> 만일 면죄부 설교자들이 무엇을 강요하고 있는지 교황이 그 내용을 알고 있다면, 베드로 성당을 세우지 말고 차라리 그것을 불로 태워 잿더미로 만들어 버리는 편이 낫다. 그 성당은 지금 자기 양들의 살과 가죽과 뼈를 긁어 건축하고 있기 때문이다.

당시 독일 면죄부 판매 수익은 판매권을 독점하고 있던 대주교 알브레히트의 성직 매매에 들어간 충당금과 로마의 각종 프로그램을 위한 자금줄 역할을 하고 있었다. 르네상스 교황들의 과도한 사치 생활, 웅장한 교회 건축 프로그램, 심지어 교황의 정치적 입지를 강화하기 위한 군대조직 양성에도 쓰였다. 이것들은 모두 헌금 정신과 상관없었고, 가난한 독일인의 현실과 아무런 관계가 없었으며, 성서의 가르침과도 전혀 관계없는 것들이었다. 오직 한 가지, 묻지도 따지지도 말고 '성직자에게 충성하는 것이 구원받는 지름길'이라고 가르쳤고, 또 그렇게 여겨 왔기 때문이다. 루터는 가난한 자기 민족의 돈이 로마의 사치를 위해 엉뚱하게 사용되는 것을 거부했다. '독일 교회는 독일인의 교회다. 그러므로 독일 교회의 헌금은 로마의 사적 소유가 될 수 없다'는 생각을 가지고 있었다.

둘째, '교황이라 할지라도 사후세계(연옥)에 영향력을 행사할 수 없다.' 루터는 제82조에서 이렇게 반문한다.

교황의 그 거룩한 사랑의 힘으로, 고통받는 자들의 탄원이 가득한 그 연옥을 왜 비우지 않는 것인가?

면죄부 설교자들은 교황이 사후세계의 영혼도 들었다 났다 할 수 있는 능력이 있다고 가르쳤다. 루터는 이를 신학적으로 반박한다. 교황에게 그런 능력이 실제로 있다면, 돈 받고 연옥의 영혼을 구하지 말고 대가 없는 사랑으로 풀어주는 것이 마땅하지 않느냐는 반문이다. 이런 루터의 진술은, 최후의 심판과 구원은 사람이 아니라 '오직 하나님만 하실 수 있다'는 성서의 기본적 진리에 근거한 것이다.

면죄부? 면벌부?

1517년 10월 31일 '95개조 논제'가 비텐베르크 성채 교회당 정문에 게시되던 당시 교황은 레오 10세였다. 그는 자신의 이름을 알리기 위한 거대한 계획을 가지고 있었는데, 그것이 바로 지금의 교황청인 성 베드로 대성당의 건축이었다. 당연히 여기에는 막대한 양의 자금이 필요했다.

그 밖에 자금 마련이 필수적인 이유는 여러 가지였는데, 로마와 그 인근에 막대한 토지를 소유하고 있던 레오 10세에게 이탈리아에서 일어난 전쟁 비용, 그리고 로마 교회 전체의 교권hierarchy을 유지하기 위한 자금줄이 필요했던 것이다. 이 때문에 그는 자금 마련을 위해 교회가 하지 말아야 할 여러 일들에 손을 대기 시작했다.

불의한 사업가들과 마찬가지로 건축업자들로부터 받았던 일종의 뇌물수수는 일반적이었고, 대주교나 주교 또는 추기경의 지위를 최고 입찰자에게 팔아넘기는 성직 매매도 서슴없이 감행했다. 역사적으로 결정적인 문제는 거대한 베드로 성당 건축비를 마련하기 위해 면죄부 판매를 본격적으로 감행했다는 사실이다.

여기서 막데부르크의 알브레히트 대주교는 종교개혁사에 매우 중요한 역할을 하게 된다. 그는 종교개혁의 무대에서 악역에 해당한다. 브란덴부르크 선제후의 동생이었던 그는 매우 젊은 나이에 대주교직을 두 개나 맡고 있었는데(대주교직은 한 사람이 한 지역을 맡는 것이었지만 알브레히트는 교황과 거래를 통해 불법적으로 두 지역의 대주교직을 얻고, 그것을 통해 독일 내 면죄부 독점권을 얻어낸다), 자기 영지 내 면죄부 독점 판매권을 교황에게 얻어내고 그에 상응하는 지불금(뇌물)을 로마로 보냈다. 이것을 통해 알브레히트는 자기 빚도 갚고 명성도 누리기를 희망했다.

최근 들어 '면죄부'라는 용어 대신 '면벌부'免罰符라고 고쳐 쓰자는 움직임이 있다. 로마 가톨릭에서 사용하는 '대사'大赦, Indulgentia라는 용어에 해당하는 말인데('대사'라는 말은 관대한 용서라는 뜻으로 연옥의 잠벌을 용서하는 수단을 뜻한다) 모두 번역상의 문제다. '번역은 반역이다'라는 말이 있듯이 동일한 라틴어를 번역하는 과정에서 번역자의 신학이 가미되면서 다양한 해석이 등장한 것이다. 가톨릭 측에서는 '면죄부'라는 용어에 심한 알레르기 반응을 일으키고 있는데, 어느 정도 이해가 가는 부분이다. 로마 교회 교리에 의하면, 대사란 '죄'와 관련한 것이 아니라 '형벌'과 관련한 것이기 때문이다.

그러나 루터가 공격한 것은 일반적인 대사나 면벌부가 아니었다. 루터 역시 '관대한 벌의 용서'라는 개념을 긍정적으로 받아들이고 있었고, 이전부터 있던 면죄부(대사)의 사용을 모르던 바가 아니었다. 그러나 루터 당시 독일에서 팔리고 있던 대사는 "모든 종류의 죄를 면죄할 수 있다"고 선전했다. 산 사람들뿐 아니라 죽은 사람들의 죄까지 모두 없애 주는 '전대사'plenary indulgence라고 불렀다. 실제로 알브레히트가 고용한 최고의 면죄부 설교가 테첼Johann Tetzel, 1465-1519은 "마리아를 강간한 죄도 깨끗하게 지워 버리는 효력이 있다"고 열변을 토했다. 다시 말해, 루터가 공격한 것은 단순한 면벌이나 관대한 용서가 아니다. 모든 형벌을 지워 버리고 연옥에서 지내야 할 시간을 완전히 지워 버린다는 뜻이기 때문에 이제까지 등장했던 모든 증서 중 효력이 가장 강력한 것이었다. 상식적으로 모든 벌을 지워 버린다는 것은 곧 죄를 없애 버린다는 뜻과 일맥상통한다. 즉 루터가 공격했던 것은 '면죄'의 보증표였다. 그 때문에 루터 당시의 '95개조 논제'에 한해서는 '면벌부'라는 용어보다 '면죄부'

라는 용어가 보다 타당하지 않을까 싶다. 어차피 번역상의 문제라면 그 의미에 맞게 풀어 쓰는 것이 합당할 것이다.

'중세 암흑기' 하면 떠오르는 면죄부 판매

면죄(벌)부는 단순히 종이 위에 쓰인 용서가 아니라, 교회가 보증하는 실제적인 용서였다. 이것을 통해 모든 자범죄들 때문에 보내게 될 몇 달 혹은 몇 년, 아니면 영원히 지속될 연옥의 시간이 지워지게 된다. 물론 실제로는 그렇지 않지만, 당시 순진한 보통 사람들은 죄 사함의 대가로 당연히 지불하는 것이라고 생각했다. 이에 대한 루터의 반응은 앞에서 살펴본 '95개조 논제'(제1조, 제50조, 제82조)에서 격렬하게 드러난다.

지금 한국 교회에서 팔리고 있는 면죄부는 무엇인가? 그리고 어디서 판매하고 있는가? 성직 매매로 출발한 면죄부는 21세기 교회에서 변형된 형태의 성직 매매로 여전히 성업 중이다. 각 교단의 기득권층에 충성맹세를 하며 줄을 서고 양심을 팔아먹은 소수의 기관 목사와 신학교 교수들 역시 변형된 성직 매매의 거래 관계로 볼 수 있다. 또한 성서의 말씀과 전혀 상관없는 설교와 영적 권위로 교인들을 위협하며 교회 공동체 위에 올라서 있는 일부 악마 같은 목회자들 역시 막데부르크의 대주교나 다를 바 없다. 그 외에도 우리 가운데 여전히 통용되는 면죄부는 여러 곳에서 성업 중이다.

오늘날 종교개혁 기념일은 10월 31일로 지킨다. 이렇게 지키는 이유는 그날이 바로 1517년 비텐베르크 성채 교회당 정문에 '면죄부에 관한 95개조 논제'가 게시된 날이기 때문이다. 해마다 이날을 기념해 왔지만 특히 2017년은 종교개혁 500주년이 되기 때문에 전 세계에서 더욱 성대하게 치르게 될 전망이다. 그런데 흥미로운 사실은 최초의 종교개혁 기념일은 10월 31일이 아니었거니와 종교개혁 기념 대회를 시도한 것은 루터파가 아닌 개혁파였다는 점이다.

지금 시대에 종교개혁 하면 '95개조 논제'를 떠올리지만 루터 당시만 해도 개혁의 상징은 다른 곳에 있었는데, 바로 모든 신자의 만인사제직에 입각한 양형 성찬이었다. 즉 평신도도 성찬 때 떡과 포도주 둘 다 받을 수 있다는 것이 당시로서는 혁명적인 일로 받아들여졌다. 왜냐하면 평신도가 포도주를 받을 수 있는지에 대한 신학 논쟁은 이미 9세기경부터 시작되었고, 중세 교회는 일반 신자의 양형 성찬을 금지하여 절대로 깨서는 안될 종교적 금기 사항으로 못을 박았기 때문이다.

금지한 이유는 두 가지다. 첫째, '떡은 그리스도의 몸이다. 몸에는 피도 있다. 피 없는 몸은 없다. 그러므로 떡만 먹어도 된다. 피는 당연히 떡 속에 있으니 괜찮다'는 논리다. 둘째, '포도주는 주님의 신성하고 거룩한 피다. 이 거룩한 피를 무식한 평신도들에게 줄 수 없다. 바울의 선언대로, 주의 몸을 분별하지 못하고 먹는 자마다 저주가 임할 것이기 때문이다. 게다가 이 피가 무식하고 더러운 평신도들의 수염에 묻어 있는 꼴을 볼 수 없다. 그러므로 피는 거룩하게 구별되어 부름받은 사제들만 마신다'는 논리다. 참고로, 1962년 시작된 제2차 바티칸 공의회에서는 기존 이해를 깨뜨리고 가톨릭 평신도에게 잔도 함께 배찬하는 양형 성찬을 허용하기로 결정했다. 그 때문에 한국 가톨릭 교회 현장에서도 역시 '이론적'으로는 가능해졌다. 하지만 현장에서는 여전히 떡만 나누어 주는 일종 배찬이 대세다.

16세기 개신교 진영에서는 이런 중세 교회의 이종 배찬 금지론을 부수고 모든 신자가 주의 말씀대로 떡과 포도주를 받도록 한 것을 종교개혁의 가장 혁명적인 상징으로 받아들였다. 그래서 1528년 독일 개신교령이었던 브라운슈바이크Braunschweig에서 내린 포고령을 보면, '개신교령에서는 종교개혁을 기념하는 행위를 하도록 권장'하는데 특별한 날을 지정한 것이 아니라 '양형 성찬'을 하도록 권장하고 있다.

이는 구습에 대한 질문이며 새로운 교회론의 탄생이라고 할 수 있다. 동시에 직제를 중요시하는 로마 교회에 대한 저항이자, 성서에 바탕을 둔 실천적 삶이라 할 수 있다. 양형 성찬은 곧 새로운 교회 공동체인 개신교의 표지로 이해되었다.

스스로 갇힌 세 가지 장벽

루터만큼 글을 많이 쓴 사람이 또 있을까? 그는 평생 동안 셀 수 없이 많은 글을 남겼다. 앞에서 언급했듯이 현재 남아 있는 루터의 1차 자료로 불리는 바이마르판만 보더라도 총 8만 페이지에 달하니, 가히 견줄 만한 사람이 보이지 않는다. 그중에서도 『독일어 성서』1534 다음으로 가장 널리 읽힌 글은 종교개혁 3대 논문 중 하나인 『독일 기독교 귀족에게 고함』1520이다. 초판 4천부가 불과 며칠 만에 팔렸고, 그 후로도 루터 생전에 열다섯 차례 판을 거듭하며 인쇄했을 정도로 폭발적인 관심을 받았다. 루터 당시로만 국한한다면 '면죄부에 관한 95개조 논제'1517보다 이 문서가 훨씬 더 널리 알려졌고, 더 많은 사회적 이슈를 불러일으켰다. 그럴 수밖에 없는 이유는 글에 담긴 내용에서 기인한다.

중세 교회론과 견주어 볼 때 가장 파격적인 면모가 바로 이 글 속에 여과 없이 드러난다. 특별히 성직자에 대한 관점은 이전에 볼 수 없었던 가르침이었고, 이는 곧 개신교회 교회론의 중심 주제가 된다. 로마 가톨릭에서 한 번 사제는 영원한 사제다. 사제로 안수받는 순간 인간이 훼손할 수 없는 신적 능력이 주입되었기 때문에 인간이 그 직무를 빼앗을 수 없다는 뜻이다. 여기서 사도적 계승은 오직 주교(교황)의 안수를 통해 전달된다. 참고로 가톨릭 신학에서 교회를 규정할 때 두 가지 기둥을 강조한다. 첫째는 사도적 계승권이며, 둘째는 성례전적 신비의 보존이다. 여기서 성례전적 신비의 보존이란 화체설에 대한 완전한 동의와 신뢰를 뜻하며, 사도적 계승권이란 사도 베드로의 수위권首位權이 교황을 통해 합법적으로 이어져 온다는 사상이다.

그러나 루터의 신학에서는 그런 안수의 성례전적 권위나 능력이 정면으로 거부된다. 즉 사도적 계승이란 '안수권'에 있지 않고 오직 '복음 선포의 직무'에만 해당한다는 것이다. 아마도 가톨릭과 개신교의 가장 큰 차이가 여기 있다고 해도 과언이 아닐 것이다. 루터의 신학에서는 주교의 안수가 아닌 교회 공동체를 통해 목회자를 선출할 수 있고, 동시에 해임할 수도 있다. 이는 만인사제직에 기초를 두고 있는데, 목회자는 교회 공동체 위에 존재하는 게 아니라 교회 공동체로부터 직무를 위임받은 사람이다. 그러므로 목사의 운명은 언제나 교회 공동체의 필요와 결정에 달려 있다고 보아도 무방하다. 즉 교회 공동체는 목회자를 세울 수도 있고 해임할 수도 있다. 그리고 교회의 모든 직무는 계급이 아니라 기능적 분화

일 뿐이다.

이런 사상은 루터의 다른 글 속에서 일관되게 나타난다. 대표적으로 『로마 교황청에 관하여』1520, 『그리스도인의 모임 혹은 교회가 모든 교리를 판단하고 교사를 임명하거나 파면할 권한과 힘이 있다는 것, 성서에서 본 이유와 원인』1523, 『공의회와 교회들에 관하여』1539는 직접적인 증거 자료가 된다. 그리고 1523년 비텐베르크 시 교회에서 최초의 개신교 목사인 요하네스 부겐하겐을 청빙한 과정은 교회 공동체 안에서 만인사제직이 어떻게 작동하고 있는지 그 예를 잘 보여준다.

다시 『독일 기독교 귀족에게 고함』으로 돌아가면, 이 논문의 근본 골자는 힘을 모아 교황을 탄핵하자는 데 있다. 루터에게 '교회 공동체는 곧 그리스도의 몸'이기 때문에 교황이라 할지라도 그 위에 설 수 없다고 본 것이다. 그에 따르면, 교회 공동체가 원하면 목사는 선출될 수도 있고 반대로 내쫓길 수도 있다. 그것이 교회 공동체의 강력한 권한이다. 여기서 엿볼 수 있는 종교개혁 정신이 있다. '하나님 앞에서 사람은 모두 평등하다. 사람 위에 사람 없고, 사람 밑에 사람 없다'는 모든 신자의 만인사제직 정신이다. 논문의 한 대목을 인용한다.

로마 교도들은 참으로 교묘하게 자기들 주위에 세 가지 담(성벽)을 쌓아 놓고 그 뒤에서 이제까지 자신들을 방어해 왔다. 그리하여 아무도 그들을 개혁할 수 없었다. 그리고 이것이 전 그리스도교계를 통하여 번진 무서운 부패의 원인이 되어 왔다. 첫째로, 로마 교도들은 속권俗權에 의하여 억압을 당하면 법령들을 만들어 '속권은 그들에 대하여 아무 지배권도 없으며, 오히려 영적인 권능이 속권 위에 있다'고 말해 왔다. 둘째로, 로마 교도들을 성서에 의거하여 책망하려 하면, 그들은 '교황 외에는 아무도 성서를 해석할 수 없다'고 이론異論을 제기한다. 셋째로, 로마 교도들이 공의회에 의하여 위협을 받으면 '교황 외에는 아무도 공의회를 소집할 수 없다'는 거짓말로 답변을 한다.[1]

중심 논지를 요약하면 '당시 교회가 너무 높은 벽을 쌓아 스스로 갇혔다'는 것이다. 여기에는 세 가지 장벽이 언급되는데, 우선 성직자와 평신도를 가르는 '차별과 구별의 벽'(교회를 성직자가 다스리는 것이 신앙적인 일인가?), 다음으로 거룩한 하나님의 말씀을 무지한 평신도가 해석하면 저주받는다는 '평신도 성서 해석의 벽'(평신도에게는 말씀 해석의 권한이 없는가?), 마지막으로 교황만이 공의회를 소집할 수 있다는 '공의회 소집권의 벽'(교황만이 공의회를 소집할 수 있는가?)이다. 이 지적은 500년 전 사건으로 국한할 수 없다. 위의 인용문을 현대적으로 패러디하면 다음과 같다.

> 교단의 교권주의자(일부 주교와 감독과 총회장)와 그 추종세력들은 참으로 교묘하게 자기들 주위에 세 가지 담(성벽)을 쌓아 놓고, 그 뒤에 숨어 자신들을 방어해 왔다. 그 때문에 이제껏 아무도 교회를 개혁할 수 없었다. 그리고 이것은 곧 무서운 전염병처럼 모든 교회를 온갖 부패로 더럽히는 원인이 되어 왔다. 첫째로, 교회의 지도자 격인 이 사람들은 외부로부터 문제를 지적당하면, 자기 맘대로 법을 만들어 외부에 있는 어떤 사회법이나 힘도 자기들의 권리를 침해할 수 없고, 오히려 자신들이 손에 쥐고 있는 주교권·감독권·총회장권·목사의 영적 권위가 사회법 위에 있다고 힘주어 강조한다. 둘째로, 이들은 일반 신자들이 성서의 말씀과 그 정신에 따라 그들을 비판해도 아주 우습게 생각한다. 가장 높은 영적 권위인 설교권은 자기들에게만 주어진 것이라고 주장하며, 일반 신자들의 성서 해석과 문제제기에는

콧방귀도 뀌지 않는다. 셋째로, 교권주의자들과 그 추종세력들은 교단과 교회 공동체로부터 문제를 지적받고 이 문제의 해결을 위해 신자들이 일어나 총회 소집을 요구하면, 교단 총회나 모든 회의 소집권은 자기들에게 있으니 그 어떤 회의도 열 수 없다는 거짓말로 답변한다.

이 세 벽이 가진 공통점이 있는데, 모두 '권위'에 관한 문제라는 점이다. 루터는 이 권위의 담이야말로 교회의 개혁을 가로막고 있는 직접적 원인임을 꼬집는다. '하나님 앞에 모든 사람은 평등하며, 사람 위에 사람 없다'는 평등사상은 성서 해석이나 교회 내부에 계급화되어 버린 직분, 더 나아가 교황으로 상징되는 종교 기득권자의 독단적 행태에 저항할 것을 주장한다. '성직자와 평신도의 벽을 허물고, 모두 하나님 앞에서 평등한 존재로 살자'는 개혁자의 주장은 지금 이 시대를 살아가는 개신교인에게도 아주 파격적으로 들릴 수 있다. 특히 16세기 당시 교회와 사회를 들끓게 했던 가장 큰 문제는, 세 번째 벽으로 지적된 '공의회 소집권'에 관한 언급이다. 지금으로 말하자면, 목사나 감독 또는 교단 총회장이 직무를 게을리하거나 엉뚱한 짓을 하고 있을 때, 교회 공동체는 공동 의회나 교단 총회를 통해 지도자를 끌어내리고 다른 지도자를 선출할 수 있다는 논리를 담고 있기에 당시나 오늘이나 여전히 파격적인 내용이다.

루터 역시 이 글을 통해 교황을 끌어내리기 위해 공의회 소집을 요구했지만, 역사적으로 보면 실패했다. 그럼에도 불구하고 루터는 '나쁜 권위'로 유지되고 있던 당시 교권과 교회 시스템에 대해 목숨 걸고 저항했다. 이것이 개신교회가 그토록 자랑하는 '만인사제직'이 담고 있는 핵심 골자다. 500년 전의 글인데도 여전히 살아 있는 힘으로 읽히는 이유가 있다. 그것은 글 속에 면면히 흐르고 있는 일관된 메시지 때문이다.

아무리 돈 많고, 잘 배우고, 건강하며, 영적 지위를 가진 목사나 교황이라도 모든 인간은 하나님 앞에서 동일한 죄인이고, 모든 죄인은 오직 하나님의 능력을 믿음으로 구원을 얻는다는 것이 바로 루터 신학의 핵심이다. 여기서 루터교회 신학인 '칭의론'이 등장한다. 사람 위에 사람이 군림할 수 없다. 우리는 모두 하나님 앞에서 서 있는 평등한 존재다. 그러나 개혁의 후예라는 개신교회들의 현실은 어떤가? 여전히 사람과 사람 사이에 담을 만들어 계급을 만들고, 교회를 높이 지어 교회와 세상을 구분하며, 세상이 교회에 침범하지 못하고 교인이 세상에 들어가지 못하게 담을 쌓는다. 예수님은 막힌 담을 허무셨고엡 2:14 사도 바울은 합력하여 선을 이루라롬 8:28 했는데, 오늘 우리는 어떠한가? 교회는 여전히 담을 쌓아 우리만의 도성을 쌓고 있으며, 등록 교인과 종교 기득권자들, 줄 잘 서는 교회 정치 모리배들의 유익을 도모한다. 그러나 하나님은 그분의 아들이 가죽으로 채찍을 만들어 성전을 뒤엎듯 우리의 모든 담을 허무실 것이다. 이것은 하늘의 준엄한 약속이다. 이 약속을 믿고 저항하며 동참할 때 스스로 쌓아 올린 벽이 무너질 것이고, 구원은 미래가 아니라 현실이 된다. 우리는 이것을 '종교개혁 정신'이라고 부른다.

루터는 부패한 로마 교황청에 대항해 제후들이 힘을 모아 공의회를 소집하여 맞설 것을 주장한다. 이 주장의 역사적 근거는 325년 콘스탄티누스 대제에 의해 소집된 니케아 회의에 있다. 또한 신학적 근거로는 교회의 직분은 기능적으로 구분되어 있으나 본질적으로 모든 직분은 평등하며 모든 성도는 구조적으로 자유로운 소통이 이루어져야 한다는 만인사제론이 바탕을 이루고 있다. 루터의 만인사제론은 후에 계몽주의와 서구 민주주의 사회의 토대가 된다. 이 논문은 권위의 문제를 다루면서 교회 공동체가 소통을 통한 신앙의 민주화를 이루어야 한다는 생각을 담고 있다. 즉 교회는 근본적으로 '거룩한 사귐의 공동체'이기에 성직자의 독점적 사유물이 될 수 없다는 것을 신학적으로 규명하고 있다. 교황을 탄핵하자는 도발적 내용의 독일어 글이 민중 속으로 파고들었을 때, 그로 인한 충격과 파장은 눈으로 보지 않아도 훤하다.

앞서 말했듯이 개혁자가 역사의 유산으로 남긴 정신, 그것은 '권위에 대한 믿음'을 '믿음에 대한 권위'로 대체하는 것이다. 종교개혁자들은 바로 이 명제에 충실했고, 그 충실함이 세상을 바꾸는 혁명의 동력이 되었다. 이를 따르는 그리스도인을 개신교인이라 부른다. 또한 저항의 뜻을 가진 'protest'의 의미로 프로테스탄트protestant라고 부른다. 이 복음 혁명의 동력, 그 진리가 우리에게도 주어졌다. 개혁자가 외치는 만인사제직은 단순히 저항과 개김의 미학만 가르치지 않는다. 그 이면을 보면 목사뿐만 아니라 모든 교회의 직분자, 더 나아가 신자들 모두가 사회적·공적 책임을 지고 있다는 것도 동시에 가르친다. 즉 모든 신자의 만인사제직은 교회라는 담장 안에서 동등한 자유를 누리며 서로를 섬기는 것에 머물지 않고, 신자라면 당연히 사회 안에서 공적 책임을 져야 한다는 것을 뜻한다. 개신교 신학의 핵심 가치 중 하나인 만인사제론에 담긴 의미는 바로 이런 것이다. 우리는 모두 부름받은 제사장이다.

개신교 내부 갈등과 해결_시찰단과 교리문답

어느 조직이나 다 마찬가지겠지만 제아무리 좋은 취지로 시작했다 해도 시간이 지나면 처음 시작과 달리 열정이 퇴색되고 오용되기 마련이다. 루터의 종교개혁 역시 마찬가지였다. 다음과 같이 부패의 냄새가 끓어오르기까지 불과 10년도 채 걸리지 않았다.

'교회는 교회다워야 하며 사제는 사제다워야 한다.' 종교개혁자 마르틴 루터가 부패한 교회를 향해 목소리를 드높일 때 독일 사회는 환호했다. 속에 있던 응어리가 물꼬 터진 것처럼 거칠 것이 없었다. 여기저기서 자유와 해방의 노래가 울려 퍼지며 힘이 응집되기 시작했다.

그런데 부패한 교회를 개혁하려고 일어선 종교개혁 진영은 엉뚱한 복병을 만나게 된다. 개혁의 목소리가 높아질수록 개신교 진영 내부에서는 밑도 끝도 없는 방종과 무식함이 난무하기 시작했다. 개혁자들의 구호인 '복음의 자유'를 빌미로 집 안에서 곰팡이가 피기 시작한 것이다. 그러나 이에 대해 조치를 취할 법적 근거는 거의 없어 보였다.

개혁자들은 복음의 자유·해방·모든 신자의 평등한 만인사제직을 핵심 가치로 주장했지만, 현장에서는 교리의 오해와 오용으로 이어졌고, 오해된 '복음의 자유'로 인해 율법 기능은 철폐되어 세상 권위와 질서는 무시해도 되는 것처럼 여겨졌다. 그로 인해 개신교 성직자들의 부패와 게으름, 교리에 대한 무지가 만연했고, 도저히 성직자라고 할 수 없을 만큼의 도덕적 해이와 방종의 상태가 이만저만이 아니었다. 목사들의 사정이 이런데 일반 신자들은 오죽했을까? 목회자든 일반 신자든 가릴 것 없이 신앙과 삶의 규칙은 엉망이 되어 가기 시작했다.

종교개혁 이전 같으면 주교의 고유 직무인 시찰과 권징을 통해 기강을 바로잡을 수 있겠지만, 로마 가톨릭을 반대하고 일어선 이상 그런 '권위적 주교권'은 통용될 수 없었다. 사태가 얼마나 심각했던지 바이마르에 있던 영주 요한 프리드리히Johann Friedrich der Großmütige, 1503-1554가 1524년 6월 루터에게 이 문제를 직접 눈으로 보고 해결해 달라는 편지를 쓰기에 이르렀다. 자기가 도와줄 테니 제발 각 교회를 돌아보고, 얼마나 형편없는 목사들이 목회 현장에서 성직자의 옷을 입고 있는지 직접 보고 평가해서,

목사로서 부적격한 자들은 제발 쫓아버리든지 해임시켜 달라는 요청이었다.

편지를 받아든 루터는 1524년 8월부터 교회 방문을 시작하여, 1525년과 1527-28년에 걸쳐 집중적으로 교회 방문을 하게 되었다. 일종의 암행 감찰 업무라고 할 수 있는데, 시찰 결과는 처참했다. 풍문으로만 듣던 상황을 직접 목격하고 참담한 마음을 금치 못했다. 종교개혁 이전에도 부패한 성직자들이 있었지만, 종교개혁 사상의 잘못된 이해와 요용은 이런 성직자들에게 날개를 달아 준 꼴이 되어 버렸다. 성직자들과 일반 신자들은 모든 제약에서 고삐 풀린 망아지 꼴이 되어 하나님을 두려워하지도 교회의 징계를 무서워하지도 않았고, 목회직에 대한 열정은 고사하고 수입이 일정하지 않아 목회 직무보다 권력자에게 붙어 아부나 하는 정치꾼들이 생겨났으며, 일부 목회자는 술집을 운영하거나 주정뱅이가 되거나 윤리적으로 문란한 생활을 하는 등 도저히 성직자라고 말할 수 없는 모습들이 도처에서 개신교 진영을 좀먹고 있었다. 목사들이 그 정도이니 일반 신자는 말할 것도 없었다.

시찰을 하고 나서 루터는 1529년 2월 친구 게오르그 슈팔라틴Georg Spalatin, 1484~1545에게 이렇게 편지를 쓴다. "농민들은 (목회자에게서) 아무것도 배운 게 없으니 당연히 아는 것이 없고, 게다가 자신들이 선물로 받은 자유를 함부로 남용하고 있습니다. 이들은 마치 신앙 없는 사람처럼 기도도 하지 않고, 죄의 고백(참회)도 하지 않고, 성찬에 참례하지도 않습니다. 더 큰 문제는, 일반 신자들이 과거에 교황을 우습게 여겼지만 이제는 우리(목사)를 우습게 여긴다는 점입니다."

루터는 1528년까지 계속된 시찰 결과를 토대로 『작센 선제후국의 목사들에게 주는 시찰자의 교육』1528이라는 지침서를 작성하게 된다. 서문의 일부는 이렇다.

몇몇 사람들이 칭의에 관한 설교를 하고는 있지만, '우리가 이 칭의의 신앙을 어떻게 성취할 것인가'에 대해서는 충분히 설명하지 않고 있습니다. 게다가 우리가 의롭게 되었다는 한쪽 면만을 강조한 나머지 그 신앙이 도대체 무엇인지 또는 무슨 뜻인지에 대해서는 생략한 채 설교하고 있습니다. 그러나 그리스도께서는 누가복음 마지막 장눅 24:47에서 분명하게 두 가지 곧 그분의 이름으로 죄에 대해 철저히 회개하는 것과 용서하는 것을 가르치셨습니다.

그런데 많은 이들이 용서만 말하고, 회개는 변죽만 울리거나 아니면 아예 언급조차 않고 있습니다. 분명히 말씀드립니다. 회개 없는 죄 용서는 없습니다. 또한 회개 없는 용서란 생각조차 할 수도 없는 일입니다. 만일 우리가 회개 없이 용서에 대해서만 설교한다고 해봅시다. 그러면 사람들은 자기에게 죄라는 것이 원래부터 존재하지 않았다고 상상할 것이고, 이로써 양심의 거리낌 없이 방종의 상태에 빠지게 될 것입니다. 이것은 이제까지 우리가 저지른 모든 것보다 훨씬 더 큰 과오와 죄가 될 것입니다.

분명히 우리는 그리스도께서 마태복음 12:45에서 말씀하신 것처럼 마지막 상태가 처음 상태보다 더 악화되는 최악의 사건이 벌어지지 않도록 힘써야 합니다.

그 때문에 우리는 교회의 담임목사들에게 복음의 한 면이 아닌 전체를 전하고 설교하는 것이 그들의 의무라는 것을 교훈하고 경책해 왔습니다. 왜냐하면 하나님께서는 신명기 4:2에서 "내가 너희에게 명령하는 말을 너희는 가감하지 말라"고 명령하셨기 때문입니다. 그러나 오늘날 교권주의자들은 성서의 말씀을 자기 입맛대로 첨삭하는 일을 하고 있습니다. 불행하게도 이것이 오늘 우리의 현실입니다. 그러나 단지 교권주의자들만의 일은 아닙니다. 우리의 설교자들 역시 복음의 큰 부분을 차지하는 통렬한 '회개'를 잘라먹고 있습니다.

그러면서 '고기를 먹어야 하는가 말아야 하는가'와 같은 하찮은 행위들에 관해서나 힘을 쏟아 설교하고 있습니다. 이런 설교나 가르침들은 아무 소용 없는 것들입니다. 또한 설교자와 목사들이 현실에 만연한 불의와 군주의 폭정에 눈을 감고 잠잠해서도 안 됩니다. 그것은 그리스도인의 참된 자유를 옹호할 기회를 저버리는 태도이기 때문입니다. 만일 그렇게 행동하고 설교하는 자들이 있다면, 그들은 마태복음 23:24에서 그리스도께서 말씀하신 것처럼 "하루살이는 걸러 내고 낙타는 삼키는" 일을 스스럼없이 행하는 자들이 분명합니다.

그 때문에 우리는 교회를 목회하고 있는 담임목사들에게, 교인들이 부지런히 그리고 자주 자기의 죄를 회개하고 슬퍼하며 하나님의 심판을 두려워하도록 권고하고 설교해야 한다고 경고해 왔습니다. 회개는 (칭의의 신앙에서) 가장 크고 가장 중요한 요소입니다. 이 일을 경홀히 여기지 마십시오. 성서를 보십시오. 세례 요한과 그리스도가 바리새인들을 그리도 혹독히 정죄한 이유가 여기 있습니다. 바리새인들이 일상에서 범하는 자잘한 죄 때문이 아닙니다. 그들의 '위선적 거룩함' 때문입니다. 일반인들의 범죄를 지적하는 것은 중요한 일임에 틀림없습니다. 그러나 그보다 더욱 강조하고 중요하게 다루어야 할 것은 거짓된 거룩함이 만연한 곳에 더욱 엄하게 회개를 촉구하는 일입니다. 설교자와 목사들이 이 점을 명심해야 합니다. 이 일이 바로 그대들에게 맡겨진 직무입니다.[2]

시찰 결과 개신교 진영에 만연한 목사들의 무지와 태만함이 상상을 초월하자, 루터는 징계를 위한 시찰단을 조직하여 가망 없는 목사들을 쫓아내고 교구 영지를 몰수하는 극단의 조치를 취하게 된다. 1528년 공식적으로 구성된 최초의 시찰단은 필리프 멜란히톤(비텐베르크 대학교 신학자), 한스 폰 플라니츠(작센공국 법률가), 제롬 슈르프(비텐베르크 대학교 법학 교수), 아스무스 폰 하우비츠(비텐베르크 시의회 행정가로 추정) 이렇게 네 명이다. 두 명은 대학 교수, 나머지 두 명은 시의회 행정과 법을 담당하는 이들이었다. 이들은 교회를 불시에 방문하였고, 대학 교수는 목사의 신학적 역량을 점검하고, 시의회 소속 시찰위원은 교구의 행정과 소유권들이 제대로 운영되고 있는지 파악해서 징계를 결정했다. 사정이 이렇다 보니 이 시찰단은 당시 현장 목회자들에게 암행어사인 동시에 저승사자로 통했다. 물론 1528년 이전에는 시행착오도 있었고 게으르고 태만한 목사들의 반발도 예상 외로 거셌다. 그러나 루터는 이 시찰단을 뚝심 있게 밀고 나갔고, 징계는 일벌백계의 형식으로 철저하게 이루어졌다. 결국 목사들에게 신뢰가 없던 교인들이 신뢰를 보이게 되고, 개신교 진영의 교회는 서서히 교단으로서 면모를 갖추게 된다. 후에 시찰단은 비텐베르크 대학교의 상설기관으로 자리 잡고 교회를 위한 감초 노릇을 톡톡히 하게 된다. 시찰단 운영을 통해 환수한 교회의 영지와 재산은 곧바로 교육을 위한 학교 건립에 사용되었는데, 이로써 루터파의 조직 체계가 공고히 세워지게 된다. 루터에게 교육은 타협의 대상이 아니었다. 이것은 서구 사회에서 보편 교육을 시작할 수 있는 근거가 되는데, 이러한 보편 교육은 당시 가톨릭 지역과 차별적인 결과를 가져온다. 아이와 여성들을 위한 교육은 직업 선택의 기회로 확장되고, 이는 사회 진출과 사회복지 체제까지 확장되는 결과를 낳는다.

　루터는 시찰단을 통해 내부에 만연한 부패의 문제를 척결하는 동시에

'목회적 역량'을 강화하는 데 그 초점을 두었다. 이런 요구에 부응하며 나온 방책은 교육이었다. 조금만 끌어 주면 될 성싶은 목회자와 평신도들을 위해 루터는 1529년 『대교리문답』과 『소교리문답』을 만들어 교육하게 된다. 이것이 개신교 최초의 교리문답서의 시작이다. 『소교리문답』의 경우 아이와 여성들의 교육을 위해 사용하고, 『대교리문답』은 성인과 목회자들을 위한 지침서로 펴내게 된다. 다음은 『대교리문답』 3판 서문을 발췌한 것인데, 루터의 강한 어조를 엿볼 수 있다.

우리가 교리문답서에 이리도 지난한 힘을 쏟고, 쓴소리까지 해가며 사람들을 강권하는 중요한 이유가 있습니다. 유감스럽게도, 우리는 지금 너무 많은 목사와 설교자들이 게으르고 태만한 현실을 눈으로 목도하고 있기 때문입니다. 자기 직무가 무엇인지도 모르고, 가르쳐야 할 교리도 우습게 여깁니다. 어떤 이는 "기독교 교리는 너무 수준이 높아 어렵다"며 멀리하고, 어떤 이는 게을러서 멀리합니다. 또 어떤 이는 교리 가르치는 일을 그저 밥벌이 정도로만 여기고 있습니다. 이런 자들은 목사와 설교자의 직무를 자기 배나 채우는 것인 줄 알고 있습니다. 그저 "평생 먹고사는 일에 별 도움이 안 되니 신경 쓰지 않아도 된다"고 하며 그렇게 행동합니다. 이런 모습은 교황권 아래 있을 때의 습성과 별반 다르지 않습니다.……그럴 바에야 '목회자'Seelsorger인 '목사'Pfarrer가 되지 말고, 돼지를 키우거나 개집이나 지키는 편이 낫습니다.……개나 돼지처럼 게으르고 더럽고 비굴하게 제 맘대로 육체의 소욕대로 살고 있다면, 그런 목사는 수치스럽게 여겨야 합니다! 그런데 유감스럽게도 이 우매한 인간들은 복음을 너무 우습게 압니다. 우리가 온 힘을 다해 도왔지만, 이제 해줄 수 있는 게 아무것도 없어 보입니다. 이러다가 결국 우리에게 남게 될 것이 과연 무엇이란 말입니까? 우리는 지금 심각할 정도로 태만하고 게으릅니다. 도대체 교황권 아래 있을 때와 무엇이 다르단 말입니까? 게다가 우리 가운데 아주 악독한 패륜과 끔찍한 전염병이 돌고 있습니다. 그것은 다름 아니라 "태만하게 살아도 별 문제 없다"고 하는 병입니다. 그 때문에 많은 사람들이 교리문답서를 그저 보잘것없는 가르침으로 치부합니다. 대충 한 번 훑어보고서는 다 아는 것이라고 말합니다. 구석에 휙 던져 버리고는 책을 찾아 다시 꼼꼼히 읽는 것을 창피한 짓으로 여길 정도입니다.……다시 말씀드립니다. 게으른 뚱땡이 목사faule Wanste와 거만한 성도들이여, 제발 부탁합니다. 스스로를 돌이켜 보십시오. 당신들이 믿고 생각하는 것과 달리, 당신들의 지식 수준은 바닥입니다. 수준 높은 박사인 줄 착각하지 마십시오.……하나님의 말씀을 곁에 두고, 암송하고, 그것으로 고민할 때 생기는 특별한 도우심이 있습니다. 그 도움은 악마와 세상과 육에 대항할 수 있게 된다는 사실입니다. 이런 이유로 복 있는 사람은 "오직 여호와의 율법을 주야로 묵상하는" 자라고 시편 1:2이 찬송하는 것입니다. 하나님의 계명과 말씀을 외우고, 노래하고, 고민nachdenken하십시오. 그것이야말로 의심할 여지 없이 악마를 쫓아 버릴 강력하고 거룩한 분향Weihrauch이며, 진실로 참된 성수Weihwasser요, (십자가) 표지Zeichen입니다. 말씀이야말로 악마를 몰아내고 사냥합니다.[3]

위의 서문에서 느낄 수 있듯이, 루터는 강한 어조로 목회자들의 게으름을 질타하고 목회자로서 소명이 새롭게 회복되기를 희망하고 있다. 이것은 단지 500년 전 상황에 국한된 일일까? 만일 그렇지 않다면 오늘 우리 시대에도 루터와 같은 이가 필요하다.

5

소통

Verbum
Domini
Manet
in Aeternum

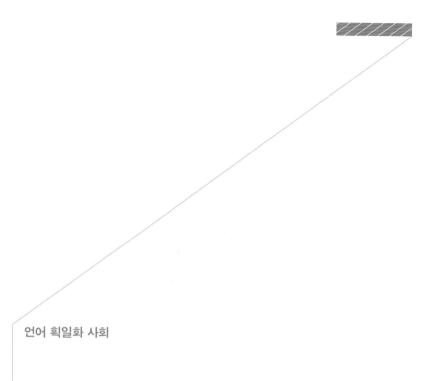

언어 획일화 사회

나는 자신의 언어로 된 성서를 갖는 것이 얼마
나 중요한 것인지 사람들이 반드시 이해해야 한다고 생각한다."

- 루터

중세 시대는 종교적 권위가 교황에 집중된 중앙집권 시대였는데, 이러한 교회 권위 체제의 아성을 장기간 유지할 수 있었던 근간은 '언어' 곧 라틴어에 있었다. 뒤집어 말하면, 라틴어가 아닌 각 지역 속어의 사용은 그 자체가 잠재적 이단이자 금기를 거스르는 것이었다. 대표적 예가 바로 성서 번역과 해석에 대한 문제다.

앞에서 언급했듯이 중세 시대 유일한 공식적·합법적 성서는 라틴어역 『불가타 성서』였는데, 당시에는 라틴어·헬라어·히브리어 외에 다른 언어로 된 성서를 소유하면 사형에 처해질 수 있었다. 실제로 루터가 95개조 논제를 게재했던 1517년 잉글랜드에서는 자녀에게 주기도를 영어로 가르쳤다는 이유로 일곱 명의 부모가 화형당한 일이 있었다. 이유가 무엇이었을까? 그것은 '통제와 권력'에 관한 문제였는데, 중세 사회는 언로를 획일화하고 통제하는 것이 사회 체제를 유지하는 가장 기본적인 기반이라고 믿었던 사회였다. 이것은 소통이 가로막힌 중세 사회의 단면이라고 할 수 있다.

반면에 종교개혁은 '소통 혁명'이다. 문화사학자 야마모토 요시타카山本義隆는 16세기 서양사를 '문화 혁명'이라는 말로 집약한다. 그는 한 가지 가설을 세우면서 16세기 서양 역사 변혁의 본질적 힘은 '커뮤니케이션의 혁명'에서 시작되었고, 이 소통 혁명은 중세 사회의 공식 언어인 라틴어가 지역 언어로 '속어화'되는 것을 핵심으로 보았다. 여기서 언어의 속어화란 소수 권력층이 독점하던 진리가 다수의 민중 세계로 소통의 영역을 넓혀 간다는 것을 뜻한다.

언어의 속어화를 통한 문화 혁명은 인문주의·신대륙 발견·구텐베르크의 인쇄술 같은 복합적 요인과 함께 힘을 얻게 되었는데, 이런 언어 혁명의 가장 성공적 사례로 루터의 종교개혁을 꼽을 수 있다. 루터는 독일어와 라틴어를 자유자재로 사용하면서 지식인과 비지식인층 모두에게 영향력을 행사할 수 있었고, 양자를 아우를 수 있는 소통 능력으로 라틴어의 담으로 막힌 중세 시대를 뚫고 나가는 역사 변혁의 폭발력을 가져왔다.

루터가 라틴어와 자국어인 독일어로 된 글들을 활발히 저술했고 성서를 독일어로 번역한 것은 널리 알려져 있다. 그가 "나는 배우지 못한 민중에게 독일어로 설교하거나 독일어로 책을 쓰는 것을 결코 부끄럽게 여기지 않는다"고 공공연히 말했는데, 이 말은 거꾸로 '신학박사 정도 되는 사람이 속어를 사용하는 것은 수치스러운 일이다'라는 사회적 통념이 존재했음을 보여준다. 개인적인 생각이지만, 당시 에라스무스가 지식인 사회의 최고 지성으로 꼽혔음에도 루터에 비해 영향력이 제한적일 수밖에 없었던 결정적 차이가 바로 여기에 있다. 에라스무스는 학자들의 영역에만 머물러 있었던 반면, 루터는 학자들과는 라틴어와 철학으로 소통하고, 그 내용을 독일어 민중에게 독일어로 풀어 직접 호소했다. 이렇듯 지식인과 비지식인을 아우르는 소통의 힘을 루터는 사용할 줄 알았다.

이와 관련하여 좋은 예가 하나 더 있다. 루터가 1517년 비텐베르크에서 면죄부를 비판하는 '95개조 논제'를 발표했을 당시, 그 파급력은 극도로 미약했다. 아니, 실제로 거의 없었다고 보아도 무방하다. 이 단계에서 루터는 단지 대학과 성직자 세계 내부에서만 논의할 의향이었다. 그러나 이듬해 봄 '95개조 논제'가 독일어로 번역되어 인쇄되자 눈 깜짝할 사이에 독일 전역으로 퍼져 나갔고, 도처에서 대중들이 읽을 수 있게 되었다. 이렇게 종교개혁은 민중 속으로 파고들었다.

많은 사람들이 오해하는 대목이 바로 이 지점이다. '95개조 논제'를 너무 신화화하는 바람에 '게시하자마자 단 몇 주 만에 독일 전역에 퍼져 나갔다'거나 '게시하자마자 택배 기사가 '로켓배송'하듯 전국적으로 이슈가 되었다'고 착각한다.

상식적으로 생각해 보자. 최초의 '95개조 논제'는 라틴어로 작성되었다. 그런데 라틴어 문맹률이 95퍼센트 이상 되는 독일 땅에서 그렇게 단시간에 퍼졌다는 것은 불가능한 일이다. 처음에는 그저 라틴어를 아는 몇몇 사람들이 관심을 가졌고, 이런 관심은 통상적 수준에 머물러 있었다. 고작 이 문제에 관심 있는 대학 지식인들 사이에서나 회자될 정도였다. 물론 이 글이 조잡하게 번역되어 이곳저곳에서 산발적으로 회자되었을 가능성이 있다고 추리할 수 있다. 그러나 그런 조잡한 번역으로는 폭발력을 가지기 어려웠다. 실제로 1517년 12월 라이프치히·바젤·뉘른베르크 등지에서 '95개조 논제'의 독일어 번역본이 인쇄되었지만, 여전히 전 유럽을 들끓게 만들 만한 정도는 아니었다. 다만 긍정적으로 보자면, 지식인 사회의 논의를 끌어내기 시작했다는 데 의의가 있다.

루터의 이 논제가 실제로 독일 전역에 충격을 몰고 온 계기는 한 시점으로 보기 어렵다. 우선 '95개조 논제'에 대한 반응으로 면죄부 판매의 당사자였던 알브레히트 대주교가 그해 12월 마인츠 대학교의 신학 교수들에게 루터의 글에 대한 '금지 재판'processus inhibitorius를 열도록 제안했고, 이듬해 1월 프랑크푸르트 대학교의 콘라트 빔피나Konrad Wimpina, 1465-1531 교수와 테첼이 반박 글을 통해 루터의 관점이 오류이며 위클리프John Wycliffe, 1320-1384 및 얀 후스와 동일한 이단이라는 견해를 밝히게 된다. 이에 대응하여 루터는 독일어 설교와 라틴어 문서를 통해 적극 해명하며 재반박하기에 이른다. 여기서 결정적으로 '95개조 논제'가 독일 내에서 큰 반향을 얻은 것은 아무리 빨라야 1518년 2-3월 또는 5월 이후에나 가능했다고 추정할 수 있다.

1518년 2월, 루터는 자신의 입장을 정리하여 『95개조 논제 해설』을 라틴어로 작성하여 대주교 알브레히트에게 보내고, 그해 5월 이것의 사본을 교황 레오 10세에게 보낸다. 아마도 자기의 글의 내용이 무엇인지 온전하게 알릴 필요가 있었기 때문에 그런 해설서를 쓰게 되었을 것이다. 이 상황을 뒤집어 보면, 아직 '95개조 논제'의 본 모습이 세상에 여실히 드러나지 않았을 것이라고 추론해 볼 수 있다. 게다가 이 해설서가 5월까지 인쇄물로 출판되지 않았고 여전히 라틴어본이라는 점은 그리 대중적 필요성이 절실하지 않았다는 점을 시사한다.

'95개조 논제'의 확산에서 라틴어 해설서보다 더 중요한 것은 『면죄부와 은총』1518이라는 루터의 독일어 설교집이다. 루터는 이 설교집에 면죄부 비판의 핵심을 20여 가지로 정리하여 일반 신자들을 위해 출판했다. 이 작은 책자는 1518년 독일에서만 16판이 인쇄될 정도로 이슈의 중심이 되었고, 비텐베르크에서 라이프치히·뉘른베르크·아우구스부르크·바젤에 이르기까지 인쇄업자들에 의해 판매되었다. 이 독일어 설교집을 통해 루터의 '95개조 논제'는 날개 돋친 듯이 퍼지게 된다. 엄밀히 말하면, 라틴어에는 관심 없고 독일어로 된 '95개조 논제'에 폭발적 반응을 보인 것이다. 쉬운 말이 힘이 있다.

이러한 예는 많다. 그 유명한 보름스 제국의회1521에서 나온 루터의 최후 변론도 이와 유사하다. 루터의 책과 그의 주장을 모두 철회하면 목숨만은 살려 주겠다는 황제 앞에서 루터는 이렇게 말한다.

> 나는 그 어느 것도 철회하거나 거스를 수 없습니다. 지금 나의 양심은 하나님의 말씀에 사로잡혀 있습니다. 양심을 거스르는 것은 불편하거니와 안전하지도 않습니다. 주여, 나를 도우소서. 아멘.

그 자리에서 루터는 이 유명한 선언을 처음에는 라틴어로, 그리고 곧바로 독일어로 말했다. 지식인을 향해서는 라틴어로, 일반인을 위해서는 속어를 거침없이 사용하는 모습은 당시로서는 아주 낯선 풍경이었다. 그러나 이러한 소통의 힘이 곧 루터의 무기였다.

이는 폐쇄적 종교 사회에 소통의 힘이 가지는 종교개혁의 일면을 보여 주는 대표적 사례에 속한다. 이렇게 자국어를 통한 소통의 힘은 시간이 지남에 따라 가속화되었다. 사례를 하나 더 들어 보자. 1520년 '루터의 3

대 논문'으로 꼽히는 『그리스도인의 자유』, 『교회의 바벨론 포로』, 『독일 기독교 귀족에게 고함』이 출간되자 그 반응은 폭발적이었다. 앞에서 언급했듯이 그중에서도 가장 널리 읽힌 글은 가장 급진적인 내용을 담고 있는 『독일 기독교 귀족에게 고함』이다.

그러나 무엇보다도 당시 출판물들 가운데 가장 영향력 있고 소통의 파괴력을 가진 것은 단연코 루터의 성서 번역이었다. 이는 교회사적 관점에서뿐 아니라 언어사적 관점에서도 그렇다. 1522년 『독일어 신약성서』가 번역·출판되었을 때 '9월 성서'로 불리는 초판이 3천부 인쇄되었고, 같은 해 12월에 2판이 나왔으며, 이후로 11년간 고지 독일어로 14회, 저지 독일어로 7회 중판을 냈다. 루터가 살아 있는 동안 모두 10만부 이상 인쇄되었으며, 1534년 루터의 신구약 완역본이 나온 이래로 1622년까지 85판을 찍어 냈다.

이것은 당시 폐쇄적인 종교세계를 종교개혁자들이 어떻게 돌파해 나갔는지를 보여주는 좋은 예라 할 수 있다. 더욱 놀랄 만한 사실은 판을 거듭하는 데 그치지 않고 계속 개정을 더했다는 점이다. 이런 개정 작업을 통해 진리는 민중 속으로 보다 깊이 파고들었고, 이를 통해 종교개혁의 소통은 더욱 힘을 얻었다. 또한 번역된 『독일어 성서』의 언어는 단순히 자국어를 중시하는 분위기나 종교적 수준에 그치지 않고, 표준 독일어 형성과 그 고정화 과정에 본질적 역할을 했다. 더 나아가 주변 유럽 국가들의 자국어 성서 번역 열기를 북돋은 결과, 성서의 속어화는 북구와 동유럽에 이르기까지 같은 시기에 일제히 진행되었다.

루터가 머리에 담고 있던 복음의 사상은 교권에 찌든 교회와 지식인 사회라고 하는 대학을 넘어, 중세인들이 염원하던 구원의 길을 향한 지도마저 바꾸어 버렸다. 루터의 종교개혁은 소통 혁명이다. 앞에서 언급했다시피, 종교개혁은 인쇄술과 더불어 유럽의 교육 전통과 교회 전통을 변혁하는 힘이 되었다.

물론 루터 이전에도 책이나 판각화 같은 출판물들이 있었는데, 이것들이 중세 신앙의 형태를 바꾸지 못했다는 점은 주목할 만하다. 이 중에는 신화나 전설을 다룬다든지 경건 서적이나 신앙에 관한 단편집들도 적지 않았지만, 그것들이 신앙 양태까지 변혁하지 못했고 그 시장도 폭이 좁았다. 그러나 종교개혁 사상을 담은 글들은 종교·문화·법·교육·시장경제 체제라는 사회 전반에 반향을 일으키며 출판 시장을 획기적으로 넓히는 기회가 되었다.

이 말을 뒤집어 보면, 인쇄술을 통한 시장의 폭발에 한 가지 전제조건이 있었다는 것을 의미한다. 즉 신앙이란 신과 인간의 인격적 관계이며, 이는 신학적 범주에만 국한되지 않고 일반 삶의 영역까지 포괄한다는 것이다. 16세기 종교개혁은 말씀이 세상 속에 성육화한 것뿐만 아니라 활자로 변하여 종이 위에도 찍혀 세상을 소통하게 만든 사건이다. 성화聖畵와 신비적 예식이 있던 자리에 성서 활자가 들어서면서 중세 시대는 종말을 고하게 되는데, 이는 곧 중세 시대 종교 언론의 독점적 기관이었던 로마 가톨릭 교회에 대항하여 새로운 신앙 체계가 생겼음을 의미한다.

물론 당시 문맹률을 고려한다면 활자 체계와 발을 맞춘 종교개혁의 폭발력이 반감될 것으로 생각될 수도 있다. 그러나 이러한 염려는 기우에 지나지 않는다. 당시 프로테스탄트들은 어린아이와 문맹자들을 위한 기초 교육에 힘을 기울였는데, 그 대표적 예가 루터의 『소교리문답』1529이다. 이 책은 당시 문맹의 사회 속에서 구원을 갈망하는 민중들의 문맹률을 현저히 낮추는 강력한 동인이 되었다. 이와 더불어 루터의 글들은 대중들이 모인 장소에서 공개적으로 읽히는 것이 보통이었기에, 이를 통해 민중 속으로 종교개혁의 사상들이 파고들게 되었다. 물론 당시 독일에서도 루터를 반대하는 지역들이 있었다. 그렇다고 이런 지역이 종교개혁 사상과 전혀 상관 없는 별개의 게토인 것은 아니었다. 공개적 소통이 불가능한 지역들에서는 비밀리에 개혁자들의 글과 성서를 함께 읽고 공부하는 공동체들이 상당수 있었고, 이 공동체들은 후에 종교개혁자들의 교회로 공식적으로 편입되면서 중세 신앙과는 구별된 신앙 공동체로 승화해 갔다.

이런 흐름은 예배에도 그대로 적용되어 예배의 공식 언어인 라틴어를 밀어내고 그 자리에 민중의 언어가 자리 잡는다. 이런 일련의 과정을 통해 로마 교회의 사제가 소유하던 신앙의 독점적 지위와 지식인들의 전유물로 여기던 중세 권위 체계가 무너지고, 그 자리에 모든 공동체가 공감하며 참여하는 수평적 공동체가 세워진다.

앞에서 언급한 일련의 소통은 본질적으로 종교개혁 실천 강령의 핵심이 되는 '오직 성서'의 원리와 연결되어 있다. 복음을 담고 있는 성서의 말씀은 구 교회가 전유하고 있던 성직자 중심의 가르침을 거부하고 진리를 향한 종교적 담론을 풍성하게 만들었다. 폐쇄적이고 일방적으로 선포되던 하나님의 말씀이 '오직 성서'의 원리에 따라 질문과 토론이 가능해졌고, 이를 통해 신앙인의 삶의 자리도 변혁되기 시작했다. 성서의 말씀은 하나님의 말씀이며 이 말씀은 인간에게 바른 신앙의 길을 비추는 하나님의 의지다. 그러므로 '오직 성서'의 원리 아래 민중들이 말씀에 대한 접근성이 높아졌다는 것은 곧 하나님 앞에 서 있는 개개의 신앙인이 어떤 책임을 가지고 살아야 하는지에 대해 진지하고 거룩한 성찰들을 불러일으켰다는 것을 의미한다.

루터 사후에도 개혁을 위한 소통과 저항의 움직임은 역사 안에서 끊이지 않았다. 그리고 그 정신은 개신교회가 세워지는 곳이라면 어디서든 계속 열매를 맺었고, 앞으로도 맺어 갈 것이다. 이 정신은 오늘 한국 땅에서도 여전히, 그리고 절실히 필요하다.

앞서 보았듯이, 종교심으로 따지면 중세는 암흑기가 아니었다. 그러나 지적 수준으로 보면 암흑기였다. 이 암흑기를 뚫고 나온 것은 단순히 몇 명의 지식인이나 개혁가들의 능력 때문이 아니다. 보다 깊은 이유를 찾아보면, 평신도 스스로 성서를 읽고 진리가 무엇인지 스스로 깨달아 질문하는 힘에서 그 원동력을 찾는 것이 맞아 보인다. 그리고 그렇게 질문하고 저항하는 사람들이 소통하며 손을 맞잡은 곳에서 개혁은 현실이 된다.

지금의 한국 교회는 어떠한가? 종교심으로 따지면 암흑기가 아니다. 중세 유럽과 마찬가지로 21세기 한국은 종교심으로 넘쳐나는 곳이고, 각종 신앙 서적이 넘쳐나며, 교회 건축에 열을 올릴 정도로 열심이다. 그러나 '가나안 성도'가 상징하듯, 바른 진리에 대한 갈증이 심한 암흑시대다.

그 해결책은 무엇일까? 역사에서 배워 보자. 21세기 한국 교회는 '르네상스 교황기'를 방불케 하는 수치스런 시기를 지나고 있다. 그렇다고 부패하고 윤리 의식 없는 목사들, 교권에 아부하는 신학대학만 욕한다고 해결될 문제가 아니다. 스스로 성서를 읽고 종교적 권위에 질문을 던지는 용감한 신자가 많아져야 한다. 신앙의 이름으로 부패한 성직자를 추종하지 말아야 한다. 그것은 신앙이 아니라 맹신이다. 스스로 판단하여 행동할 줄 아는 계몽된 신자들이 많아져야 한다. 그래야 수준 미달의 목사, 교권의 수액으로 연명하는 빈대 신학자들의 자리가 줄어들고, 그 자리에 '진짜'들이 자리 잡을 수 있게 된다.

개신교 최초의 청빙 목사

종교개혁의 본거지로 불리는 독일 비텐베르크에 가면 시 교회 뒤편 공원에 눈에 띄는 동상이 하나 있는데, 바로 요하네스 부겐하겐의 동상이다. 부겐하겐은 루터와 멜란히톤Philip Melanchthon, 1497-1560과 더불어 '종교개혁의 트로이카'로 불리는데, 루터 혼자가 아니라 동역자가 있었기에 종교개혁은 꽃을 피울 수 있었다는 뜻이다. 루터는 지도자, 멜란히톤은 학자, 부겐하겐은 행동대장 정도로 생각하면 된다. 루터는 설교로 깨우치고, 멜란히톤은 학문적으로 다듬고, 부겐하겐은 교회 현장에서 몸으로 부딪히며 개혁을 일군 실천가이기 때문이다. 그런데 이 부겐하겐이 개신교 최초의 목사가 되는 과정을 보면, 개신교 목사가 된다는 것이 얼마나 자부심을 가질 만한 것인지 알게 된다.

부겐하겐은 소위 '청빙에 의한 개신교 최초의 목사'다(비텐베르크 시 교회, 1523).[1] '교회 공동체가 직접 목사를 선택하고 해임할 수도 있다'는[2] 종교개혁자의 교회관은 당시 중세 교회로서는 전혀 납득할 수 없는 충격적인 논리였다. 그러나 오늘날 개신교회에서는 이것을 당연한 논리로 여긴다. 앞에서 언급했듯이 중세 교회에서는 베드로를 통한 사도적 계승권 곧 안수의 성례전적 권위를 주장하지만, 루터와 개혁자들은 교회가 그리스도의 몸이기 때문에 그리스도의 공동체로부터 직임을 위임받은 것이 더욱 성서적이라고 판단했다.

교단마다 다르겠지만, 목사가 되려면 거의 10여 년의 수련 과정을 거쳐야 한다. 내가 몸담고 있는 루터교회만 하더라도 정상적 코스를 밟는다고 가정할 때, 신학교 4년, 대학원 3년, 전임전도사 및 준목 실습 3년, 그후로 총회의 인준 과정을 거쳐야 비로소 루터교 목사가 될 수 있다. 아무

비텐베르크 시 교회 뒤편 공원에 있는 요하네스 부겐하겐 동상

리 초고속이라고 해도 10년은 걸린다. 그런데 16세기에는 자기가 사제가 되겠다고 서원하면 기초 교육 약 3-6개월을 받은 후 사제가 되었고, 심지어 그 자리에서 즉석으로 안수를 받아 사제가 되기도 했다. 사제로 서품받은 후에야 신학 교육을 받았는데, 이것은 순전히 당시 상황이다. 루터도 그렇게 했고, 부겐하겐 역시 목사가 되기 수년 전인 1509년에 수도원에서 이미 안수를 받고 그 후에 신학 교육을 받았다.

앞서 부겐하겐을 '개신교 최초의 청빙 목사'라고 했는데, 이것은 로마 가톨릭 교회의 사제 서품과 다른 방법과 절차를 거쳤다는 것을 의미한다. 가톨릭 교회에서는 '원칙적으로' 주교나 수도원장이 안수하면 절차와 상관없이 사제가 될 수 있다. 이와 같은 신학적 원칙은 지금도 변함없지만 즉석 안수하는 경우는 거의 없다.

부겐하겐이 목사가 되는 과정을 보면 유별난 구석이 있다. 사제의 서임이 주교의 안수권에 포커스가 맞춰진 로마 교회와 달리, 개신교 목사는 교회·대학·시의회라고 하는 삼자 구도의 청빙 위원회를 통과해야만 했기 때문이다.[3] 앞에서 살펴보았듯이 로마 가톨릭의 경우 사도적 계승권이 주교의 안수를 통해 전해진다고 가르치는 반면, 개신교에서는 안수가 아니라 그리스도의 몸인 교회 공동체로부터 사도적 계승이 이어진다고 가르친다. 그 때문에 개신교회에서는 안수가 중요한 것이 아니라 교회 공동체가 직임을 위임하는 임직이 중요하다. 물론 지금도 어느 교회든지 목사를 세울 때 청빙 위원회라는 것을 조직한다. 교회의 대표들로 구성된 청빙 위원회가 여러 모로 알아보고 기도하면서 적임자를 찾아 목사로 세운다. 개신교 최초의 청빙 목사인 부겐하겐의 경우가 특별한 이유는 '교회 내부 인사로만' 청빙 위원회가 꾸려진 것이 아니라는 점이다.

교회와 대학의 대표, 여기에 시민 대표까지 포함된 청빙 위원회를 통과해야 했던 것이 최초의 루터교회 목사 청빙 과정이다. 지금도 역시 루터교회 목사가 되려면 준목 고시(타 교단으로 말하면 강도사 고시나 목사 고시)를 통과해야 하는데, 이때 신학대학원 교수회의 동의 절차가 없다면 절대로 고시에 응시할 수 없다. 이는 곧 대학이 동의하지 않을 경우 목사가 될 수 없다는 것을 뜻한다. 다만 오늘날 아쉽게 자취를 감춘 전통이 있는데, 그것은 시민 사회 대표의 추천이라는 측면이다. 교회에 다니지 않는 일반 시민에게서 지도자로 추천받을 정도의 인물이라면, 일반 사회에서도 공적 직무를 유감없이 수행할 수 있는 충분한 인격을 갖춘 사람일 것이다.

'목사는 교회·대학·시민 사회의 청빙을 통과해야만 자격이 주어진다'는 말은 곧 '신앙과 지성과 사회적 인격이 통합적으로 인정될 때 비로소 목사가 될 수 있다'는 뜻이다. 이 셋 중 어느 한 곳이라도 결격사유가 있다면 개신교 목사가 될 수 없다.

부겐하겐의 청빙 사례가 오늘 우리에게 제시하는 가르침은 루터교회에 한정되지 않는다. 이는 '개신교 목사란 어떤 사람이어야 하는가'라는 기준을 보여주는 것이고, '개신교 목사를 청빙할 때 어떤 원리가 지배해야 하는가'를 보여주는 시금석이 된다. 개신교적 청빙의 본래 취지는 교회 안에서 힘깨나 쓰는 사람들의 입맛에 따라 고르고 버리는 간택과 다르다. 여기에는 기준이 있다. 다시 말해 목사가 된다는 것은 교회 밖 어디를 가든 인정받은 사람, 그리고 인정받을 사람이라는 뜻이다. 이 말은 또한 개신교 목사는 자긍심을 가질 사람이라는 뜻이기도 하다.

이렇게 자랑스러운 직임이지만 그 책임도 만만치 않다. 일반인이라면 쉽게 넘어갈 만한 허물이라도 성직자들이 어물쩍 넘어가기라도 하면 세상은 용납하지 않는다. 신앙과 지성과 사회적 인격의 표준이 되어야 할 사람이 '그렇게 살면 안 된다'는 일종의 사회적 소망이 목사에게 투영되고 있기 때문이다.

그래서 목사는 일반인보다 운신의 폭이 좁다. 매사에 조심스러울 수밖에 없다. 그렇다고 목사가 '왜 나에게만 이렇게 높은 수준의 도덕성을 요구하는가?'라고 말할 수는 없다. 만일 그렇게 말하는 목사가 있다면 '가짜 목사'다. 이런 의미에서 가짜 목사는 요즘 시대에 참 많다. 목사는 '소명'이다. 만일 이 소명 의식 곧 자긍심과 영적·사회적 책임 의식과 윤리 의식이 없는 목사라면, 목사의 직임을 하나님의 소명이 아니라 언제라도 그 멍에를 벗어던져 버릴 수 있는 일종의 '아르바이트'로 생각하는 것이다. 주님은 그렇게 목사를 좁은 길, 불편한 소명 한가운데로 부르셨다. 그런데 이 소명이 비단 목사에게만 요구되는 것일까?

16세기의 집사Diakon 임명을 한번 보자. 집사의 경우도 목사보다 더하면 더했지 덜하지 않았다. 1525년 5월 14일, 비텐베르크 시 교회에서는 개신교 최초의 집사 임명이 있었다. 당사자는 루터의 동료이자 필사자로 알려진 게오르그 뢰러Georg Rörer, 1492-1557다. 집사 임명에는 개혁자 루터와 최초의 개신교 목사이자 시 교회 담임목사였던 부겐하겐, 평생 안수받지 않은 신학 교수 멜란히톤, 비텐베르크 시장, 그리고 시의 관할 판사까지 참여했다.[4]

이것으로 볼 때 개신교에서는 목사뿐만 아니라 모든 교회의 직분자, 더 나아가 신자들 모두가 사회적·공적 책임을 지고 있다는 것을 추론할 수 있다. 이런 사실은 곧장 루터가 주장한 '모든 신자의 만인사제직'으로 연결되는데, 모든 신자가 사제라는 것은 단순히 교회라는 담장 안에서 동등한 자유를 누리며 서로를 섬기는 것에 머물지 않고, 신자라면 당연히 사회 안에서 공적 책임을 져야 한다는 것을 뜻한다. 물론 이런 책임을 질 만한 사람이라면 당연히 사회적 인격에 흠결이 없어야 한다는 뜻이기도

하다. 이는 개신교 초기부터 이론이 삶의 현장에서 어떻게 실천되고 구현되었는지를 보여주는 한 단면이다.

개신교 신학의 핵심 가치 중 하나인 만인사제론에 담긴 의미가 바로 이런 것이다. 우리는 모두 부름받은 제사장이다. 그렇다면 목사뿐만 아니라 세례 받은 모든 그리스도인은 매 순간 일상 한가운데서 '신앙·지성·사회적 인격'이라는 시험대 위에 자신을 끊임없이 올려놓아야 하지 않을까?

루터 장미

　이것은 제 신학의 특징입니다. 여기서 가장 으뜸이 되는 것은 붉은 심장 안에 새겨진 검은 십자가입니다. 검은색은 십자가의 원래 색깔입니다. 이 십자가를 통해 십자가에 달리신 분에 대한 믿음이 우리를 구원한다는 것을 저는 항상 기억할 것입니다. 왜냐하면 이것을 진심으로 믿으면 의로워지기 때문입니다.……붉은 심장은 하얀 장미 안에 있어야 합니다. 이것은 믿음이 기쁨과 위로와 평강을 가져온다는 뜻입니다. 그 때문에 이 장미는 빨간색이 아닌 백색입니다. 왜냐하면 백색은 선한 영과 천사의 색이기 때문입니다.……이 백색 장미는 하늘색 바탕에 그려져 있습니다. 영혼과 믿음 안에 있는 이 기쁨은 천상적이고, 미래에 올 기쁨의 시작이기 때문입니다.……이 바탕을 에워싸고 있는 황금색 원은 하늘의 축복이 그침 없이 영원히 지속되며 모든 기쁨과 선을 능가하는 가치가 있다는 것을 표시합니다. 황금이 이 땅에서 최고의 가치 있는 금속이듯 말입니다.

　　　　　－ 뉘른베르크 시의회 서기관 라자루스 스펭글러Lazarus Spengler, 1479-1534에게

　　　　　　　　　　　　　　　　　　　　보낸 루터의 편지에서1530

　루터와 관련된 곳에 가면 어김없이 이 장미 문양을 만나게 된다. 이것은 루터의 신학을 요약해 놓은 문양인데, 지금은 전 세계 루터파 교회에서 변형해서 사용하고 있다. 루터 장미Luther rose를 두르고 있는 라틴어 VIVIT는 '그가 사신다'He lives!는 뜻이다. 이 용어를 통해 루터교회는 '예수 그리스도가 믿음 안에서 살아 계시다'는 것을 강조해 왔다.

루터파 장미 문장

공동 금고와 개신교 헌금

루터교회에서 '헌금 설교'는 금기 아닌 금기다. 돈으로 은총을 거래하는 면죄부에 반대표를 던지면서 루터의 종교개혁이 시작되었으니, 교회가 돈 걷는 것에 알레르기 반응을 일으키는 것도 이해할 만하다. 그렇다면, 당시 면죄부를 팔던 중세 교회와 그것에 반대하던 개신교회의 헌금 총량은 어떠했을까? 당연히 당시 로마 가톨릭 교회가 많았을 것이라 생각하겠지만, 실제 역사는 그 반대다.

오히려 종교개혁기 동안 루터교회에 헌금과 자선과 기부가 훨씬 늘었다는 점은 이제껏 알려지지 않은 역사적 사실이다. 여기서 우리는 왜 종교개혁 노선을 따르는 교회에 헌금과 자선과 기부가 늘었는지 생각해 봐야 한다. 당연히 중세 시대에도 헌금과 자선과 기부는 늘 있었다. 다만 '왜 해야 하는가?'의 문제는 전혀 다른 대답을 내놓는다. 그 당시 중세 교회 교인들이 기부하고 헌금하는 이유는 단순했다. '나의 영혼을 구원하기 위해서'다. 거칠게 표현하자면, 돈 주고 구원을 구입하는 것이며 거래 상대는 하나님이다. 죽은 다음의 생을 위해 그렇게 하는 것이다.

중세 시대 헌금의 대표적 예를 하나 들어 보자. 1339년 뉘른베르크의 부유한 상인이었던 콘라드 그로스Konrad Groß, 1280-1356는 도시 한가운데 하일리히 가이스트 슈피탈Heilig-Geist-Spital이라는 것을 세웠다. 그대로 번역하면 '성령 병원'인데, 이 병원 설립 문서에는 이런 글귀가 적혀 있다. "나를 위해 현세의 것을 하늘의 것과 교환하려 한다"(당시에 이곳은 일반인을 위한 병원이 아니었다).

이것은 무슨 뜻일까? 죽은 다음 천국 가기 위해 이 땅에서 번 돈으로 병원을 세웠다는 말이다. 땅에서 없어질 돈으로 영원한 생명과 교환하겠다는 것이 바로 중세 교회의 생각이었다. 당시 헌금과 자선과 기부는 바로 이런 생각하에 행해졌다. '헌금하는 자에게 하나님이 영생으로 보답할 것이다'라는 생각은 오늘날 개신교인들이 헌금을 내면서 하는 생각과 별반 다르지 않아 보인다.

그러나 이처럼 구원을 '거래'하거나 이 세상의 것과 '교환'하려는 중세의 헌금과 기부 사상은 종교개혁의 시작과 함께 최초의 위기를 맞이하게 된다. 루터가 당시 통념상 구원을 얻는 최상의 수단이자 헌금의 최고봉이라 할 수 있는 면죄부를 비판했기 때문이다. 당시 교권주의자들은 개신교의 출현을 단순한 교리적 위험으로 보지 않았다. 한편에서는, 종교개혁 정신으로 인해 헌금이나 자선이나 기부가 사라져 교회의 실질적 운영이 타격을 입게 될 것으로 보기도 했다. 이런 논리를 종교개혁을 감행한 개신교회에도 적용해 보면, 모든 개신교회는 더 이상 운영이 어려워지기에 살아남을 수 없게 된다. 그러나 전혀 다른 방향으로 종교개혁 교회는 이것을 돌파하기 시작했다.

단적인 예로 1523년 종교개혁 정신이 지배하고 있던 뉘른베르크에서는 시의회가 열렸고, 여기서 시의회 서기였던 라자루스 스펭글러는 헌금과 자선과 기부를 '위대한 신앙의 열매'라고 칭하면서 이렇게 기술한다 (뉘른베르크는 종교개혁 당시 비텐베르크 다음으로 꼽히는 제2의 종교개혁 도시로 급부상하고 있었다).

이 사랑의 행위는 올바르고 살아 있는 신앙에서 오는 열매들이다. 자선과 기부는 하나님을 진심으로 신뢰하기 때문에 행할 수 있는 선한 행위이며, 그렇기에 하나님의 뜻에 따라 이웃을 위해 유익하고 선하게 사용되는 것을 목적으로 한다. 모든 그리스도인은 종말의 때에 하나님 앞에서 이런 선한 일에 관해 답변해야 할 것이다. 말하자면, 그리스도의 사랑 때문에 궁핍하고 가난하고 고난받는 이웃에게 먹을 것과 마실 것을 주었는지, 그리고 그리스도의 사랑 때문에 약한 자들에게 옷을 입히고 방문하며 도와주고 섬겼는지 각자 답변해야 할 것이다. 우리와 달리 어떤 이들은 그리스도께서 명령하지도 않은 많은 일들, 다시 말해 허다하게 많은 예배와 웅장한 교회 건축, 그리고 순례 여행과 같은 기독교와 상관없는 유사 행동들을 했는지 심판의 때에 엄숙히 답변해야 할 것이다.

종교개혁자들은 '사랑의 의' 곧 사랑의 실천에 관심을 갖고 있었다. 초기 개신교인들에게 헌금과 자선과 기부는 죽음 이후의 삶을 준비하기 위한, 또는 영혼의 안식처를 준비하기 위한 투자나 저축이 아니었다. 저세상이 아니라 이 세상, 나를 위한 것이 아니라 약한 이웃을 위한 것이다. 그래서 헌금과 자선과 기부 같은 선행의 목적은 오직 이 땅의 이웃을 돌보는 것이며, 처음부터 병들고 가난한 사람, 눈물을 흘리는 자, 과부와 고아, 그리고 공부하며 자라나는 아이들을 위한 일이어야 한다는 것을 종교개혁의 역사는 누누이 가르친다. 이것이 바로 개신교적 섬김의 모델인 '디아코니아'*Diakonia*의 출발이다.

개신교 헌금과 관련하여 언급할 만한 것이 한 가지 더 있다. 앞에서 언급했듯이, 비텐베르크에 가면 루터가 살던 집을 '루터하우스'로 꾸며 놓고 관광객들을 맞이한다. 박물관으로 사용되는 이곳에 들어가면 '공동 금고'*Gemeine Kasten*라 불리는 특이한 궤짝 하나를 만나 볼 수 있는데, 일종의 헌금함이다.[5]

한눈에 보아 옛날 외갓집 골방에 있던 쌀뒤주같이 생겼다. 특이한 것은 열쇠가 세 개라는 점인데, 더 특이한 것은 열쇠 한 개만으로는 절대 열

비텐베르크 루터하우스 안에 있는 공동 금고

리지 않고 세 개를 동시에 넣고 돌려야 열린다는 점이다.

그럼 누가 열쇠를 가지고 있었을까? 우리네 상식으로는 재정을 맡은 장로나 목사가 들고 있어야 할 것 같은데, 그렇게 따져도 하나가 빈다. 누구일까? 이것이 포인트다. 우선 열쇠 두 개는 교회의 목사 대표와 평신도 대표가 나누어 갖고, 마지막 열쇠는 시의회에서 선임한 사람이 갖는다. 이렇게 목사 대표와 평신도 대표, 시민 사회 대표가 함께 열쇠를 꽂아 돌려야 금고가 열리는 것이다.

그리고 또 한 가지 특이한 점이 있다. 이 금고 안에 든 헌금의 사용처에 관한 부분이다. 이 금고는 절대로 교회의 경상비 지출을 위해 사용되지 않고, 교회 외부 곧 교회가 있는 지역에 갑작스런 재난을 당한 주민 또는 홀로 된 여인과 고아, 그리고 은퇴한 목회자를 위한 기금으로 사용되었다.[6]

이 공동 금고의 의미를 정리해 보면 특별한 의미를 건져 올릴 수 있다. 금고의 열쇠가 셋으로 나뉘어 있다는 것은 투명한 재정 운영을 상징한다. 또한 교회 헌금이 외부 시민 사회까지도 납득할 만한 용도로 사용되어야 한다는 점이나, 헌금의 용도가 지역 주민과 재난당하고 소외된 이웃을 위해 사용되어야 한다는 점은 오늘날 교회에 시사하는 바가 적지 않다.

개신교회의 헌금 정신은 바로 이런 것이 아닐까? 개인 구원의 목표를 위한 헌금과 자선과 기부가 아니라 공익을 위하고 가난하고 소외된 이웃을 위한 것, 즉 교회의 헌금이란 이웃의 짐을 함께 지는 것이며, 자라나는 다음 세대를 위해 준비하는 것이며, 선한 미래를 위한 투자다.

21세기 한국 개신교회는 헌금을 어떻게 쓰고 있는가? 종교개혁의 후예라고 하는 한국의 천만 성도들이 운집한 교회에는 여전히 자기 영혼과 교회 건축을 위한 헌금이 넘쳐난다. 그런데 정작 가난한 자, 우는 자, 그리고 우리 미래의 아이들을 위한 공익적 헌금은 기대치 이하다. 돈 쓰는 방향을 돌려 세워야 한다. 이렇게 하는 것이 이웃 사랑을 위한 회개의 실천이며, 종교개혁 정신의 실천이다.

종교개혁과 교육 원칙

결과물만 놓고 보자면, 16세기 종교개혁은 '부패한 교회의 갱신'으로 정의된다. 물론 보는 각도에 따라 다양한 해석이 가능하다. 루터 신학의 총합으로 불리는 칭의론, 교황 독재 체제에 반대하는 권위주의 타파, 로마 가톨릭 신학과 가장 대립각에 있던 만인사제론, 교회론, 말씀의 우위성, 성례전 신학, 세속 직업의 거룩함을 강조하는 소명론, 사제의 역할이 무엇인지 규정하는 직제론 등 다양하다.

그런데 이 모든 해석 안에는 작지만 강력한 공통분모가 있었다. 그것은 '누구든지 성서의 말씀을 스스로 읽고 깨달아 실천'하게 하는 것으로, '오직 성서'의 원리와 연결되어 있다. 이 원리는 종교개혁 초기부터 지금까지 개신교 신학과 교회의 근간을 이루며 매 순간 교회를 개혁하게 하는 작지만 강력한 동인이 되어 왔다. '교회는 항상 개혁되어야 한다'*ecclesia semper reformanda*는 개혁교회의 명제 역시 이 기초 위에 서 있다.

이 작은 원칙은 루터도 예상치 못한 결과를 가져왔다. 19세기 사회학자 막스 베버Max Weber, 1864-1920는 가톨릭 교인과 개신교인의 경제적 부의 차이를 연구하면서, 개신교 노동 윤리(세속 직업의 거룩함을 강조한 루터의 소명론)가 이런 차이를 가져왔다고 논증했지만, 좀 더 깊이 파고들면 루터가 끊임없이 추구했던 교육의 평등성 곧 '치밀하고 보편적인 교육'에서 찾을 수 있다. 쉽게 말해 누구나 다 읽고 쓸 수 있도록 한 교육의 산물이다.[7]

루터의 『독일어 성서』 번역에서 알 수 있듯이, 그는 누구나 성서를 읽을 수 있는 세상을 꿈꿨다. 16세기 당시 문맹률은 생각보다 상당히 높았다. 사료에 따르면 당시 도시 인구의 6-10퍼센트만 읽을 수 있었는데, 이는 도시인에게만 해당되는 수치였다. 굳이 정확한 수치를 들먹이지 않더라도 당시 기득권층의 언어가 라틴어였다는 점, 게다가 미사를 집례하는 사제들마저도 라틴어를 몰라서 앵무새처럼 얼버무리다가 끝나기 때문에 일반인들은 무슨 뜻인지도 모르고 참여했다는 점, 성서는 거룩한 것이니 그 해석권은 오직 교회에 있고 최종 권위는 교황에게만 있다고 가르친 점, 루터가 독일어를 사용하여 성서 교리를 가르치고 있을 때 '속어를 사용하는 촌놈'이라고 비난받은 점 등을 고려해 본다면 당시 문맹률과 낮은 교육 수준, 교회의 신앙 수준이 얼마나 심각했는지 상상할 수 있을 것이다.

루터에게 교육의 요구는 협상 대상이 아니다. 왜냐하면 '모든 이가 성서를 읽고 스스로 고민하고 깨달아 실천하는 것'은 곧 기독교 국가의 가장 밑바탕이 되는 출발점이기 때문이었다. 낮은 교육 수준 덕분에 아이나 어른 할 것 없이 복음에 대한 지식이 미천한 것은 그리 놀랄 일이 아니었다. 특히 루터가 농민 전쟁1525 직전부터 시작하여 1527-28년 작센 지방의 교회를 시찰하면서 나온 결과물들은 당시 교육이 얼마나 필요했는지 뼈저리게 깨닫는 계기가 되었다. 일반 그리스도인들의 복음에 대한 무지뿐만 아니라, 자기 직무에 필요한 기본적 성서 지식을 겸비한 목회자들이 거의 없다는 현실을 목격했기 때문이다.

그래서 1529년 나온 것이 『비텐베르크 회중 찬송가』와 『기도서』, 『대교리문답』과 『소교리문답』이다. 회중이 함께 부를 수 있는 회중 찬송가는 이전에 없던 것인데, 이것은 단순히 예배에 필요하기 때문에 만들어진 것이 아니라 기독교 음악을 자국어로 보급하려는 취지였다. 『기도서』 역시 단순한 기도 모음집이 아니었다. 루터에게 『기도서』 저술의 목적은 분명했는데, 이를 통해 간명한 기독교 신앙을 소개하자는 취지였다. 또한 『소교리문답』의 경우, 소제목이 '부모가 아이에게'일 정도로 가정 교육의 목표가 분명히 설정되어 있었고, 『대교리문답』은 목회자와 교사가 『소교리문답』을 교육하도록 기본적 지식을 아주 쉬운 문체로 제공하는 것이 목표였다.

여기서 '오직 성서'의 원리가 중요하다. 이는 모든 신자의 만인사제직과 연결된 구호다. 왜냐하면 충분한 보편 교육을 전제하기 때문이다. 스스로 읽고 판단하고 가르치고 행동하게 하는 것이 교육의 목표였다. 성서를 바르게 해석하고 설교하기 위해 목사들에게 언어(라틴어·히브리어·헬라어)와 문학과 예술 교육이 필수적이었다. 이것은 지금도 독일 신학 교육의 핵심 과제이기도 하다. '오직 성서'의 원리는 이렇듯 다른 학문은 필요 없이 성서 한 권만 달달 외운다는 의미와 완전히 다르다.

실제로 루터의 출판물 중 최고봉으로 꼽히는 『독일어 성서』에는 글과 그림이 함께 담겨 있고, 교회 안에서 회중 음악을 통해 신앙 교육을 구체적으로 실현했다. 이 세 가지 곧 글과 미술과 음악은 개신교 신학을 구현하기 위한 실제적 도구였다. 이렇게 했던 이유는 아주 실용적인 측면에서 이해할 수 있다. 그림이 글보다 훨씬 쉽게 기억할 수 있고, 노래가 순수한 글보다 더 오랫동안 각인될 수 있다는 점을 루터 자신도 알았기 때문이다.

루터는 항상 교육을 강조했고, 실제로 대학 개혁과 아동 교육, 여성 교육에 대한 요구를 시민 사회에 역설했다. 이렇게 구체적인 보편 교육 프로그램을 주장하는 루터의 글은 여러 곳에서 살펴볼 수 있다.

첫 번째로 꼽을 수 있는 글은 『기독교 학교를 설립하고 유지하는 독일의 모든 도시 시의원들에게』[8] 이 글에서 루터는 가난한 가정의 아이들을 위해 학교를 세울 것과 장학금을 지원할 것을 도시와 교회에 요구한다. 교회가 해야 할 여러 가지 일 가운데서 이것은 타협의 대상이 아니라는 점을 그는 분명히 했다. 남자든 여자든 간에 차별 없는 보편 교육에 대한 요구였다.

두 번째 글은, 『학교에서 아이들을 돌보는 일에 대한 설교』[1530]다. 당시만 하더라도 일반인들의 자녀 교육은 덧셈과 뺄셈, 독일어 읽기면 충분하다고 생각했지만 루터는 달랐다. 더 높은 수준의 교육을 통해 세속적 삶의 질을 높이고 각자의 직업을 통해 타인을 섬기는 일에 더욱 큰 역할을 할 수 있다고 생각했다. 물론 루터 역시 역사적 한계를 안고 있는 '시대의 아들'이다. 그는 당시 귀족·군인·농민으로 대표되는 사회적 계급을 인정하고 있었지만 그것을 운명적으로 받아들이지는 않았다. 교육을 통해 계급적 서열을 타파할 수 있도록 했다.

루터에 따르면, '모든 인간은 하나님의 자녀이며, 이들은 창조주가 선물로 주신 지적·육체적 은사를 증진해야 한다. 또한 이런 교육을 통해 얻게 되는 세속 직업은 곧 하나님의 거룩한 소명이다. 이 소명은 항상 이웃을 위해 사용되어야 한다.' 그렇기에 루터가 구상한 기독교 교육의 최종 목표는 한 개인이 돈을 벌어 부유하게 사는 것이 아니라, 하나님의 뜻을 따라 직업을 얻고 그 직업으로 이웃을 섬기는 데 맞춰져 있었다.

위의 두 글만 보더라도, 시민 사회가 교육기관의 후원자가 되기를 얼마나 간절히 소망하고 역설했는지 살펴볼 수 있다. 특히, 앞에서 언급한 『기독교 학교를 설립하고 유지하는 독일의 모든 도시 시의원들에게』를 보면, 도시가 댐·교량·기타 건축물에 들어가는 투자 대신 자기 모국인 독일 사회의 미래를 위해 가난하고 방치된 아이들과 청년들을 위해 써야 한다고 강조한다.

또한 "면죄(벌)부나 미사·철야기도·수도원 성당 건축을 위한 기부·성자들의 기념일 헌금·탁발 수도승을 위한 헌금·수도회 기부·성지순례에 들어가는 돈과 같은 터무니없는 행위들에 들어가는 돈과 재산" 같은 것들은 종교개혁 신앙을 받아들이는 곳에서 더 이상 의미 없는 것이 되었기에, 이렇게 낭비되는 돈을 "하나님에 대한 감사와 영광을 위해 가난한 자녀들의 교육을 위해 학교에 기부할 것과 일반인을 위한 도서관 건립에 사용할 것"을 권면했다.⁹

이것은 "미래를 위한 위대한 투자인 동시에 하나님에 대한 감사의 응답이며, 미신과 악마를 몰아내어 진정한 자유를 만끽하는 길"이라고 강조하면서, 시의원들에게 아이들과 청년들을 돌보라고 간청했다. 루터 당시에 태생적 계급 질서와 상관없는 보편 교육을 주장하는 것은 혁명적인 일이었다. 루터는 이 일을 통해 '거짓 설교자와 수도사와 궤변론자들의 어리석음을 분별할 수 있는 힘'이 생길 것으로 확신했다.

루터는 2세대 개혁가인 멜란히톤이나 칼뱅처럼 학생들을 위한 교리교제를 집필할 시간도 없었고 관심도 없었다. 그러나 그는 그리스도인의 보편 교육을 위한 신학적 토대를 마련했다. 그리스도인은 누구나 스스로 성서를 읽고 깨닫고 가르치고 실천해야 한다. 이는 믿음과 삶에서 온전한 교육을 전제로 한다. 이 교육을 통해 직업을 얻고 이웃을 위한 사회적 봉사에 헌신한다. 루터에게 교육은 하나님의 명령이자 은사이며, 직업Beruf은 사회적 필요인 동시에 이웃을 위해 봉사하도록 부르신 하나님의 거룩한 소명Berufung이다.

이와 같은 개신교 교육 철학은 유럽 사회에서 그 결실이 확연히 드러났다. 예를 들어, 19-20세기 중반까지 개신교인의 수입은 가톨릭 교인보다 월등히 높았다. 이유는 분명하다. 가톨릭에서 고등교육은 사제가 되기를 원하는 사람들에게 집중되었던 반면, 개신교에서는 남녀를 가리지 않고 미래의 직업과 상관없는 보편 교육이 이루어졌기 때문이다. 그 때문에 개신교 지역에서는 수준 높은 양질의 학교가 많이 세워졌다.

2008년 영국 워릭 대학교 교수 사샤 베커Sascha Becker와 독일 뮌헨 대학교 교수 루드거 보스만Ludger Wößmann이 '1871년 독일 사회의 교육 수준'에 대해 연구한 결과에 따르면, 19세기 말 개신교 여성들이 가톨릭 출신 남자들보다 더 잘 읽고 쓸 수 있었다고 한다. 이 사실이 암시하는 바는, 개신교 여성의 사회적 진출이 상당했다는 것을 의미한다. 또한 이 연구 자료에서 1970년대 비교를 보면, 독일에서 개신교 지역은 가톨릭 지역에 비해 교육의 남녀 성비 차가 현저히 적은 것으로 나타난다. 보통 교육은 남성의 전유물로 인식되었고, 독일 내 가톨릭 지역에서는 이런 통념이 그대로 적용되었다. 그 때문에 가톨릭 지역에 있는 여성들은 교육받을 기회가 거의 없었다. 이에 비해 개신교 지역은 종교개혁 초기부터 여성 교육을 강조했기 때문에 남녀 교육 기회의 차이가 그리 크지 않았다. 또한 특이한 것은 독일 대학에서 여성의 입학이 최초로 허용된 1908년에는 개신교 여학생 수가 가톨릭 출신 여학생보다 8배나 많았다.[10] 이런 개신교 보편 교육의 결과물을 내 스승인 한스 슈바르츠Hans Schwarz 교수는 이렇게 단적으로 설명한다. "이런 개신교와 가톨릭 교육의 불균형은 가톨릭이 압도적인 나의 고향 레겐스부르크 대학교에서도 오랫동안 두드러진 결과를 보여주었다. 대부분의 교수들이 개신교 출신이었고, 대부분이 루터파 신앙을 고수하는 북부 독일 출신이었다."[11]

지금까지 내용을 정리하면, 루터의 종교개혁은 작지만 구체적인 교육 원리가 지배했다. '누구나 성서를 읽고 배워서 실천하는 것.' 이를 위해 아이와 청년과 여성과 목회자를 위한 치밀한 보편 교육이 구체적으로 진행되었다.

이것은 종교개혁의 핵심 가운데 하나인 모든 신자의 만인사제직을 실천하는 구체적 목록이었고, 이를 통해 '오직 성서'라는 종교개혁 슬로건을 구현했다. 즉 모든 학문을 섭렵하여 말씀을 해석하고, 그것을 통해 '지금 이 자리'에 던져지는 하나님의 메시지가 무엇인지 바로 깨닫고 움직이는 것이다. 또한 일반 성도들은 스스로 성서를 읽고 배워 하나님의 소명인 세속 직업의 현장으로 나가 이웃 섬김을 실천하는 것이다. 여기에 스스로 성서를 연구하여 거짓 설교자들이 발을 붙일 수 없도록 하는 것도 성도들이 교육받아야 할 실제적 이유가 된다.

부패한 교회의 갱신이라는 종교개혁의 정의가 21세기 한국 교회에도 의미 있게 다가온다. 특히 요즘 시대야말로 더욱 절실하다. 지금 우리는 모두가 성서를 스스로 읽을 수 있는 문맹률 제로의 시대를 살고 있다. 하지만 과연 한국 개신교회 목사들이 신학대학에서 배운 교육의 성과를 가지고 바르게 설교할 수 있는지, 그리고 대학이 학생들을 제대로 가르치고 있는지 의문이다. 마찬가지로, 성도들도 스스로 성서를 읽고 해석할 개신교인의 책무를 너무 쉽게 포기한 채, 목사에게 성서 해석권을 스스로 넘겨주고 '목사에게 순종하는 신앙이 좋은 신앙'이라고 자족하고 있는 것은 아닌지 묻고 싶다. 순종은 목사가 아니라 하나님께 하는 것이다. 이제는 바른 복음을 찾아가는 시대가 아니라 명성과 프로그램을 찾아가는 시대가 되어 버렸다. 목사가 교육받지 못했고 성도도 교육에 관심이 없다면 결론은 뻔하다.

열정적인 저작 활동을 했던 루터의 인기를 진작에 알아봤던 부류는 신학자들이나 사제 그룹이 아니라 인쇄업자들이었다. 한 예로 국제적 인쇄업자였던 스위스 바젤의 요한 프로벤Johann Froben, 1460-1527은 1519년 루터의 글들을 모아 인쇄하여 막대한 부를 챙겼다. 당시만 하더라도 지금 같은 저작권이나 인세 개념이 없었기 때문에 재주는 곰이 부리고 돈은 인쇄업자가 담아 가는 꼴이었다. 그렇다 해도 저자는 어디에 하소연할 곳도 없었고, 그저 당연한 것으로 여기던 시대였다.

아무튼 그 이후로도 루터는 자기 글로 금전적 이득을 보지 못했는데, 1530년대 후반 들어 그가 살던 작센 선제후국에서는 이제껏 펴냈던 루터 저작들을 모아 대대적인 전집을 출판할 계획을 착수하게 된다. 그때 주도적으로 나섰던 인물은 루터의 친구이자 후원자이며, 화가이자 인쇄업자였던 루카스 크라나흐였다. 하지만 루터는 반대했다. 그는 자신의 글은 쓰레기라고 생각했고, 다만 성서만 널리 읽히기를 원했다. 그러나 결국 루터의 소망보다 인쇄업자의 소망이 승리했다. 물론 이후에 벌어들인 금전적인 이득도 루터 몫이 아니라 크라나흐의 몫이 되었다. 지금 같으면 충분히 소송거리가 되고도 남을 괘씸한 일이다.

어쨌든 그런 뒷이야기 속에 루터는 1539년 자신의 『독일어 저술 전집』을 펴내게 된다. 그 책도 중요하지만 서문이 더 유명하다. 거기에는 '신학이란 무엇이고 신학자란 어떤 사람인가'에 대해 오라티오oratio, 메디타티오meditatio, 텐타티오tentatio로 정의하는 대목이 나오기 때문이다.

루터는 이 정의를 통해 개신교 신학 방법론이 그동안 내려오던 수도원 영성, 스콜라 전통과 어떤 면에서 다른지 분명한 선을 그어 준다. 이 서문은 시편 119편에 초점을 맞춰 세 가지 개념을 풀어낸다.[12] 루터는 '오라티오', '메디타티오', '텐타티오' 이 세 가지를 신학 공부의 기본 요소라고 가르친다. 보통 이것을 각각 '기도', '묵상 혹은 학문', '시련 혹은 실천'이라고 번역하기도 한다.

차례대로 살펴보면, '오라티오'는 단순히 '기도'라고 번역해서는 참 뜻을 이해하기 어렵다. 그렇다고 '침묵기도'나 '통성기도'로 번역하는 것도 너무 편협하다. 오라티오의 핵심은 이성의 인도가 아닌 성령의 도우심을 구하는 자세를 뜻하는데, 루터에게 이 단계는 신학에서 최우선 과제로 꼽힌다. 반면에 당시 수도원 교육은 오라티오를 낮은 단계로 보았다. 수도원 교육에서는 특정 성서 구절을 읽거나 단어에 집중하여 읽기를 반복하며 잡념을 없애는 훈련을 중요하게 여겼다. 그리고 그다음 단계인 기도와 묵상으로 들어가게 된다. 이것이 보통 '관상'이라고 번역하는 '콘템플라티오'contemplatio다. 수도원에서는 관상을 통해 '영광의 자리에 오르신 그리스도'와의 연합을 훈련하는 데 최종 목표를 두었다. 이와 같은 관상기도는 정신 훈련이라는 면에서 효과적인 방법일 수 있다.

그러나 루터에게 이것은 신학 공부의 수단도 목적도 될 수 없다. 왜냐하면 수도원 교육 방법론이 '오르기' 훈련이라면, 루터에게서 신학 공부는 자기를 비워내고 그 자리에 성령의 도움을 구하는 '내려가기' 훈련이기 때문이다. 그리스도를 만나기 위해서는 우리 자리에 '내려오신 분'을 만나야 한다. 그 때문에 신학 공부의 첫 단계인 오라티오는 말하는 것이 아니라 성령의 음성 듣기를 간구하는 '들음의 훈련', 내게 오시는 성령을 향해 '마음을 열어 놓는 훈련'이다. '무無로부터 창조하시는 하나님'크레아티오 엑스 니힐로, creatio ex nihilo이라는 관점은 루터의 신학에 꼭 들어맞게 적용된다. 즉 인간의 모든 행동과 은총의 주체는 하나님으로부터 시작한다. 그 때문에 자신을 비우고 성령의 인도를 구하는 것이다.

두 번째 단계인 '메디타티오'는 통상 '묵상'으로 번역한다. 그러나 이는 정확한 번역이 아니다. 핵심을 말하자면 '쓰여진 말씀 읽기', 폭넓게 말하면 '인쇄된 책 읽기'다. 일반적인 큐티나 우리가 생각하는 묵상과는 차원이 다르다. 루터가 언급하는 메디타티오에서는 언어를 익히고, 문법을 배우며, 맥락을 이해하기 위해 역사와 문화를 배울 것을 강조한다. 그러한 맥락에서 루터는 신학생들이 성서를 원어로 읽을 수 있어야 한다고 주장한다.

그 때문에 메디타티오는 단순한 묵상이나 침묵기도와 차원이 다르다. 자기가 살고 있는 시대의 모든 학문, 자기가 접하고 있는 모든 만물과 치열하게 소통하며 얻게 되는 결과물이라고 할 만하다. 그러니 루터의 신학은 폐쇄적 교리주의를 원천적으로 거부한다. 오히려 그 반대라고 할 수 있다. 왜냐하면 성서의 말씀 한 구절을 바로 만나기 위해 모든 도구를 사용하는 치열한 연구가 바로 신학의 원리인 메디타티오이기 때문이다. 그러나 여기서도 강조점은 '들음'에 있다. 성서를 읽을 때 "내가 성서를 읽고 해석하는 것이 아니라 성서가 나를 읽고 해석하는 것"이라고 한 루터의 말은 잘 알려져 있다. 때로 혼자 있을 때 목소리를 내어 성서 읽는 것을 루터는 추천한다. 목소리를 통해 하나님이 내 귀에 말씀하시는 음성을 들을 수 있어야 한다는 뜻이다.

이렇게 소리 내어 묵상하는 이유는 말씀은 숨겨진 것이 아니라 드러난 것이기 때문이다. 그래서 때로는 큰소리로, 때로는 조용히 입으로 되뇌이며 깊이 상고하는 자세가 필요하다. 이런 면에서 본다면, 이 단계는 '말씀을 듣고 이해하는 단계'라는 표현이 더 적당할 것 같다. 여기서 '이해한다'는 것은 삶으로 살아내는 것을 뜻한다. 이는 시편 1편의 '복 있는 사람'과 같은 꼴이다.

이와 같은 메디타티오의 방법론은 어떤 면에서 중세 스콜라주의 맥락을 이어 오는 것으로도 볼 수 있다. 중세 대학에서는 문법·수사학·논리학이라는 삼학三學 훈련을 거쳐, 산술학·기하학·음악·천문학으로 집약되는 사학四學의 전문적 지식을 쌓은 뒤 철학·신학·법학을 공부했다. 이런 훈련이 불필요한 것은 아니다. 어쩌면 우리 현실에서는 신학생들에게 이런 분야의 훈련이 더 철저하게 요구되는 것인지도 모르겠다. 그러나 스콜라주의자에게 신학의 궁극적 목적은 보편적 진리에 대한 공식화되어 있는 지식을 획득하고 그 지식을 수사학·논리학 등을 통해 잘 구사하는 데 있었던 반면, 루터에게 신학 공부 곧 메디타티오는 우리가 이성의 지식으로 도달할 수 있는 보편적 진리를 담은 지식 체계를 목표로 삼지 않는다. 신학하는 사람은 말씀의 지식을 머릿속에 담는 것이 아니라, 늘 새롭게 말씀을 만나야 한다. 그 때문에 루터에게 메디타티오는 일종의 '말씀 사건', '언어 사건'과 같은 용어로 표현될 만큼 체험되어야 하는 수용적 공부 방법론이다. 즉 루터에게 메디타티오란 말씀과 함께 조우하는 사건을 위해 준비되는 모든 학문적 활동이라고 할 수 있다. 그 때문에 신학은 당대의 모든 학문을 아우를 수 있는 '너른 품'이 되어야 한다.

그리고 메디타티오에서 간과하지 말아야 할 중요한 또 하나의 강조점이 있다. 그것은 쓰여진 말씀의 중요성이다. 루터의 성령론은 성령이 일하시는 방법, 성령이 우리에게 오시는 수단으로 사용하는 방법과 매개에 관심을 갖는다. 성령은 환상 가운데 직접 오시지 않는다. 쓰여진 말씀, 그리고 그 성서에 기초해 설교하는 설교자의 말씀을 통해 성령은 우리에게 오신다. 직접적(?)이라고 한다면, 그것은 성례전을 통해서다. 성례전에는 물과 떡과 포도주가 사용되지만, 거기에는 죄를 용서하는 사죄의 약속이

들어 있기 때문이다. 이렇게 간접적으로 공동체에서 읽히고 선포되는 말씀, 공동예배와 성례전을 통해서 오시는 성령을 경험하지 못하면 그 사람은 신학을 공부하는 사람이라 할 수 없다.

말씀을 깊이 연구하지 않고 피상적으로만 알고 있다면 성서의 본래 의도와 상관없는 해석을 하게 된다. 또한 그 말씀을 살아내지 못한다면 그것도 역시 문제다. 그래서 신학자는 언제나 깊은 메디타티오가 필요하다. 말씀에 대한 깊은 묵상과 고민 없이 행동하는 사람을 두고 루터가 '분열의 영'Rottengeist이라고 부른 것은 의미가 있다. 왜냐하면 그런 사람은 말씀에 근거하지 않고 자기 멋대로 성서의 말씀을 난도질하거나 짜깁기하며, 인간의 환상과 기도, 사변적 신앙으로 교회를 분열시키기 때문이다.

마지막으로 중요한 것이 '텐타티오'다. 원래 '시련'이라는 뜻인데, '실천'이라고 번역해도 그 의미는 통한다. 루터의 신학, 특히 그의 '십자가 신학'을 말할 때 빼놓을 수 없는 개념이다. 이것을 독일어로 '안페히퉁'Anfechtung이라고 하는데, 영어에서조차 이 말에 대한 정확한 번역어를 찾지 못하지만, 요약하면 우리가 우리의 목회 현장·교회 현실·사회와 역사 한복판 가운데서 경험하고 내 영혼이 붙잡고 씨름하는 모든 종류의 아픔과 불안과 괴로움과 절망 등이 곧 텐타티오다. 우리가 제1계명("너는 나 외에는 다른 신들을 네게 두지 말라")을 명심하고 신뢰하며 살아가게 하는 곳이 바로 이 지점이다. 이 자리에서 '하나님이 승리하신다'는 신실한 약속을 체험하게 된다. 그렇기에 텐타티오는 신앙의 시험 무대인 동시에 하나님의 약속 실현의 무대다.

루터는 여기에서 유명한 말을 한다. "마귀야말로 가장 훌륭한 신학 교사다." 내 영혼 한가운데서, 그리고 내 삶의 모든 현장 한복판에서, 특히 하나님의 말씀을 공부해야 하는 사람으로 살아가야 할 때 만나게 되는 모든 시련이야말로 신학을 훈련하는 실제의 장이고, 여기에서 만나는 마귀는 우리에게 가장 훌륭한 교사가 된다는 말이다.

여기에서 진정한 신학생의 자세 곧 수용적 믿음과 수용적 삶의 자세를 배우게 된다. 내 힘으로는 마귀를 이길 수 없기 때문이다. 성령을 간구할 수밖에 없다. 더구나 성령은 직접 오시는 방법보다 공동체를 통해 오시기 때문에 우리는 믿음의 공동체에 의존할 수밖에 없다. 이 공동체성을 익히지 않고 어떻게 신학을 말할 수 있겠는가?

루터는 진지한 오라티오에서 출발하고 메디타티오를 거치는 신학 공부는 반드시 텐타티오에 도달할 수밖에 없다고 말한다. 왜냐하면 그곳에서만 신학의 참 열매를 맛볼 수 있기 때문이다. 루터에 따르면, 마귀는 결코 목사직 자체를 공격하지 않는다. 마귀의 관심은 말씀의 역사와 성령의 능력이 그 목사직에서 나타나지 못하게 하는 데 있다. 마귀는 이 일을 간단하게 해치운다. 신학 공부와 사역 과정에서 텐타티오를 생략하면 된다. 목사가 자신의 지성과 사상과 능력으로 일하고자 할 때 마귀는 기꺼이 도와준다. 그러나 그러한 목사가 하나님의 말씀과 성령의 능력으로 돌아서기만 하면, 오해와 모순과 반대와 박해를 통해 목사직을 공격하기 시작한다. 그러나 루터는 하나님이 이것을 이용해 그분의 뜻을 이루신다고 말한다. 신학 교육은 영적 오아시스를 찾는 방법이나 고난과 불안으로부터의 도피를 가르치는 것이 아니라, 영적 전투장으로 이끌고 가는 것이다.

이 과정은 단선적이지 않다. 신앙인의 시련Tentation은 다시 기도Oratio의 자리로 이끌고, 그 기도는 언제나 하나님의 약속이 담긴 말씀 한가운데 새로운 의미로 발견된다Meditatio. 거기서 얻은 말씀의 힘은 살아가는 삶의 현장에서 시련을 이길 힘이 된다. 즉 이러한 사이클은 계속 반복되며, 이 삶을 통해 그리스도의 장성한 분량까지 신앙이 자라게 된다.

적지 않은 신학생들이 '학교에서는 이론만 가르치고 정작 목회 현장에서는 그 이론이 쓸모가 없다'고 불평한다. 신학 교육의 방향이 잘못된 탓이다. 오라티오와 메디타티오의 진정한 의미가 사라진 공부, 텐타티오가 빠져 있는 신학 교육 탓이다. 요즘은 이론신학과 실천신학을 완전히 다른 영역으로 구분하지 않는다. 실천이 이론신학의 대상이고, 이론신학은 실천적 의미가 없으면 공허한 것이다. 칼 바르트는 그의 신학을 '조직신학'이나 '교의학'이라 하지 않고 '교회 교의학'이라고 했다. 교회가 곧 신학 교육의 현장이다. 삶을 떠난 신학 이론이 무슨 의미가 있겠는가?

독일의 사회학자이자 철학자인 위르겐 하버마스Jurgen Habermas는 '테크닉'Technique, 기술과 '프락시스'praxis, 실천를 구분한다. 테크닉은 '성공 지향'의 실천적 지혜를 추구한다. 그러나 프락시는 '의사소통 지향'의 실천적 지혜를 추구한다. 테크닉을 익히려는 성공 지향의 교육은 생명을 죽이고 비인간화를 낳고 공동체를 해체시킨다. 그러나 진정한 실천은 생명을 살리고, 무엇보다 함께 나누는 생명 가운데서 모든 죽음의 요소를 해소시킨다. 이것이 루터가 말하는 신학 교육의 본질이다.

'자기 계발', '자기 성취', '사다리 오르기'의 교육 개념을 무너뜨린 루터의 종교개혁 정신을 오늘날 다시 살릴 필요가 있다. '내려가고', '듣고', '나누는' 교육이 회복되어야 한다. 루터는 여기에서 배우는 이 생명을 가리켜 '수용적 생명'vita passiva이라고 했다. 이 수용적 생명의 역동성을 소극적·수동적·비현실적인 것으로 만드는 마귀가 오늘날에도 문제다.

VDMA

　종종 종교개혁 신학을 요약할 때 '오직 성서'라는 슬로건을 사용하는데, 16세기 루터파 교인들에게만 국한해서 말한다면 이 구호의 원천은 '하나님의 말씀이 영원하다'*Verbum Domini Manet in Aeternum*에 있다(참고로 이 책의 표지에도 표기되어 있다). 이 문장이 얼마나 중요한지 당시 루터파 교인들은 자기 옷과 가재도구에도 VDMA라는 알파벳을 새겨 넣고 매 순간 자신이 개신교인임을 상기했다. '하나님의 말씀 외에 그 어떤 권위도 용인할 수 없다'는 고백이다. 이 신앙고백으로 루터파 교인들은 교황 제도의 권위에 저항할 수 있었다. 그리고 그 저항은 곧 소통으로 이어졌으며, 그 소통은 새로운 공동체를 지향했다.

Verbum
Domini
Manet
in Aeternum

교회란 무엇인가?

　　　　　역사를 보면 교회의 이름으로 자행되었던 불편한 진실들을 만나게 된다. 마녀 재판·십자군 전쟁·학문에 대한 자유로운 연구 제한·제국주의·권위주의 같은 것들이 그 예다. 루터는 이런 중세적 세계관 속에서 질문하고 저항하고 소통하며 새로운 공동체를 꿈꿨다. 그에게 새로운 공동체란 다름 아닌 '교회'였다. 그렇다면 여기서 질문 하나 해보자. 16세기 종교개혁 이전이 그토록 무참히 어그러진 세계였다면, 종교개혁 교회는 그 대안으로 성공적인가? 개신교는 성공한 교회인가? 실상은 내부적으로 새로운 위계질서가 생겼고, 공인된 '갑질'의 영역이며, 노동력 착취·성윤리·세습 문제 같은 중세 사회의 문제가 고스란히 전통(?)으로 이어지고 있는 암울한 현실이다. 그렇다면 루터가 꿈꾸고 힘을 쏟았던 교회의 모습은 어떤 것일까?

물론 루터 역시 고대 교회로부터 전수되어 오던 기본적인 교회론을 수용하고 있지만, 과거에 머물지 않고 이전 시대에 만나 볼 수 없었던 새로운 교회론을 전개해 나간다. 부분적으로는 16세기 이래로 지금까지 가톨릭 신학과 확연히 구분되는 교회 이해가 루터를 통해 시작되었다. 이번 장에서는 루터의 교회론을 두 가지 관점으로 구분하여 전개해 보고자 한다. 전통의 연장선상에 있는 루터의 교회론과 가톨릭 신학과 구별되는 교회론이다.

전통의 연장선인 교회 이해

'교회'란 무엇일까? 평생을 교회에 출석할지라도 이 질문에 정확하게 답할 수 있는 사람은 드물다. 교회教會라는 용어를 한자 뜻 그대로 풀이하면 '가르침의 모임'이 될 수 있다. 한국 문화권에서 볼 때 '가르침이 있는 모임'은 오히려 학교와 같은 기관에 근접하다. 그러나 우리는 교회라는 용어를 그런 의미가 아닌 아주 특별한 조건하에서 사용하고 있다. 그 조건은 바로 성서에 나와 있는 교회다. 즉 성서의 교회관과 비교해 보면, 한자 어의로 사용되는 교회라는 용어는 한국인에게 생소한 용어임을 발견할 수 있다. 이와 동일한 문제를 루터도 제기한다.

루터도 교회라고 번역되는 독일어 '키르케'Kirche를 최소한 두 가지 이유로 유보적으로 사용한다.[1] 우선 교회라는 말 자체가 독일어에서 어원을 찾을 수 없는 아주 낯선 단어이기 때문에 일반적으로 어떤 특정한 건물을 떠올리기 쉽다고 보았다.[2] 두 번째는 신학적 이유 때문이다. 루터는 평생 성서학자로 자부심을 갖고 살던 인물이다. 그는 성서의 원문을 꼼꼼히 분석하는 가운데 신약성서의 '에클레시아'ecclesia를 교회로 당연하게 번역하는 것에 문제가 있음을 발견하게 된다.[3] 이런 이유로 루터는 교회를 일차적으로는 일반적 의미인 '백성들의 모임'versammelte Volck으로[4] 설명하면서 '예배를 위해 모인 회중'을 교회로 표현한다. 건물이 아닌 사람들의 모임에 방점을 둔 것이다. 물론 그는 이런 일반적 의미가 교회의 특수성을 온전히 설명하기에는 불충분하다는 것을 알고 있었다. 그래서 세상 모임과 구별되는 교회의 특수성을 다음과 같이 구분한다. "세상에는 여러 종류의 모임이 있다. 그러나 그리스도인은 아주 특별히 부름받은 백성이다."[5]

그리스도인으로 부름받은 백성의 모임이 곧 교회가 되며 이 부름에 반응하는 모임은 거룩한 공동체가 된다. 그 때문에 루터는 성서의 에클레시아를 '공동체'라는 의미를 지닌 독일어 '게마이네'Gemeine 나[6] '모임'을 뜻하는 '잠믈룽'Sammlung으로 번역했고, 그리스도와 연결된 교회의 본질에 대해 신학적 설명이 필요할 경우 사도신조를 따라서 거룩한 '성도의 교제'Communio Sanctorum라는 표현을 즐겨 사용했다.

사도신조에서 성도의 교제는 일반적으로 성만찬 공동체를 지칭하던 것이었지만, 루터는 이를 확장하여 신자들의 재산 공동체Gütergemeinschaft와[7] 영적 공동체를 아우르는 '신자 상호 간의 개입과 소통'으로 해석한다.[8] 즉 교회는 건물이나 그저 그런 사람들의 모임이 아니다. 교회의 본질은 '거룩한 신자들의 공동체'에 있다. 여기서 공동체란 건물을 뜻하지 않고 문자 그대로 소통하는 공동체, 곧 온전한 사귐에 있다. 이와 같은 루터의 교회 이해는 중세의 그것과는 사뭇 다르다. 그렇다고 해서 그의 교회 이해가 전통적 신학 노선에서 비껴나 있다는 것은 아니다. 오히려 루터는 고대 신조의 의미를 다시 재생시키고 신학화했다.

사도신조에서 교회는 "성령을 믿사오며, 거룩한 공회와, 성도가 서로 교통하는 것"으로[9] 표현된다. 여기서 교회의 본질적 특성은 우선 '거룩함'sancta과 우주적 '보편성'catholica으로 압축할 수 있으며, 이에 덧붙여 '성도 상호 간 교제'communio sanctorum로 정리할 수 있는 교회의 사회적 특성이 부가된다. 사도신조의 교회관에 니케아 공의회325와 콘스탄티노플 공의회381는 또 하나의 속성을 부가한다. "우리는 유일하고 거룩하며 보편적이고 사도적인 교회를 믿는다."[10] 이 네 가지 속성은 고대 교회로부터 현대 교회에 이르기까지 교회의 정통성을 가늠하는 가장 중요한 기준점이 되었다. 루터는 이와 같은 전통적 이해를 그대로 수용한다. 그러나 거기 머물지 않고 새로운 이해로 조금씩 확장시킨다.

예를 들면, 교회는 종말론적 공동체이며 '하나님의 말씀을 듣고 기쁜 소식을 믿는 모임'으로[11] 설명하는 대목이다. 이 모임을 루터는 사도신조 제3조("성령을 믿사오며, 거룩한 공회와, 성도가 서로 교통하는 것과, 죄를 사하여 주시는 것과, 몸이 다시 사는 것과, 영원히 사는 것을 믿사옵나이다")에 언급되는 '성도의 교제'communio sanctorum로 설명하는데, 그의 『대교리문답』에서 '성도의 교제'를 '거룩한 공동체'sancta ecclesia, heilige Gemeine로 풀어 가르친다.[12]

이 용어는 원래 루피누스Tyrannius Rufinus, 345?-410?의 사도신조에서 유래한 것으로, '거룩한 모임'을 뜻하는 것이었다.[13] 사실상 코무니오 상토룸communio sanctorum이라는 용어를 원형 그대로 사용한 최초의 출처를 찾기란 쉽지 않지만, 루터는 이를 약 400년경 니케타스Niketas von Remisiana, 335-414로부터 기원한 것으로 언급한다. 니케타스에 의하면, 성도는 일차적으로 하나님의 창조와 그리스도의 재림 때까지 살아 있는 족장·예언자·순교자·사도·의인·천사들이며, 이차적으로는 그리스도를 믿는 모든 신자의 모임sanctorum omnium congregatio에도 적용된다.[14]

신학사적으로 볼 때, 이 용어는 동방교회와 서방교회에서 약간 다른 의미로 사용되었다. 동방교부였던 성 히에로니무스Eusebius Sophronius Hieronymus,

³⁴⁸⁻⁴²⁰는 칼키스 사막에 살던 시기인 374-379년경 저작 가운데서 코무니오 상토룸^{communio sanctorum}을 '주님이 선물로 주신 빵과 포도주를 나눔'이라는 의미로 사용하면서 이를 성찬의 교제^{koinonia} 개념으로 설명했다. 이와 달리 서방교부였던 암브로시우스^{Sanctus Ambrosius, 340?-397}는 396년 자신의 '성자(순교자)에 관한 설교'에서 '성도'는 거룩하게 죽은 의인들이며, 이들은 살아 있는 신자들과 하나님을 중보하는 역할을 담당한다'고 보았다. 즉 그에게 성도는 하나님과 땅의 신자들을 중재하는 (죽은) 의인들의 집단이 된다. 이러한 이해는 5세기 갈리아 지방(현재 프랑스 지역)과 스페인 지방에 널리 퍼지게 되었고, '성도의 교제'인 교회는 땅의 신자와 하늘의 천사, 죽은 의인과 순교자들이 교통하는 영적 공동체를 의미하게 되었다. 여기서 강조점은 하나님과 인간을 중재하는 (이 땅에 살지 않는) 성도에 있다. 이러한 성자를 통한 중보의 기능은 곧 중세에 이르러 성자와 유물 숭배 사상에까지 확장되었다. 동방교회에서 성찬의 나눔^{koinonia}을 의미하고 서방에서 성자숭배와 연결된 영적 공동체를 의미했던 것이 아우구스티누스에 이르러서는 위의 두 이해가 구분 없이 혼합적으로 사용된다.¹⁵

아우구스티누스에게 성도는 천사와 순교자, 의인들로 이루어진 천상의 성자 그룹이고, 이들과 함께 '순례하는 모임'^{ecclesia peregrinans}이 교회가 된다. 신자들은 미사를 통해 천상의 그들과 교제^{koinonia}한다. 중세에 이르러 아우구스티누스의 교회 이해는 희생 제의를 강조하는 미사에 중심을 두었고, 결과적으로 신자 개인의 죄를 보속하는 교회의 제의적 성격을 강조하게 되었다. 이러한 제의적 성격은 필연적으로 천상의 성도와 교제하는 개인적 차원을 강조하게 되었다.

천상의 성도 그룹은 지상의 인간들과 하나님의 관계를 중보하는 역할을 하며, 이들이 교회에 남긴 선한 공로는 연옥의 잠벌을 경감시키는 역

산치오 라파엘로, 「성체 논의」, 프레스코화, 770×500cm, 1509~10, 바티칸 박물관 '서명의 방'

할을 한다. 이와 같이 지상과 천상이 구분된 중세적 세계관은 바티칸 박물관에 있는 라파엘로Raffaello Sanzio da Urbino, 1483-1520의 프레스코 벽화「성체 논의」에서 잘 드러난다.

그러나 루터는 중세의 이해를 두 가지 측면에서 새롭게 한다. 첫째로, 성도의 개념을 죽은 자들의 모임으로 이해하지 않고 살아 있는 자들에게 적용한다. 그리스도의 이름으로 세례 받은 모든 자는 신실한 하나님의 약속을 선물로 받은 자들이며 이들이 곧 성도가 된다. 즉 성도는 죽은 자들이 아니라 살아 있는 자들이다. 두 번째로, 교제의 의미를 단순히 천상의 교회와 구별된 개인적 차원에서 이해하지 않는다. 성찬의 나눔을 통해 그리스도와 영적·수직적 교통이 일어나는 동시에, 같은 식탁의 떡을 나누는 신자들의 공동체는 그리스도를 중심으로 한 몸이 되어 영적·물질적·수평적 '신자 상호 간 개입'das wechselseitige Füreinander-Eintreten으로 현재화된다.[16] 그리스도는 성도의 교제인 교회에 수직적이고 수평적인 두 가지 방식으로 실재한다. '나를 위한 것'pro me(복음의 개인적·실존적 차원을 표현하기 위해 루터는 'Christus pro me'라는 용어를 자주 사용하였다)이라는 그리스도의 약속을 신뢰하며 떡을 뗄 때는 성만찬 속에 그리스도는 수직적으로 실재하고, 공동체나 형제가 하나님의 이름으로 나에게 전하는 관심과 위로의 말 속에서, 그 대신 지는 짐과 도움 속에서, 나를 위한 교회 공동체의 중보 속에서 그리스도는 수평적으로 실재한다.[17]

위에서 언급한 것과 같이 교회를 성도의 교제라는 차원에서 볼 때, 루터에게서 개인주의는 찾을 수 없다. 루터와 그의 신학을 개인적 신앙의 차원에서만 논의하거나 무교회주의적으로 주장하는 것은 루터의 교회관을 잘못 이해한 것이다. 로제Bernhard Lohse, 1928-1997는 이에 대해 정확하게 짚어낸다. "그리스도인이란 루터에 의하면 교회의 공동체 안에서만 가능하다. 이것은 교회 자체가 구원을 매개할 수 있다는 것을 뜻하지 않는다. 오히려 예수 그리스도는 개인들을 구원했을 뿐만 아니라 새로운 백성을 자신의 제자로 부르셨음을 표현하는 것이다. 그러므로 교회는 하나님의 새로운 백성이거나 또는 다른 모습 곧 그리스도의 몸이다. 각 개인은 복음의 메시지를 통해 이 공동체에 세움을 입었다. 교회에 나가지 않고 그리스도인이 될 수 있는가의 문제는 루터에게 불가능한 것이다."[18]

　　　　　　　　　　루터의 재발견

성지순례?

'교회가 스스로 쌓아 올린 세 가지 장벽', '교황 탄핵'과 같은 파격적 주제로 흥미를 끄는 루터의 『독일 기독교 귀족에게 고함』1520은 그 외에도 27개에 달하는 색다른 고민거리들을 담고 있다. 예를 들면, 부당한 지주들의 세금 수탈·개교회의 권리 회복·교황의 악정과 절차적 정당성 없는 직임 임명·허례허식 철폐 같은 것들이다. 그중에 성지순례에 관한 문제도 다루고 있는데, 여기서 성지순례에 대한 개신교적 이해를 하나 풀어 본다.

나는 '성지순례'라는 표현을 잘 쓰지 않는다. 재작년이던가? 우리 교회 어르신들이 이스라엘에 2주 동안 여행 가기 위해 근 일 년 이상 '계'를 든 적이 있다. '거룩하고 큰 꿈'을 안고 쌈짓돈 바리바리 모아 가며 성지 순례를 계획했다. 나는 교회 주보에 이 같은 계획을 넣어 광고해 달라고 요청받을 때마다 '성지 순례' 대신 '유적지 탐방'이라는 용어를 썼다. 그리고 그 이유에 대해서는 설명하지 않았다. 그런데 희한하게도 아무도 눈치 채지 못했다. 그렇게 한 일년이 지났는데 이스라엘 현지에서 사고가 나는 바람에 계획 자체가 무산됐다.

그러고 나서 한 주가 지났을까. 관찰력 좋으신 한 성도가 찾아와 물었다. "그러고 보니 목사님 입에서 성지순례라는 말을 한 번도 못 들어 봤네요. 이유가 뭐죠?" 드디어 올 것이 오고야 말았다. 그동안 어르신들 맘 상할 것 같아서 대놓고 말을 못했는데 그제야 말할 수 있게 된 것이다.

성지순례 대신 유적지 탐방이라고 했던 이유는 루터가 발견한 기독교 세계관 때문이다. 루터의 종교개혁 주제 중 하나는 '거룩과 속된 것이 완전히 구별되어 있다'는 것이다. 일명 성속聖俗의 구별이다. 이것은 '하나님은 하나님이고 인간은 인간이다'라는 철저한 구분이다.

물론 중세 시대에도 성속의 구분은 있었다. 그러나 그 당시 성속의 구별은 땅에 있는 물질에까지 확장되어 있었다. 가령 사도들의 유물을 보기만 해도, 또는 거룩한 땅을 순례하기만 해도 죄가 보속된다는 사상이다. 이것은 면죄부의 핵심 사상이며 모두 돈을 내야 가능한 일이다. 로마에 여행 가본 사람들은 다 알 것이다. 성당마다 유물 천지다. 거기에는 심지어 베드로의 머리카락도 있고, 예수님의 십자가에 박았다던 못도 있다. 유물들에도 급이 매겨져 있어서 어떤 것은 10년짜리 죄를 보속하기도 하고, 또 어떤 것은 1년짜리 죄를 보속하기도 한다. 급이 높을수록 더 큰 돈을 내야 볼 수 있었던 것이 중세 시대였다. 이것은 또한 중세 시대 교회의 주 수입원이기도 했다.

루터는 이것을 기독교 세계관으로 돌파해 나간다. 거룩한 것이란 사도들의 유품이나 고대 유물이 아니라, 나에게 지금 주어진 소소한 것들이다. 왜냐하면 이 모든 것은 하나님이 주신 선물이기 때문이다. 그리고 저 멀리 예루살렘이 아니라, 바로 내가 살아가는 일상이 거룩한 장소 곧 '성지'다. 왜냐하면 내 삶의 자리는 하나님이 주신 소명의 자리이기 때문이다.

루터가 발견한 기독교 세계관이란 '지금 이 순간'이 가장 소중한 시간이고, 가장 소중한 자리라는 눈을 갖는 것이다. 그리스도인에게 하찮은 시간이나 쓸모없는 장소란 없다. 지금은 가난하고 병들었으니 이 순간은 아무 가치 없는 시간이라고 말할 수 없다. 왜냐하면 성서가 우리에게 가르치는 시간관은 어떤 상황에 있다 하더라도 지금 이 순간이 하나님을 만날 만한 가장 절호의 기회라는 것을 가르치기 때문이다. 살다 보면 이해 못할 아픔도 겪게 된다. 그러나 그 순간이 하나님을 만날 만한 가장 좋은 때이며, 하나님의 얼굴을 보게 될 때다. 하나님은 그렇게 우리에게 찾아오신다. 하나님은 '지금 이 자리에서' 우리를 만나신다. 그러므로 우리의 일상이 거룩한 성지다.

앞서 언급했다시피 '유일하고 거룩하며 보편적이고 사도적인 교회'Unam sanctam catholicam apostolicam ecclesia, 이것은 루터에게도 여전히 영속적 가치를 지니고 있다. 그럼에도 불구하고 기존 교회관과 구별되는 독특성 세 가지 정도를 꼽을 만하다.

첫째, '교회는 말씀의 피조물'이라는 사상이다. 교회가 말씀을 만든 것이 아니라 말씀이 교회를 만들었다는 것은 매우 중요한 지점이다. 개신교인들은 워낙 말씀의 중요성을 귀가 닳도록 들어서 '교회가 말씀의 피조물'이라는 명제의 중요성을 그리 대수롭지 않게 여긴다. 그러나 이 명제에 대한 가톨릭 측의 반응을 보면 루터의 명제가 얼마나 차별화되어 있는지 드러난다.

현대 가톨릭 신학의 거장인 칼 라너Karl Rahner, 1904-1984는 가톨릭 신앙이 개신교와 다른 점을 들면서 '말씀이 교회를 창조했다'는 루터의 주장을 정면으로 반박한다. 그의 논리에 따르면, 예수의 복음은 글로 전해진 것이 아니며 예수 승천 이후 초대 교회의 필요에 의해 사도들과 전승의 기억들을 모은 것이기 때문에, 오히려 교회가 성서를 만든 것으로 설명한다. 그 때문에 가톨릭 교회에서는 개신교 전통의 '오직 성서'의 원리를 받아들일 수 없다는 것이다.[19] 표면상으로는 어느 정도 납득할 만하다. 그러나 이 대목을 단순히 전승 과정으로 이해해서는 곤란하다. 루터의 교회론에서 '교회는 말씀의 피조물'이라는 강조는 가톨릭 신학과 논쟁적 구도에서 이해해야 한다. 당시 권위주의 체계의 정점에 사제 그룹이 있었고, 모든 가치 체계를 독점하는 상황에서 루터는 말씀의 권위에 방점을 두었다. 그리고 교회의 본질을 말씀에 집중시킨 것이다.

두 번째로 파격적인 내용은 '목회자에 대한 관점'이다. 여기서 관건은 '사도적 계승'을 어떻게 이해하느냐에 달려 있다. 루터는 가톨릭 교회와 동일하게 교회의 사도적 계승권을 가르치지만 그 내용은 상이하다. 앞에서 언급했듯이, 가톨릭의 경우 사도적 계승은 오직 주교의 안수를 통해 전달된다. 가톨릭 교회에서는 베드로가 받은 천국 열쇠가 그 근거이며, 그 때문에 사제로 안수받는 것에 대해 사람이 지울 수 없는 '은사의 주입'*gratia infusa*으로 설명한다. 루터는 그런 안수의 능력을 정면으로 거부한다. 그에게 안수식은 일종의 상징적 예식ceremony일 뿐이며 그것 자체로 어떤 힘이 주입되는 것이 아니다. 루터에게 중요한 것은 그리스도의 몸인 교회 자체다. 그에게 사도적 계승의 주체는 주교가 아닌 그리스도의 몸인 교회 공동체이며, 그 때문에 목회자를 세우는 일은 교회 공동체의 합의를 통한 선출이 필연적이다. 물론 해임도 가능하다. 목회자는 말씀과 성례전이라는 복음 선포의 직무를 교회 공동체로부터 위임받는다. 교회 공동체가 합의하여 목회자를 세울 수도 있고 해임할 수도 있다는 루터의 교회론은 가톨릭과 구분 짓는 가장 큰 경계선이라고 해도 과언이 아니다. 왜냐하면 이것은 그동안 견고하게 지켜 왔던 사제의 차별적 권위에 대한 해체 선언이기 때문이다.

목회직은 오직 교회 공동체로부터 나오며, 그 때문에 목회자의 운명은 언제나 교회 공동체에 달려 있다. 누구도 교회 공동체 위에 설 수 없다.

세 번째는 '모든 신자의 만인사제직'이다. 물론 현대 가톨릭 신학에서는 교회의 직제를 계급적 체계로 설명하지 않는다. 그러나 분명한 것은 중세 시대만 하더라도 수도사·사제·주교·교황으로 이어지는 교회 직제는 사실상 계급 구조였다. 루터는 이것을 거부했다. '하나님 앞에서 사람은 모두 평등하다. 사람 위에 사람 없고, 사람 밑에 사람 없다'는 그의 만인사제직은 필연적으로 교회 정치 구조와 직제의 이해를 바꾸어 놓았다. 그 때문에 개신교에서 총회장이나 감독, 주교 같은 각 교단의 성직자들은 일반 신자와 존재론적으로 다를 바가 하나도 없다. 다만 이들은 교회 공동체로부터 특수 직임을 부여받은 것일 뿐이다.

내가 속한 루터파 교회·감리교·성공회·장로교(통합)에서 교단장인 총회장과 감독과 주교는 '로만 칼라'라고 불리는 보라색이나 진홍색 클러지 셔츠clerical shirts를 입는다. 19세기 스코틀랜드 장로교회에서 시작한 클러지 셔츠의 재미난 역사는 제쳐 두고라도, 교단장들이 입고 나오는 이 색깔에 담긴 의미는 살펴볼 만하다. 일반 목사들은 이 색의 셔츠를 입지 못하고 교단장급 인사만 입는다. 그래서 간혹 그 옷을 자랑하듯 입고 '내가 짱이야!'라고 목을 곧추세우고, 최고 계급인 양 교회 안에서 행동하는 모습을 보곤 한다. 그럴 때마다 '저 사람이 지금 입고 있는 옷의 의미를 알고나 있을까' 하는 의구심이 생긴다. 보통 보라색은 고난, 진홍색은 순교를 의미한다. 다시 말해 교단장에게 이 색의 셔츠를 입혀 놓은 것은 교회 공동체에 문제가 생길 경우 가장 먼저 공동체의 짐을 지고 고난받을 사람이라는 뜻이고, 순교의 상황이 생길 경우 제일 먼저 죽을 사람이라는 의미가 담겨 있다. 그런데 요사이 교단장 선거를 보면, 이런 상식을 비웃기라도 하듯 돈과 정치 권력으로 무장하고 각종 편법을 휘둘러서라도 그 자리를 차지하려 하고, 책임질 일이 있을 때는 법정 고소라도 해서 자리 보전을 위해 애쓰는 모습을 보면 가히 딱하다는 생각밖에 안 든다. 이런 모습은 중세 말 르네상스 교황기에 일어났던 교회의 부패와 너무도 닮은 꼴이다. 이름은 프로테스탄트요 개신교인데, 그 선조들이 그토록 혐오하던 모습 그대로다. 작금의 한국 교회가 '개독교'라는 욕을 얻어먹는 것에 분개하는 사람들이 많다. 그런데 실은 성직자의 이름을 달고 있는 이들의 몫이 그 문제의 거의 대부분을 차지한다. 이는 비밀 아닌 비밀이다.

교회를 개혁해서 생긴 개신교가 지금은 개혁의 대상이 되어 버렸다. 그렇다면 우리에게 탈출구는 없을까? '교회는 말씀의 피조물이다', '교회 공동체가 목사를 청빙할 수도 있고 해임할 수도 있다', '모든 신자는 사제로 부름받았다'라는 교회론적 특징은 당시 교회에 충격을 주고 새로운 교회 공동체로 나아가게 만드는 개혁의 기치였다. 이것을 계속 되새겨야 한다. 그런데 개혁자가 강조한 이 세 가지 가르침은 500년이 흐른 현대 교회에서 너무도 퇴색해 버렸다. '오직 성경'이라는 말은 지금도 남아 있지만 역사에 대한 고민을 함께하지 않다 보니 무조건 성경 하나만 붙잡고 그것이 최고인 양 여기는 식으로 왜곡되어 버렸고, 교황과 사제들의 잘못된 권위를 해체하기 위해 목회자 청빙 제도를 도입했지만 현대 교회에서 교황은 교회 숫자만큼 늘어나 버렸다. 서로가 서로에게 사제가 되며 그리스도가 된다는 만인사제직의 본질이 제대로 작동하지 않고 있는 실정이다. 개혁은 언제나 새로운 공동체를 향한 것이다. 그러나 그 새로움의 방향은 언제나 역사의 거울을 통해 배울 수 있고 조정할 수 있다. 그러므로 새로운 교회 공동체를 만들기 위해 목사에게만 맡기지 말고, 모두가 함께 현실에 대한 문제를 깊이 숙고하는 가운데 역사를 배워야 한다. 이런 배움 가운데는 질문과 저항과 소통이 있어야 하고, 그러한 과정을 통해 새로운 교회 공동체를 모색할 수 있게 된다.

나는 기회가 있을 때마다 새로운 공동체를 위한 대안의 길을 모색하자고 입을 떼곤 한다. 내 개인의 견해이지만 덧붙여 본다. 현대 개신교회가 개혁의 가치를 되살리기 위해서는 새로운 세 가지 삶의 자리를 공유해야 한다. 신앙 공동체·지식 공동체·시민 사회 공동체가 그것이다. 이 구조는 루터가 '두 통치설'과 함께 가르쳤던 '세 가지 삶의 자리'라는 교설에서 힌트를 얻은 것이다.

교회가 폐쇄적 순환 구조 속에 머물면 결국 썩게 되어 있다. 그렇게 게토화된 교회는 교회가 아니다. 교회는 필연적으로 누구든지 함께 공존하고, 누구든지 살 힘을 제공받을 수 있는 거룩하고 평등한 '성도의 사귐 공동체'여야 한다. 이를 위해 교회는 당연히 신앙 공동체가 되어야 한다. 이것은 첫째 주제이자 가장 중요한 주제다. 그러나 개교회주의로 빠지면 위험하다.

또한 교회는 지식 공동체 구축을 위해서도 힘을 모아야 한다. 이것은 각 교회와 교파를 넘어 누구나 함께 모이고 소통하며 배울 수 있는 배움의 장에 대한 문제다. 상호 배움을 통해 자기 모습을 돌아보고 발전적인 미래를 도모할 수 있기 때문이다. 루터에게 교육은 협상의 대상이 될 수 없고 언제나 최우선 과제였다. 그것이 종교개혁을 끝까지 추진할 수 있었던 양분이 되었다. 요즘 교회 안팎에서 아카데미 형식의 모임들이 여러 곳에서 일어나고 있는데, 이곳에서 만나는 청년들과 담소를 나누다 보면 흥미로운 이야기를 듣게 된다. 자신이 다니는 교회 목사에게는 말하지 않고 이곳에 배우러 온다는 것이다. 여러 이유가 있을 것이다. 그런데 대부분의 경우, 이런 아카데미 모임에 자기 교회 교인들이 다니는 것을 담임 목회자들이 싫어한다는 것이다. 그러나 거꾸로 생각해야 한다. 교회는 열린 배움의 장이 되어야 한다. 물론 개교회 자체적으로 외부의 아카데미만큼의 질적 배움을 기대하기란 어렵다. 그 때문에 이런 모임들을 교회가 경제적으로 후원하고 적극 참여해야 한다. 이것을 통해 교회는 함께 질적 성장을 도모할 수 있게 된다.

여기에 덧붙여, 교회는 시민 사회 공동체의 한 부분을 책임져야 한다. 교회는 외딴 섬이 아니라 세상 한가운데 있다. 그렇다면 시민 사회의

NGO 활동이나 사회 문제 해결을 위한 노력에 교회의 재정과 인력의 일부를 지원하는 것도 적극 검토해야 한다. 교회 재정의 1퍼센트도 좋고 2퍼센트도 좋으니 이런 일에 모든 교회가 힘을 모아 사회 속에서 누룩과 소금의 역할을 해야 한다.

하나 더 언급해야겠다. 서로의 다양성을 인정하고 수용하려는 소통 노력에 관한 문제다. 종교개혁의 역사와 신학을 논하면서 놓치는 중요한 포인트가 한 가지 있다. 개신교 교파 간에 행해지는 배타적 교리 논쟁도 문제지만, 더 큰 문제는 한국 개신교회와 로마 가톨릭 간의 관계 문제다. 우리는 서로를 너무 모른다. 그러니 잘못된 신학 정보 아래 관심도 없는 옛날이야기만 재탕하고 있는 게 우리의 현실이다. 서로를 알려고 노력하는 개방적인 생각과 통로들이 우선적으로 마련되어야 한다. 예수님의 뜻은 분열이 아니라 일치이기 때문이다. 이것이 새로운 공동체를 향한 발걸음이 아닐까?

역사를 대하는 잘못된 태도 중 하나는 시대를 무 자르듯 단칼에 구분하는 자세다. 역사는 절대 단절의 형태로 존재하지 않는다. 다만 후세 사람들이 시대의 특징을 말하기 위해 구분하는 단위일 뿐이다. 신앙을 강조하는 종교개혁과 이성을 강조하는 계몽주의는 연속성 위에서 이해해야 한다. 서로가 서로를 이어받고 주거니 받거니 하면서 이어 나가는 것이 역사다. 그 때문에 시대를 도표처럼 구분하고 자기와 다른 생각을 가진 사람들을 흑백논리로 가르는 것은 그리 좋은 태도가 아니다.

어느 시대, 어느 교파의 교회건 완전하지 않다는 점을 명심해야 한다. 우리가 모두 함께 공유하는 분모가 있다면, 그것은 '완전한 교회는 종말의 때에 완성된다는 믿음'이다. 바로 이 지점에서 '교회는 계속 개혁되어야 한다'는 명제가 나온 것이다. 교회가 개혁되기 위해서는 항상 자기 자리에 대한 비판 의식이 있어야 하고, 이를 통해 구습에 저항해야 한다. 또한 저항으로 끝나는 게 아니라, 비판의 초석이 되는 진리에 대한 확고한 신념을 함께 나누는 소통이 필연적으로 뒤따라야 한다. 이러한 일련의 과정을 통해 새로운 공동체가 만들어진다.

예배란 무엇인가?

1

신학교 시절이었다. 목사인 아버지가 대뜸 물으셨다. "예배는 드리는 거냐, 아니면 보는 거냐?" 나는 당연하다는 듯 대답했다. "예배야 물론 드리는 거죠!" 그랬더니 아버지가 이런 말씀을 하신다. "넌 국어공부 좀 더 해야겠다. 시장 보러 가서 물건 눈으로 보고만 오냐?" 그러고 보니 '장 보러 간다'는 말속에는 눈으로 보는 것뿐만 아니라 물건을 사고파는 거래 행위도 포함되어 있었다. 그렇게 따져 보니 '예배 보러 간다'는 말도 그리 경박한 말이 아닐 수도 있다는 생각이 들었다. 그런데 이 말을 다시 '예배'에 적용시켜 보니 뭔지 모르겠지만 2퍼센트 부족하게 느껴졌다. 벌써 20여 년 전 일이다.

여기서 예배에 대한 고민거리들이 생겨난다. 예배는 보는 것일까, 아니면 드리는 것일까? 이도저도 아니라면 어떤 서술어를 붙이는 것이 옳을까? 언젠가 내 페이스북에 이 질문을 남겨 놓은 일이 있다. 그러자 많은 사람들이 여러 제안을 남겼는데, '참여하다' 또는 '하다'가 가장 많았고, 간혹 '드리다' 또는 '보다'라는 견해를 남긴 분들도 있었다. 특이하게 '때우다'도 있었다. 각자 나름대로 그렇게 대답한 이유가 있을 것이다.

그런데 종합하자면, 예배에 정확하게 들어맞는 지배적 용어를 찾을 수 없었다. 왜 이렇게 똑 부러지게 들어맞는 서술어가 없는 것일까? 여기에는 이유가 있다. 바로 우리가 사용하는 예배禮拜라는 한자어, 신약성서에 번역된 '예배', 주일 교회 공동체 모임에서 행해지는 말씀 중심의 '예식'(마땅한 용어를 찾지 못해 임시적으로 사용했으니 양해 바란다), 이 세 가지가 엇비슷하기는 해도 정확히 동일한 곳을 지향하지 않기 때문이다. 그러다 보니 서술어를 한 가지로 제한

하자니 이래저래 아귀가 잘 맞지 않는다.

단적으로 몇 가지 용례를 들어 보자. 우리가 사용하는 한자어 예배禮拜의 뜻을 보자. 어원을 보면 한자어 '예'는 '제사를 담은 술을 담은 단지'를 뜻하고, '배'는 거기에 '손을 모아 절하는 행위'를 뜻한다. 한마디로 '신과 같은 초월적 존재 앞에 예를 갖춰 절한다'는 뜻이다. 그러므로 사실상 한자어 '예배'는 '하나님 앞에 엎드려 절한다'는 뜻의 '경배'라는 용어에 더욱 어울린다. '경배'는 예배 의식의 일부일 뿐 기독교적 예배Gottesdienst의 본질을 모두 담고 있지 않다. 신약성서에서 번역된 용어는 어떨까? 가장 흔하고 대표적인 구절은 누가 뭐라 해도 요한복음 4:24에 나오는 말씀이다. "하나님은 영이시니 예배하는 자가 영과 진리로 예배할지니라."

교회 주보나 현수막에 자주 등장하기도 하고, '제발 딴짓하지 말고 예배에 집중 좀 하라'는 목사의 설교에 애용되는 18번 구절이다. 그런데 여기 예배라고 번역된 단어 '프로스쿠네인'προσκυνειν은 일반적으로 생각하는 '예배'가 아니라 '엎드려 절한다'(경배)이고, 이는 통상적으로 '기도'를 의미한다. 그래서 요한복음 4:24의 적절한 번역은 '하나님께 기도하는 자는 영과 진리 안에서(의역하면, '온 힘을 다해' 또는 '진심으로'도 가능하다) 기도해야 한다'라고 번역해야 한다. 그러니 목사는 이 구절로 설교 시간에 졸지 말라는 식의 훈시를 할 수 없다.

성서에서 예배라고 번역되어 있는 것들은 원문의 한 단어에 국한된 1:1 번역이 아니다. 이것은 예배학에 조금이라도 관심 있는 사람이라면 상식에 속한다. 레이투르기아, 투시아, 프로스쿠네인, 트레스케이아, 유카리스티아, 수타키스 등등 무궁무진하다. 심지어 교회라고 번역되는 에클레시아까지 예배라고 번역하는 경우도 있다. 그중에서도 우리가 '예배'라는 용어를 사용할 때 가장 많이 사용하는 헬라어가 '레이투르기아'λειτουργια다. 예배학자들도 이 단어를 대표 용어로 사용한다. 사실 이 부분도 나는 미심쩍다. 이 단어는 '레이토스'(민중, 평민)와 '에르곤'(행동, 섬김)의 합성어다. 학자들은 이 단어를 가장 대표적인 예배 개념으로 사용하면서 '하나님 앞에 인간이 마땅히 해야 할 행동'이라는 의미를 부여한다. 그러나 내가 보기에 좀 멀리 간 것 같다. 원래 이 용어는 로마 시대에 '로마 시민의 의무'를 규정한 단어이기 때문이다. 예를 들어, 시민 전체 모임이나 종교행사 참여에 관한 시민법뿐만 아니라 국가 행사 참여 규정도 여기에 속한다. 그런데 이런 법적 용어를 기독교적 의미에 그대로 접목시킨다는 게 그리 적절하게 보이지 않는다.

그렇다면 문제는 어디 있을까? 보통 '예배'라고 정의되는 것의 본질을 짚어 보자. 우리가 예배라고 부르는 것은 '말씀이 선포되고 떡을 떼어 나누던 초대 교회 공동체 모임'에서 유래했다. 이 모습은 구약에서는 볼 수 없는 전혀 새로운 형태였다. 구약에서는 '제사'라는 용어를 사용하면 그만이었지만, 그리스도의 죽음과 부활 이후 태동한 기독교에서는 더 이상 '제사'라는 개념으로 제한될 수 없었기 때문이다. 그러다 보니 신약성서에서도 당시 모임을 우리가 하듯 '예배'라는 한 단어에 고정시키지 않고 다양한 용어로 표현했다. 전에 없던 것이니 전통적인 용어를 사용할 수 없었던 것이 분명하다. 그 후로 교회는 이 모임의 성격(말씀 선포와 떡을 뗌)을 규정하는 용어가 필요하게 되었다.

초대 교회와 정교회는 일반적으로 '유카리스티아'ευχαριστια, 감사를 사용했고, 때로는 '유로기아'ευλογια, 축복도 사용했다. 라틴어권 교회(로마 가톨릭)에서는 우리가 잘 아는 '미사'missa(원래 예배 의식문 마지막에 나오는 '가라'는 파송 명령이지만 중세 교회에서는 성체성사에 사용했다)라는 용어를 사용했다. 시대와 교파에 따라 다양한 용어가 사용되었다.

이전에 없던 용어이기 때문에 생겨난 용어의 다양성이 뜻하는 바가 있다.

공통점과 특수성을 함께 갖는데, 공통성(보편성)이라는 측면에서 보자면 '말씀과 성례전'이라는 기본적 구도를 모두가 수용한다는 사실이다. 이것은 시대와 교파를 넘어 모두가 인정하는 공통분모다. 특수성의 측면에서 보자면, 각시대와 교파별로 강조점이 조금씩 달랐다는 것을 의미한다. 어떤 용어만 무조건 옳고 다른 용어는 무조건 틀리다는 식의 흑백논리는 여기서 아무 의미도 없다. 단지 신학적 강조점의 차이일 뿐이다.

일단 여기까지 정리해 보자. 일반적으로 사용하는 용어 '예배'는 '초대 교회에서 떡을 떼며 말씀이 선포되던 공동체 모임'을 뜻한다. 이 모임을 정의하는 용어는 시대와 교파에 따라 다양하다.

2

"이 죄인 아무 공로 없사오나 예수그리스도 의지하여 기도하였습니다. 아멘"

우리 교회 머리 하얀 권사님들의 기도 관용구다. 예전에는 의례껏 하는 이 기도에 숨겨진 가치가 무엇인지 잘 몰랐다. 그런데 신학을 공부하면서 이 짧은 말에 개신교 신학의 정수가 들어 있다는 것을 알게 되었다. 앞에서 강조했듯이, 다섯 가지 '솔라' 곧 '오직 성서', '오직 믿음', '오직 은총', '오직 그리스도', '오직 하나님께 영광'은 종교개혁 신학의 핵심 가치다.

이 말을 풀어 살을 붙여 보자. '나는 구원받을 가치(공로) 없는 자(죄인)입니다. 그럼에도 불구하고 하나님은 (그리스도 예수의 십자가 사건을 통해) 나를 구원받기에 합당하다고(의롭다고) 선언해 주셨습니다.' 이것은 바울의 칭의론이자 종교개혁의 핵심 주제였던 루터의 칭의론이다. 종교개혁의 신학은 그저 신학생들의 조직신학 개론서에만 적용되는 게 아니라, 개신교인의 모든 삶의 영역까지 아우른다. 그러고 보니 우리 교회 권사님들은 신학을 모른다고 손사래치시지만 알고 봤더니 고수들이었다.

이제 복잡한 신학 용어와 설교체 수식 문장을 모두 접어 놓고 개신교 신학에 '오캄의 면도날'을 적용해 보자. 그러면 이 문장만 남는다. '주체는 하나님이다.' 은총의 주체도 하나님, 믿음의 주체도 하나님, 말씀의 주체도 하나님이다. 당연한 귀결이다. 이렇게 간명한 문장이 개신교 신학의 핵심 가치다. 방향으로 따져 보면 '하늘에서 땅으로', '위에서 아래로' 주어지는 것이 은총·믿음·말씀·그리스도다. 이 문장에 여러 살이 붙어서 소위 '신학'이라고 부르는 여러 단층들이 등장한다(예를 들어 신론·기독론·성령론·창조론·예배론·조직신학·기독교윤리 등).

자, 이제 이 문장 '주체는 하나님이다'를 개신교 예배 이해와 연결시켜 보자. 앞서 기독교가 예배라고 부르는 것의 모형은 '말씀 선포와 떡을 뗌'이라고 했다. 이것은 우리 권사님들 기도 정형구대로 "아무 공로 없사오나" 우리에게 주시는 하늘의 은총 사건이다. 즉 위에서 아래로 내려 주는 은총인데, 이 방향성이 중요하다. 참고로 위에서 아래로 주어지는 것을 '성례전적 요소'sacramentum(가톨릭에서는 '성사'라 부른다)라 하고, 아래서 위로 올리는 것을 '제사적 요소'sacrificium라 부른다. 구약의 제사는 아래서 위로 올리는 것이고, 신약에 나오는 말씀과 떡은 위에서 아래로 주어지는 은총의 선물이다. 개신교 신학에서는 언제나 이 방향성이 매우 중요하다. 위에서 아래로 향하는 것을 '은총'(은혜)이라 부르고, 아래서 위로 향하는 것을 '공로'라 부르기 때문이다. 개신교는 항상 하나님이 우리에게 베푸신 은총을 중시한다. 그래서 '아무 공로 없사오나 예수 그리스도 의지하여 기도한다'는 권사님들의 기도는 가장 훌륭한 개신교적 기도다.

이것은 개신교 예배에도 그대로 연결된다. 이미 언급했다시피, 시대와 교파에 따라 예배의 용어는 강조점을 달리했다. 그러나 공통분모는 언제나 '말씀 선포와 떡을 뗌'(성만찬)이라는 두 기둥을 유지했다. 이 대목에서 16세기 종교개혁 당시 곧 중세 말기 상황을 짚어 보자. 이때 로마 교회는 예배를 '미사'라고 부르면서, 말씀 강론보다 희생 제사의 성격을 강조하는 미사(성체성사)에 방점을 두고 있었다. 중세 신학에서 성찬은 곧 예수의 몸을 제물로 드리는 행위로 이해된다.[20]

이것을 방향성으로 따져 보면, '아래서 위로' 향한다. 아래서 위로 향하는 것은 이뿐이 아니었다. 종교개혁의 대표적 상징인 '면죄(벌)부'(가톨릭에서는 '대사'라고 부른다) 역시 '아래서 위로' 올리는 제사적 기능을 수행한다. 소위 '공로'라 부르는 모든 것이 이에 해당한다. 중세 신학은 이런 방향성을 가지고 있었다. 반면에 루터는 이 방향을 역전시킨다. 이것이 종교개혁이며 개신교 신학이다.

그렇다면 루터는 어떻게 방향을 역전시켰을까? 지금 우리의 관심사가 '예배'이니 루터의 예배론에 초점을 두고 이야기해 보자. 루터는 이미 1520년 『독일 기독교 귀족에게 고함』이라는 글을 통해 모든 신자의 만인사제직의 이론적 바탕을 마련해 놓았다. 그 후로 3년이 지나 루터는 이 사상을 더욱 구체화시키기 위해 신자 공동체가 어떤 권리와 힘을 갖고 있는지, 신자 공동체가 모든 교리를 수용하고 거부할 수 있는 판단 근거와 기준이 무엇인지에 대한 성서적 근거를 자세히 펼쳐 놓게 된다.[21]

그로부터 다시 3년 후 루터는 이와 같은 근거를 바탕으로 교회 공동체 내에서 이론을 발전시키고 구체화시켰는데, 그중 하나가 '예배'다.[22] 루터는 라틴어 '미사'를 독일어 '고테스딘스트'Gottesdienst, 영어로 바꾸면 divine service로 바꾸어 놓았다. 단순한 번역이 아니라 여기에는 매우 심오한 뜻이 담겨 있다. '고테스딘스트'는 '고트'Gott와 '딘스트'Dienst의 합성어인데, '고트'는 '하나님'God, '딘스트'는 '일하다·섬기다·봉사하다·행동하다'라는 뜻이다. 그러니 합쳐 놓으면 '하나님이 일하시고 섬기시며 봉사하시고 행동하신다'라는 뜻이 된다. 누구를 위한 행동이고 일일까? 바로 죄인을 위한 하나님의 행동이고 일이다. 이게 종교개혁 신학이 담고 있는 예배다. 물론 독일어 특성상 다른 번역도 가능하다. 주격인 '하나님'을 목적격으로 바꾸어 '하나님을 섬기고 하나님께 봉사한다'는 뜻도 충분히 가능하다. 그러나 루터가 분명히 강조하는 있는 것은 '미사'와 대립되는 성격의 의미다. 즉 '아래(인간)에서 위(하나님)로'가 아닌 '위(하나님)에서 아래(인간)로'의 신학적 의미다.

다시 말해, 루터에게 예배란 인간의 행위에 초점이 있는 것이 아니라 '하나님이 일하시는 행동'에 방점이 있다. 다시 말해, '아무 공로 없는 죄인을 위해 일하시는 은총의 사건'이 루터가 가르치는 개신교 예배론의 핵심이다. 그렇다면 하나님은 무엇으로 일하실까? 바로 말씀과 성례전(성만찬)이다. 그래서 루터는 '말씀 선포와 떡을 뗌'을 회복시킨 것이다.

루터에게 예배는 곧 죄인을 불러, 은총(말씀과 성찬)으로 위로하고, 먹이고, 힘을 주어 다시 세상으로 파송하는 복음의 사건이다. 이것은 우리가 보통 생각하는 '경배와 찬양'과 질적으로 다르다. 콘티 만들고, 기도로 준비하고, 땀과 물질로 제단 앞에 희생하는 것은 사람의 일이다. 그러나 자격이 없는 자들, 힘없고 연약하며 울 수밖에 없는 모든 사람을 하나님이 초대하여 기쁜 소식으로 선포하는 것이 개신교 예배다. 그러니 '예배 준비한다'(?)는 명목으로 힘 빼며 서로 맘 상하지 말고, 대신 주님이 주실 은총이 무엇인지 기대하는 것이 어떨까?

이제 '서비스'service와 '워십'worship의 차이를 풀어도 될 것 같다. 절대로 엉뚱하지 않은 질문 하나 던져 본다. 당신이 신발을 사러 백화점에 갔다. 그렇다면 누가 서비스의 주체이고 누가 대상일까? 물어보나 마나 서비스의 주체는 백화점이고 대상은 물건 사러 간 당신이다. 영어로 예배를 서비스라고 부른다. 그렇다면 서비스의 주체가 하나님이고 서비스 받는 대상은 사람이라고 하면 무리일까? 앞서 나는 루터가 예배를 '고테스딘스트'라고 번역했다고 언급하면서, '매우 친절하게'(실제로도 매우 친절하다) 'divine service'라는 영어 번역도 곁들여 놓았다. '하나님의 서비스'라는 뜻이다. 조금 감이 잡히는가? 개신교 예배에서 가장 먼저 생각해야 할 것이 바로 이 점이다. '하나님이 죄인을 불러 은총으로 일하신다.' 방향으로 따지면 '위에서 아래로', 신학 용어로는 '은총'의 사건이 곧 예배다. 그렇다면 워십worship과 차이가 있을까? 있다! 그것도 하늘만큼 땅만큼!

워십worship이라는 단어의 어원을 살펴보면 'weorthscip-worthship-worship' 순이다. 풀어서 설명하면, '가치worth를 위로 올려 드린다ship'는 의미가 강하다. 즉 아래서 위로 올리는 제사적 의미다. 냉정히 따져 보면 '디바인 서비스'divine service와는 전혀 다른 뜻을 지니고 있다고 볼 수 있다. 그러다 보니 요즘은 워십worship이라는 용어에 담긴 결함을 보충하기 위해 '워십서비스'worshipservice라는 말도 생겼다. 자동차에 부동액 보충하는 것 같은 느낌이 들기는 하지만, 뭐 상관없다. 아무튼 예배에서 은총이라고 부르는 하나님의 행동을 인식하고 강조하게 되었다는 점에서는 고무적이다. "예배는 하나님의 행동이다!" 이렇게 해놓고도 뭔가 2퍼센트 부족하게 느껴지는 게 있을 것이다. 당연하다. 예배의 형식에는 기도도 있고 찬송도 있고 봉헌도 있는데, 하나님이 기도하는 것도 아니고 하나님이 노래하는 것도 아니고 하나님이 헌금하는 것도 아니니 말이다.

그럼 이것은 무엇인가? 루터의 말로 풀어 보자. 루터가 자신의 종교개혁 신학을 머리에 담아 스스로 설계해서 세운 교회가 있다. 바로 다음 장에서 살펴볼 토르가우 교회인데, 루터는 1544년 10월 5일 교회를 다 지은 다음 입당 예배 때 이런 설교를 하게 된다. "하나님은 말씀을 통해 우리에게 말씀하시고, 우리는 기도와 찬양으로 하나님께 말한다"Gott redet mit uns durch sein Wort, und wir reden mit ihm durch Gebet und Lob.

간단한 문장이지만 여기에는 개신교 예배의 핵심이 담겨 있다. 우선 순서를 보자. 우선순위는 하나님이 우리에게 말씀하시는 것이다. 이 말씀은 '선포된 말씀인 설교'와 '보이는 말씀인 성례전'이다. 이 말씀으로 우리를 부르고 채우신다. 그리고 우리는 이 은총의 사건에 기도·찬양·감사·봉헌 등으로 반응한다.

다시 말해, 예배란 일방적인 것이 아니라 하나님과 인간의 거룩한 소통이라고 할 수 있다. 하나님은 은총으로 죄인을 불러 힘을 주신다. 그리고 인간은 그에 감사함으로 반응한다. 여기서 순서가 바뀌면 곤란하다. 예배는 첫째로 하나님의 일이고, 두 번째로 인간의 반응이다. 이 둘은 예배 시간에 끊임없이 교차하며 소통한다. 개신교인이라면 잊지 말아야 할 것이 있다. 예배는 하나님이 우리를 위해 일하시는 은총의 사건이다. 이것이 흔들리면 곤란하다. 사람이 만드는 게 아니다. 은총을 주시는 분(구원의 주체)은 오직 하나님 자신이다. "하나님은 하나님이고 인간은 인간이다!"(루터)

종교개혁 역사를 공부하다 보면 감초처럼 등장하는 독일 아우구스부르크Augsburg 교회 본당 대문 위에 이런 명패가 달려 있다. 'Bedenke, wem du vor stehst!' 이것을 우리말로 옮기면 이렇다. '잘 고민해 보라. 당신은 누구 앞에 서 있는가?'

나는 어떤 교회라도 본당에 들어갈 때 문 앞에서 이 문구를 항상 생각한다. 그리고 본당 문을 열며 하나님 앞에 선다. 그것은 두려움이 아니라 오히려 기쁨이다. 왜냐하면 '아무 공로 없지만 나를 불러 말씀과 성찬으로 위로하고, 소망을 주며, 다시 살아갈 힘과 용기를 주시는 은총의 사건'이 나를 기다리고 있기 때문이다. 그 은총은 바로 이런 것이다. '누구든지 목마른 자는 다 오라! 돈 없는 자도 나오고, 병든 자도 나오고, 슬픈 자도 다 오라. 주님이 모두 마시게 하고, 위로하며, 고치실 것이다. 이것은 주님의 약속이다!'

예술과
종교개혁

Verbum
Domini
Manet
in Aeternum

음악과 루터

한국 교회 내에서 음악에 대한 논란이 심심치 않게 들려온다. 예배 가운데 무분별한 음악 사용을 자제해야 한다는 좋은 의도는 모두가 공감하는 대목이지만, 간혹 이름만 대면 알 만한 유명 목사와 신학자들이 음악 자체를 한국 교회의 적폐로 꼽아 폄하하기도 하고, 악기 중에서 꼭 집어 드럼 사용을 자제해야 한다고 공개적으로 이야기하는 바람에 그 반향이 작지 않았던 적도 있다. 이런 일련의 사건을 보면서 여러 모로 우려가 되었다. 신학적으로 타당한 설명이 함께 덧붙여지면 좋았겠지만, 대부분의 경우 예배에 도움이 안 된다는 식의 일방적 발언 때문에 교회 음악 봉사자들이 상처를 입고 교회를 떠나거나 교회 내 음악 봉사 중지를 공적으로 선언하는 모습을 어렵지 않게 볼 수 있었다.

지금은 결과가 어찌 되었는지 잘 모르겠지만, 개신교회 프로테스탄트

제1호로 불리는 마르틴 루터는 음악에 대해서 어떻게 생각했는지 그의 말을 아래 붙여 본다.

나는 음악을 사랑한다. 그러나 열광주의자들의 빌어먹을 그런 음악을 말하는 게 아니다. 왜냐하면 첫째로, 음악은 사람이 아니라 하나님이 주신 선물이기 때문이다. 둘째로, 음악은 우리를 기쁘게 만든다. 셋째로, 그 음악이 악마를 사냥한다. 넷째로, 음악은 순전한 평안을 선사하기 때문입니다. 이를 통해 분노와 욕망과 교만이 사라진다. 다윗과 예언자들 모두 시와 노래를 즐겼다는 것은 당연한 일이다. 그래서 나는 신학 다음 자리에 음악에 기꺼이 자리를 내어 준다. 다섯째로, 음악은 평화의 시간을 통치한다.[1]

노래하는 것이야말로 최고의 예술이다. 그러니 노래하는 사람이라면, 세상에서 아무것도 할 필요 없다.……(그것으로 충분히 존경받을 만한다.)[2]

왕과 영주와 제후와 주인들은 반드시 음악을 장려해야 한다.……학교에서 음악 교육은 무조건 해야 한다. 또한 가르치는 자라면 반드시 노래를 잘 부를 수 있어야 한다. 나는 음악이 뭔지 모르고 노래도 못하는 사람을 교사로 인정하지 않는다. 그런 녀석junge Geselle이 목사가 되려고 한다면 절대로 세우지 말라. 학교로 돌아가서 처음부터 다시 배워 오도록 돌려보내야 한다.[3]

16세기 개혁 진영에서 음악의 가치를 온전히 인정한 부류는 루터가 유일하다. 미성의 테너 목소리를 가지고 있었던 그는 아이제나흐 김나지움 시절 게오르그 교회 소년 합창단의 일원이었고, 노래만 잘한 것이 아니라 작사·작곡에도 능했으며, 학창시절에는 류트라고 불리는 기타와 비슷한 악기로 아르바이트를 할 정도로 악기에 능했다.

루터가 없었다면 개신교 음악은 어떻게 변했을까? 다른 개신교 진영과 달리 루터파는 음악과 예술의 가치를 지대하게 여긴다. 반면, 개혁파의 원조 격인 츠빙글리와 칼뱅에게 교회 음악은 '가톨릭의 잔재'이며 제거와 혁파의 대상이었다. 이들이 교회 내 악기 사용을 전적으로 금지시킨 것은 잘 알려진 사건이다.

물론 츠빙글리와 달리 칼뱅이 교회 예배에서 시편송과 칸티쿰(성서 구절을 가사로 만든 경우)을 받아들인 일은 긍정적으로 평가할 수 있다. 그러나 그는 말씀이 선포되지 않는 악기만의 연주는 필요 없다고 생각했는데, 실제로 개혁파 사람들이 오르간을 교회에서 제거하는 일이 비일비재했다. 동일한 이유로 합창도 그리 중요하지 않다고 보았는데, 화음을 넣은 합창은 여러 사람이 함께 부르기 때문에 말씀으로 만들어진 가사가 흐릿하게 들릴 수 있다는 이유였다. 그래서 칼뱅의 주도하에 만들어진 시편송들은 모두 단선율인 것이 일반적이다. 물론, 칼뱅이 교회 내에 시편송을 유지시킨 것이라든지 성직자들의 전유물이었던 찬양대를 회중에게로 돌려 놓은 것은 바람직한 일이다. 그러나 냉정히 보면, 시편송을 유지시킨 것은 말씀을 중시하는 개혁파 신학으로서는 어쩔 수 없는 선택이었고, 이와 함께 찬양대를 회중에게 넘긴 것 역시 1세대 개혁가인 루터의 뒤를 따른 것으로 판단할 수 있다.

만일 한국 교회가 이를 그대로 따랐다면 개신교 교회음악은 물론이고, CCM이라든지 심지어 교회에서 부르는 찬송가도 존재하지 못했을지도 모를 일이다. 그러나 칼뱅과 달리 루터에게 음악은 신학과 함께 하나님이 주신 최고의 선물로 인정받는다. 그 때문에 루터는 '코랄'Coral이라고 불리는 자국어 회중 찬송을 직접 만들어 온 성도가 함께 참여하는 방식의 예배를 구체화시켰다. 코랄은 지금 우리가 찬송가에서 보듯 화음이 함께 들어가 있는 최초의 회중 찬송이다. 루터가 만든 가장 유명한 찬송은 「내 주는 강한 성이요」다. 사제 그룹이 독점했던 예배 음악을 회중에게 넘겨 준 것은 루터가 강조했던 개신교 신학, 곧 '모든 신자의 만인사제직'에서 연유했다.[4]

루터는 일반인들도 쉽게 따라 부를 수 있는 곡조와 가사를 덧붙여 찬송을 만들었는데, 가끔은 독일 민요나 지금으로 말하면 대중가요의 곡조에 시편이나 기도문을 붙여 곡을 만들기도 했다. 이를 전문용어로 '콘트라팍툼'contrafactum이라고 부른다. 이 유산은 후에 개신교 교회 음악을 풍성하게 만드는 기초가 되었다. 실제로 우리나라 역사에서 「애국가」 가사에 스코틀랜드 민요인 「올드 랭 사인」을 접목한 경우가 대표적인 예이다. 현재 개신교 찬송가에서도 외국 국가 선율에 신앙적 가사를 덧입힌 경우를 살펴볼 수 있다. 이것은 비단 우리 나라만의 일이 아닌데, 미국 교회 찬송가에서 「아리랑」 선율의 찬송가가 등장하는 것은 바로 콘트라팍툼의 실제 사례라고 할 수 있다.

루터파로 폭을 좁혀 보면, 바흐와 멘델스존Jacob Ludwig Felix Mendelssohn-Bartholdy, 1809-1847 같은 경우가 철저히 루터파 신앙과 신학을 바탕으로 음악을 했던 인물로 꼽힌다. 루터 신학에서 '콘트라팍툼'의 원리는 철저히 지켜진다. 루터에게 세상과 교회는 분리된 것이 아니다. 하나님은 세상 한가운데서 당신을 만날 수 있는 '접촉점'Anknüfungspunkt을 제공하시기 때문이다. 이런 신학적 차이 때문에 1930년 개혁파 신학자 칼 바르트와 루터파 신학자들 (대표적으로 파울 알트하우스Paul Althaus, 1888-1966) 간에 신학적 쟁론이 일어났다. 루터에게 세상의 음악·예술·문화 등 모든 분야는 '숨어 계신 하나님'이 보여주시는 일종의 '가면'larva dei이며 접촉점이다.

분명한 것은 가톨릭이건 개신교건 할 것 없이 현대 교회는 모두 루터에게 빚을 지고 있다는 점이다. 왜냐하면 회중 찬송을 만들어서 보급한 장본인이기 때문이다. 그가 아니었다면 예배 시간에 주구장창 성직자들의 단성부 그레고리안 찬트만 일방적으로 감상하다가 집에 돌아왔을지도 모를 일이다. 그러니 교인들이 찬송가를 들고 함께 찬송할 수 있는 것은 순전히 루터 덕이다.

앞의 인용구에서 보듯 루터는 음악의 가치를 소중히 여기고 존중했다. 여기서 중요한 것은 왜 그가 음악을 그리도 소중히 여겼는가 하는 점이다. 여기에는 신학적 이유가 있는데, 음악에는 하나님의 창조 사역의 본질인 '조화와 질서'가 담겨 있다고 보았기 때문이다. 루터에게 음악은 하나님의 창조 사역을 담아 세상에 전하는 선한 도구다. 그 때문에 음악이 마귀를 쫓고 사냥하는 능력이 있다고까지 가르쳤다.

물론 당시에 드럼은 없었지만, 만일 있었다면 드럼 역시 하나님의 선물이라면서 적극적으로 인정했을 게 분명하다. 그러고 보면 한국 교회에서 음악과 관련해서 소동이 일어나는 것의 핵심은 악기 자체나 악기를 다루는 교회 내 음악 봉사자들의 문제가 아니다. 진짜 문제는 음악이 무엇인지도 모르는 목회자의 문제다. 루터의 말대로, 그런 사람은 학교로 다시 보내서 음악 공부부터 다시 시켜야 한다. 루터에게 음악 교육의 본질적 목적은 단순히 노래 잘하고 악기 잘 다루게 하려는 데 있지 않다. 하나님이 창조하신 세계 안에 담긴 '조화와 질서'가 무엇인지 알게 하여 서로가 겸손히 존중하고, 이웃의 선을 위해 소통하게 하려는 게 최종적인 목적이다.

전통적인 방식으로 교회를 규정한다면, '교회는 그리스도의 몸이며 거룩한 성도의 공동체다.' 참된 교회라면 일방적으로 훈수 두고 '갑질' 할 수 있는 특권층을 허용하지 않는다. 서로가 서로를 섬기며, 서로에게 그리스도가 되어야 한다. 목사나 신학자라면 개인적 감상이나 감정으로 높은 곳에서 말을 던지지 말고, 정당한 방법과 복음으로 공동체를 설득하여, 조화와 질서라는 공동체의 덕을 세우는 게 마땅하다.

하나님의 창조 사역인 '조화와 질서'라는 측면에서 다시 생각해 보면, 지금 우리의 문제는 음악인들이나 악기가 문제가 아니라 마이크를 독점하며 교인 전체를 보조 코러스로 만들어 버리는 사람이 더 문제가 아닐까?

한 가지 덧붙여 본다. 올해가 루터의 종교개혁 500주년이 되는 해다. 독일에서는 이미 10년 전부터 독일 정부와 함께 매년 주제를 정해 종교개혁 정신을 고취하고 있다. 일종의 국가 프로젝트다. 그중에서 2012년 주제가 '종교개혁과 음악'이었는데, 이 주제에 대해 일년 내내 수많은 포럼과 논문이 발표되었고, 음악회와 다양한 행사가 진행되었다. 그런 건 그렇다 치더라도, 아마 내 생각에 가장 인상 깊게 전 세계에 히트 친 것은 바로 2012년 종교개혁 500주년 로고 포스터일 것이다. 이 포스터가 말하고자 하는 것은 간단하다. 500년 전의 인물이지만 여전히 교회와 음악에 대한 가르침이 오늘 이 시대에도 유효하다는 것이다. 아마 루터가 지금 시대에 다시 태어난다면, 그림대로 귀에 헤드폰을 꼽고 있지 않을까?

그림과 루터

나는 루터와 종교개혁 보따리를 풀어놓을 때마다 "찌라시로 성공한 세계 최초 인물은 루터다"라는 말을 곧잘 사용한다. 우스갯소리 같지만 사실이다. 한국어 '전단지'에 해당하는 독일어가 '플루크블라트'Flugblatt다.

종교개혁 500주년 로고 포스터(2012) "종교개혁과 음악", 독일 EKD

두 단어의 합성어인데, '플루크'Flug는 '공중으로 날린다'는 뜻이고 '블라트'blatt는 '종이'라는 뜻이다. 두 단어를 합치면 '종이를 공중에 날린다'가 되고, 우리가 보통 속된 말로 '찌라시'라 부르는 것의 정확한 용어가 된다. 루터와 종교개혁 진영은 이런 전단지 형태의 글과 그림을 적극적으로 사용했다. 이로써 글을 알지 못하는 이들에게까지 한눈에 어떤 의도가 담겨 있는지 파악할 수 있도록 했다.

고대가 말의 시대였고 중세를 책의 시대라고 한다면, 중세에 종말을 고했던 종교개혁 시대는 미디어의 힘에서 시작했다고 할 수 있다. 물론 지금의 미디어에 비할 바는 아니지만, 당시만 해도 구텐베르크의 금속활자술은 한마디로 미디어 혁명이었다. 루터는 미디어의 힘을 가장 정확히 알아보고 적극적으로 사용한 인물이다. 게다가 그는 단순히 활자에 찍힌 문자만 사용하지 않았다. 복잡한 신학을 단 한 장의 그림으로 축약하는 작업을 그의 동료들과 진행했다. 예술은 언어로 표현되는 신학적 통찰보다 앞선다. 그리고 복잡한 신학을 간명하게 형상화시키는 위력이 있다.

예술을 '언어로 담을 수 없는 것을 담는 도구'로 이해한 루터는 1522년 '9월 성서' 곧 『독일어 신약성서』에 목판화 21개를 담아 넣고, 1534년 『독일어 성서』 완역본에는 채색 삽화 123면을 수록했을 정도로 미디어의 힘을 적극적으로 이용했다. 이런 미디어 매체 사용은 문맹자의 비율이 높은 상황에서 사회적 소통을 극대화시키고, 시각 언어가 주는 직관력을 통해 종교개혁을 추진하는 촉매 역할을 했다. 일반적으로 루터를 비롯한 종교개혁 진영에서는 구술 언어와 문자 언어를 강조했다고 알려져 있다. 그러나 실제로는 회화·조각·건축·음악과 같은 예술과 미디어 매체들은 종교개혁 진영에서 직관적 세계와 감성을 전하는 훌륭한 도구로 사용되었다. 이 점은 종교개혁 역사에서 간과되어 온 부분이다. 종교개혁이 성공적으로 진척될 수 있었던 이유 중 하나는 신학과 예술 곧 미디어의 접목이 이곳에서 일어났기 때문이다. 구텐베르크의 금속활자 인쇄술이 종교개혁 신학과 더불어 가장 효과적으로 빛을 낼 수 있었던 근본적 이유가 바로 여기 있다.

루터의 경우, 이런 작업의 배후에는 강력한 지지자이자 친구이며 당대 독일의 3대 화가 중 한 명으로 꼽히는 루카스 크라나흐와 그의 아들이 있다(아버지와 아들의 이름이 같다).[5] 루터는 이들과 함께 성서와 연결된 종교개혁의 메시지를 시각적 이미지에 어떻게 담을지 고민하고 소통하며 그 결과물을 담아냈다. 그중에 가장 강렬한 예는 비텐베르크 시 교회 「종교개혁 제단화」다. 여기에는 루터의 교회관과 종교개혁의 저항적 의미가 고스란히 담겨 있다.

「종교개혁 제단화」

종교개혁의 본거지이자 루터의 도시인 비텐베르크에는 종교개혁과 관련하여 상징적인 두 개의 교회가 있다. 하나는 '95개조 논제' 게시로 유명한 성채 교회Schlosskirche인데, 여기에는 루터와 멜란히톤의 묘가 있어서 여행객 대부분이 이곳을 먼저 찾는다. 그러나 종교개혁 역사와 전개를 고려하면 성채 교회보다는 시청 광장 옆에 있는 비텐베르크 시 교회Stadtkirche St. Marien in Wittenberg가 더욱 중요한데, 이 교회는 '마리아 교회'라 불릴 정도로 의미가 크다.

루터는 이 교회에서 직접 목회를 하면서 약 2천 편 정도의 설교를 했고, 종교개혁 사상에 따라 양형 성찬이 이루어졌으며,[6] 회중 찬송인 코랄이 만들어지고 불려진 개신교 찬송의 요람이자, 독일어 예배가 처음으

비텐베르크 시 교회 외관

비텐베르크 시 교회 내부

로 시작된 교회다. 게다가 개신교 최초의 청빙 목사인 요하네스 부겐하겐이 목회하던 장소이기도 하다. 그러나 무엇보다 이 교회를 방문할 만한 이유는 교회당 안에 있는 제단화 때문이다. 일명 「종교개혁 제단화」 Reformationsaltar라 불리는 네 폭의 제단화는 신앙고백적 역사의 특수성을 가지고 있을 뿐 아니라 그 안에 담긴 내용들이 루터의 교회론을 압축하고 있다.[7] 「종교개혁 제단화」에는 아픈 역사가 하나 있다.

루터가 1546년 2월 18일 63세의 나이로 생을 마감하자마자 개신교 진영은 큰 위기를 맞게 된다. 1547년 로마 교회의 열렬한 추종자였던 황제 칼 5세가 세력을 확장하며 정신적 지주가 사라진 개신교 지역 소탕 작전을 시도하였기 때문이다. 이런 움직임을 포착한 개신교 슈말칼트 연합군은 황제에 대항하기 위해 엘베강 유역 뮐베르크에 모여 일전을 준비하고 있었다. 그러나 1547년 4월 24일, 칼 5세는 개신교 영주들이 함께 모여 예배를 드리고 있던 틈을 타 습격하고, 결국 작센의 선제후 요한 프리드리히 용맹공이 포로로 잡히고 사형 판결을 받게 된다. 가까스로 선제후 요한 프리드리히는 사형을 면했지만, 그로 인해 황제 선출권을 박탈당하고 영토마저 축소되는 사상 초유의 일을 당하게 된다. 이는 곧 개신교 진영의 위기를 예고하는 사건이었다.

정신적 지주인 루터가 사망한 데다 개신교 진영의 군사적·정치적 방어막이었던 작센 선제후마저 포로로 잡히자, 개신교회의 리더십은 상당한 타격을 입게 된다. 뮐베르크에서 승기를 잡은 황제는 여세를 몰아 가까운 비텐베르크로 진군하고, 그 소식을 접한 시민들은 앞을 다투어 도망하게 된다. 그로 인해 비텐베르크는 공동화 현상이 일어날 지경이었다.

참혹한 뮐베르크 전투가 일어난 지 3일 후인 4월 27일, 황제군은 개신교의 심장인 비텐베르크에 입성하게 된다. 그들이 가장 먼저 찾아 들어간

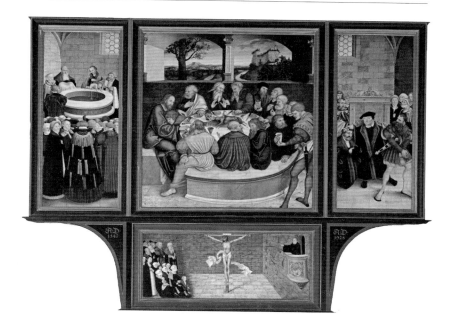

루카스 크라나흐, 종교개혁제단화, 1547, 비텐베르크 시 교회

이 네 폭의 제단화는 각각 '성만찬', '세례', '죄의 고백과 용서', '그리스도 중심적 설교'라는 교회의 표지를 담고 있다.

곳은 '95개조 논제'가 게시되었고 루터의 시신이 안장되어 있는 성채 교회였다. 그때 부하들은 루터의 묘를 파헤쳐 부관참시할 것을 조언했지만, 황제는 승리를 이미 확신했던 터라 "나는 산 자와 싸우지 죽은 자와 싸우지 않는다"라는 유명한 말을 남긴 채 그곳을 떠나게 된다. 그렇게 자신만만하게 말을 했던 것은 루터가 죽고 작센의 선제후를 제압한 이상, 개신교 진영은 그대로 괴멸할 것으로 판단했기 때문이다.

그렇게 황제군이 퇴각하자 비텐베르크 주민들이 다시 하나둘 모여들기 시작하였다. 개신교 진영의 참담한 그림자가 비텐베르크를 암울하게 덮고 있을 바로 그때, 비텐베르크 시 교회의 담임목사였던 요하네스 부겐하겐은 황제군이 성채 교회에 입성했던 그날의 수모를 기억하며 시민들과 함께 제단화를 제작하여 봉헌하게 된다. 여기서 중요한 것은 이 제단화가 단순한 교회 인테리어용이 아니라는 사실이다.

이 그림에는 루터가 꿈꾸었던 개신교회의 교회론, 한마디로 '교회는 복음이 순수하게 선포되고 성례전이 올바르게 집행되는 성도의 모임이다'라는 『아우구스부르크 신앙고백서』[1530] 제7항이 고스란히 반영되어 있다. 제단화는 시각 예술로 표현된 개신교 교회론의 표상이며, 정치적·신앙고백적 선언이다.

이 네 폭의 제단화는 각각 '성만찬', '세례', '죄의 고백과 용서' '그리스도 중심적 설교'라는 교회의 표지를 담고 있는데, 그중에서도 가장 눈에 띄는 것은 가장 큰 중앙 제단화다.

| 중앙 패널_성만찬

중앙 패널은 다른 작품들과 달리 1539년 대★ 루카스 크라나흐의 단독 작품이다. 다른 패널과 비교하여 교회 내부의 벽과 바닥이 다르다는 점이 이를 확증한다. 여기에는 예수님이 십자가에 달리기 전 제자들과 함께 나누었던 '최후의 만찬'이 그려져 있는데, 한가운데 양고기를 통해 어린 양 되신 그리스도의 공동체인 것을 그려내고 있다. '최후의 만찬' 하면 대부분 레오나르도 다 빈치Leonardo da Vinci, 1452-1519의 작품을 떠올릴 것이다. 그런데 여기 있는 루카스 크라나흐의 작품에는 그와 비교되는 아주 특별한 것들이 화폭에 담겨 있다.[8] 하나하나 꼽아 보자.

우선 다 빈치의 그림에 나오는 식탁은 일자형이지만, 이 제단화의 식탁은 원탁이다. 현실적으로 일자형 식탁은 언제나 상석이 정해져 있다. 거의 모든 경우 어른이 중앙에 위치한다. 그러나 원탁은 별도로 상석이 정해져 있지 않다. 그 때문에 원탁은 서로가 계급 없이 평등하며 누구나 막힘없이 소통 가능하다는 것을 나타낸다. 이 점은 루터의 교회론에서 강조되는 '모든 신자의 만인사제직'과 '교회의 공동체적 영성'을 뜻한다. 루터의 후원자이자 가장 친한 친구 중 한 사람이었던 크라나흐는 이런 식으로 그림 속에 여러 의미들을 담아 놓았다.

또 특이한 것은 그림 속 인물들의 의외성이다. 예수를 제외하고, 여기 담겨 있는 인물들은 모두 루터 당시 살고 있던 비텐베르크의 주민들이다. 그러니 교회 안 제단화가 봉헌되었을 당시 주민들의 감격은 상당했을 것이다. 요즘 시대로 말하자면, 텔레비전에 나온 자기 얼굴을 본 것마냥 신기해했을 것 같다.

몇 가지 더 살펴보자. 중앙 제단화에서 예수가 누구인지는 누구나 알 수 있다. 그리고 그의 품 안에 포근히 안긴 인물은 예수의 사랑하는 제자 요한이다. 참고로 최후의 만찬을 그린 대부분의 중세 종교화에서 요한은 언제나 예수와 가장 가까운 곳에 위치한다.

요한 옆자리에 앉아서 가슴에 오른손을 얹고 있는 민머리의 소유자는 베드로다. 보통 종교화에서 민머리는 바울을 상징하지만 여기서는 베드로 차지다. 이것은 통상적 도상법을 거스르는 것인데, 그럴 수밖에 없는 이유가 있다. 앞서 언급했다시피, 여기 베드로는 루터 당시 비텐베르크 주민 중 베드로의 인격과 닮은 어느 누군가이기 때문이다. 그것은 그렇다 치고, 가슴에 손을 얹고 있는 자가 베드로일 수밖에 없는 이유는 성서적 배경에 있다. 마태복음 26:17-35을 보면, 예수는 최후의 만찬 자리에서 제자 중 하나가 자신을 팔아넘길 것을 예언한다. 그때 제자들은 저마다 "주여, 나는 아니지요?"라며 반응을 하는데, 33절로 넘어가면 베드로가 "모두 주를 버릴지라도 나는 결코 버리지 않겠나이다!"라며 적극적으로 의사표명하는 장면이 나온다. 쉽게 말해서 가슴에 손을 얹고 선언하는 장면이다. 이 모습이 화폭에 담긴 것이다. 물론 몇 시간이 지난 뒤 베드로는 자기 선생을 세 번이나 부인한다. 이 장면은 신앙이란 자기 자신의 주장이나 가치가 우선되는 것이 아니라는 점을 드러낸다.

최후의 만찬에서 열두 제자 중 가장 도드라지는 인물은 가룟 유다일 것이다. 크라나흐의 그림에서 유다는 예수의 왼편에 있다. 그의 입이 예수의 가운데 손가락을 물고 있는데, 이것으로 배신자가 누구인지 드러난다. 그리고 유다의 특징은 아무래도 은 삼십이 든 돈주머니다. 왼쪽 허리춤에 있는 이것을 통해 유다라는 사실이 분명해진다. 이 정도까지는 누구든지 알 만한 내용인데, 크라나흐는 유다의 모습 속에 아주 재미있는 내용 하나를 담아 놓았다. 그의 다리를 보라. 열두 제자들의 모든 다리는 원탁 안으로 들어가 있다. 그런데 유다의 경우에는 한 발은 안으로, 다른 한 발은 밖으로 나와 있다. 무슨 뜻일까? 양다리를 걸치고 있다는 뜻이다. 이것을 통해, 신앙이란 '갈라진 두 마음'으로는 불가능하다는 것을 보여준

「종교개혁 제단화」 중앙 패널 _성만찬

다. 유다와 관련해서 또 한 가지 사항은 노란 망토를 입고 있다는 점이다. 노란색은 의심의 색이다. 그 때문에 고전적 종교화에서 유다는 대부분 노란 망토로 표현된다. 유대인 학살로 유명한 히틀러 시대에 나치가 유대인들의 왼쪽 가슴에 달도록 한 '다윗의 별' 배지가 노란색인 이유 역시 이런 통념과 연결된다. 그러고 보면 유럽 사회에서 반유대주의는 어제오늘 일이 아니라 아주 뿌리 깊다는 것을 엿볼 수 있다.[9]

이제 성서의 인물이 아닌 특별한 인물이다. 여기 루터가 숨어 있다. 그림 오른편에 검은 망토를 두르고 앉아서 원탁 밖에 있는 인물에게 큰 잔을 넘겨주는 사람이 바로 루터다. 그런데 우리가 통념상 알고 있는 루터의 모습과는 사뭇 다르다. 왜냐하면 이 모습은 루터의 일생에서 특별한 사건이 있던 날을 담아 놓은 것이기 때문이다. 루터의 생애를 거슬러 올라가면, 1521년 보름스 제국의회에서 제국 추방령이 떨어지고 생명의 위협이 생겼을 때, 작센의 선제후 덕분에 바르트부르크 성으로 안전하게 납치된 사건이 있었다. 그곳에서 루터는 『독일어 신약성서』를 11주 만에 번역하게 된다. 그런데 그 당시 사람들 사이에서 루터는 죽은 것으로 소문나 있었다. 만일 살아 있는 것이 발각되면 황제군이 언제 들이닥칠지 모르는 상황이었기 때문에 루터는 이름도 '융커 요르크'Junker Jörg로 바꾸고 변장을 한 채 지내야만 했다.

그런데 루터가 죽었다는 소식이 전해지자 비텐베르크에 소동이 일어나기 시작했다. 루터는 죽었지만 그의 개혁 사상을 지속해서 이어 가야 한다는 목소리가 끊이지 않았다. 그 선두에 루터의 비텐베르크 대학교 동료였던 칼슈타트Andreas Karlstadt, 1486-1541가 있었는데, 그는 급진적 개혁을 주장하며 구교회적인 것을 모조리 파괴하기 시작했다. 교회 안에 있는 예술품·성직자의 옷·예배 의식 등을 거침없이 제거하기 시작했고, 급기야 그

루터의 재발견

들의 폭력적 성향마저도 개혁의 이름으로 정당화되는 지경에 이르게 되었다. 하지만 이런 상황을 아무도 제지할 수 없었다.

그때 루터의 동료인 멜란히톤은 급히 바르트부르크 성으로 이 소식을 전하였고, 루터는 그 소식을 듣자마자 비텐베르크로 달려오게 된다. 그때가 1522년 3월 사순절 기간이었다. 이곳에 오자마자 루터가 한 일은 설교였다. 종교개혁에서 폭력은 어떤 이유로도 정당화될 수 없으며 그것은 그리스도의 뜻이 아니라고 호소하며 사태를 진압했다. 제단화에 담긴 검은 망토 차림의 모습이 바로 루터의 당시 모습이다. 이것을 통해 비텐베르크 주민들은 그 당시 사건을 회상할 수 있었고, '종교개혁이란 폭력과 정반대에 위치한 말씀의 개혁'이라는 것을 가슴 깊이 새길 수 있었다.

그림 속 루터에게로 다시 돌아가자. 그의 손에 들려 있는 것은 포도주 잔이다. 그런데 그 잔을 원탁 밖의 인물에게 넘겨주고 있다. 당시 가톨릭 신학으로 보자면 상당히 낯선 광경이다. 우선 열두 사도가 아닌 인물이 만찬에 참여하는 것은 사제중심주의를 깨뜨리는 것이고, 게다가 사제들만 마셔야 하는 잔을 일반인에게 넘겨주고 있기 때문이다.

여기서 검은 망토의 루터에게서 포도주를 넘겨받는 인물의 정체는 바로 이 그림을 그린 대 크라나흐의 아들 소 크라나흐Lucas Cranach der Jüngere, 1515-1586다. 이 점은 매우 의미 있게 볼 대목이다. 당시 중세 교회에서는 성찬 때 회중에게 떡만 나누어 주고 잔은 주지 않았다. 그런데 루터의 도시에서는 둘 다 나누어 주는 '양형 성찬'을 함으로써 종교개혁 정신을 고취시켰다. 실제로 16세기 종교개혁을 기념하는 상징은 양형 성찬에 있었다. 그렇기에 중앙 제단화에서 사도급에 해당하는 사람이 아닌 외부 사람(평신도)에게 잔을 넘겨주고 있는 모습은 개신교회 안에서 만인사제직이 작동하는 방식을 상징하는 것이다.

여기에는 또 한 사람의 주목할 만한 인물이 등장한다. 루터의 바로 왼편에 긴 수염의 인물이다. 그의 이름은 한스 루프트Hans Lufft, 1495-1584로, 루터의 『독일어 성서』를 인쇄했던 인쇄업자다. 그런데 왜 하필 인쇄업자일까? 바로 여기에 특별함이 있다. 한스 루프트는 열두 사도도 아니고, 루터와 같은 종교개혁가도 아니며, 그렇다고 거룩하게 '소명Berufung을 받은 사제'도 아니다. 그저 동네 인쇄업자일 뿐이다. 그런데 종교개혁 신학의 모든 핵심이 담겨 있는 제단화에, 그것도 가장 큰 중앙 패널에 그가 사도급의 위치로 그려져 있다. 여기에 담겨 있는 것은 바로 루터의 '직업 소명론'이다. 사제뿐만 아니라 세속 직업으로 부름받은 것도 하나님의 소명이며, 이 소명은 이웃을 위한 섬김으로 부름받은 가치 있는 자리다. 이 소명에 높고 낮음이 없다는 것이 이전에 없던 종교개혁 사상이다.

즉 중앙 패널을 한마디로 요약하면, 로마 교회와 대비되는 소통 구조인 만인사제직, 폭력적 개혁을 거부하는 사상, 양형 성찬, 직업 소명론이 여기에 담겨 있다.

| 좌측 패널_세례

세례와 관련된 오래된 이야기를 하나 꺼내 볼까 한다. 어느 날 스콜라 신학의 대부인 토마스 아퀴나스가 죽었다. 그는 자기가 만든 신학 체계들이 잘 작동하고 있는지 무척 궁금했다. 그래서 천국에 직접 가지 않고 지옥도 들리고 연옥도 들리면서 이것저것 구경하며 돌아다녔다. 그러다 보니 자신이 죽은 1274년에서 250년이 훌쩍 넘어 1546년이 되어서야 천국 문 앞에 서게 되었다. 문 앞을 지키고 있던 문지기 베드로가 물었다.

"이름!"

"저는 토마스 아퀴나스입니다."

"네가 천국에 들어가야 하는 이유는?"

"아, 저는 땅에 있을 때 성실하게 신학을 연구한 신학자였고, 선행도 이렇게 많이 했습니다."

그러고는 가져온 큼지막한 보따리를 힘겹게 내려놓고, 그 안에서 선행을 하나씩 꺼내 설명하기 시작했다. 그 안에 든 것이 워낙 많아서 말이 길어지자, 아퀴나스 뒤로 다음 차례를 기다리는 줄이 점점 길어졌다. 그러자 베드로는 아퀴나스를 천국 기둥 옆에 세워 놓고 잠시 기다리게 한 다음, 일단 다음 사람을 받기로 했다.

"이름!"

"저는 마르틴 루터입니다."

"네가 천국에 들어가야 하는 이유는 뭐지? 네 앞에 왔던 아퀴나스는 선행 보따리를 가져왔던데 넌 뭘 가져왔지?"

하지만 루터의 차림새를 보니 털렁털렁 맨몸이다.

루터가 한참 뜸을 들이며 머리를 긁적거리더니 이렇게 말한다. "선행 보따리요? 그건 하늘에 필요한 게 아니라 땅에 필요한 거잖아요. 그래서 저는 땅에 다 풀어놓고 왔는데요?"

그러자 베드로가 어이없어 하며 이렇게 말한다. "아니, 천국에 맨몸으로 들어갈 생각이냐? 그건 공짜 심보 아니냐?"

그러자 루터는 한참을 곤란해하더니 이내 눈이 반짝 빛난다.

"아, 있어요! 잠깐만 기다려 보세요." 그러고는 왼쪽 심장 가까이 있는 안주머니에서 뭔가를 찾는다. 그러고는 꼬깃꼬깃한 종이 한 장을 보란 듯이 꺼내 들며 씩 웃는다. 거기에는 이렇게 쓰여 있다.

'마르틴 루터, 1483년 11월 11일 세례 받다.' 바로 루터의 세례 증서였던 것이다.

이 재미난 이야기의 출처는 알려져 있지 않다. 그렇지만 이 우화는 가톨릭과 루터의 구원관을 확연히 드러내 보여주는 명쾌한 요약이다. 물론 아퀴나스와 루터 중 누가 천국에 들어갔는지 말하지 않는 열린 결론으로 끝나 버리기 때문에 어느 쪽 교리가 우월하다는 것을 보여주지도 않는다. 그러나 여기서 중요한 것은 가톨릭 신학에서는 선행의 공덕이 강조되고, 개신교 신학에서는 하나님 약속*promissio*이라는 세례의 표지가 강조된다는 점이다.

루터의 구원관에서 세례는 이처럼 중요하다. 왜냐하면 세례는 하나님의 약속에 대한 확증이며 새로운 존재로 거듭남을 보여주는 '보이는 말씀'이기 때문이다. 더불어 루터에게 선행은 하나님에게 필요한 것이 아니라 이 땅에 함께 살아가는 이웃을 위한 것일 뿐이다. 루터 신학에서 세례를 다룰 때 '매일 세례'라는 개념이 있다.[10] 이것은 개혁파의 '성화'와는 또 다른 차원이다. 우리에게 형식적 물세례는 한 번으로 족하지만, 그리스도와 함께 죽고 그와 함께 살아나는 부활의 일상은 매일 필요하다. 이것을 루터는 '매일 세례'라고 부른다. 즉 우리가 일상 가운데 그리스도와 함께하는 삶, 그분의 힘으로 깨어진 관계를 회복하고 잇대는 삶이 매일 세례의 삶이고, 거기서 선행이 나온다.

이제 제단화로 돌아가자. 여기에는 세례대를 중심으로 사람들이 둘러서 있다. 평생 안수받지 않은 신학 교수 멜란히톤이 아이를 들고 있는데, 왼편에 수염 난 사람은 이 그림을 그린 소 크라나흐의 아버지인 대 크라나흐다. 또한 그 옆은 크라나흐의 부인이다.

이 그림에는 낯선 것이 하나 있다. 다름 아니라 세례대가 비상식적으로 깊고 크다는 사실이다. 세상에 이런 세례대는 없다. 게다가 멜란히톤

루터의 재발견

「종교개혁 제단화」 좌측 패널_세례

처럼 아이를 저렇게 들고 있으면 분명히 문제가 생긴다. 까딱 잘못하면 저 깊은 세례대 속으로 아이가 빠져 죽을 수도 있다.

그런데 이 그림이 의도하는 것이 바로 이 점이다. 세례란 곧 그리스도와 함께 옛 사람이 죽는 것을 뜻한다. 그러나 동시에 그리스도와 함께 새 사람으로 다시 살아나는 것이다. 화가는 의도적으로 아이를 들고 있는 멜란히톤의 모습을 불안정한 모습으로 그리면서 죽음에 대한 경각심을 갖고, 동시에 부활에 대한 메시지를 기억할 것을 암시하고 있다.

또 한 가지 주목할 것은, 멜란히톤이 안수받지 않은 일반 신자였다는 사실이다. 통념적으로 세례나 성찬 집례는 목사로 임명(안수)받은 사람이 하는 것으로 알고 있지만, 이 그림은 이런 생각을 정면으로 반박한다. 그럼 어찌된 일일까? 실제로 루터파의 『아우구스부르크 신앙고백서』 제14항에서도 성례전은 정식으로 소명 받은 사람이 아니면 집례하지 못하도록 명시되어 있다.[11]

그렇다면 루터는 어떻게 했을까? 일반 신자는 집례할 수 없을까? 루터의 글에서는 허용과 금지 모두 발견할 수 있다. 원론적으로 따지자면, 일반 신자의 집례 역시 가능하다. '모든 신자의 만인사제직'이 그 근거다. 그러나 종교개혁이 진행되면서 세례와 성찬의 의미를 모른 채 오용되는 현장을 목격한 이후로 루터 역시 교회의 질서를 위해 그것을 금지한다. 다만 분초를 다투는 경우, 즉 죽음이 임박했는데 목사가 없다든지 하는 위급한 경우에는 언제든지 일반 신자의 집례가 허용된다. 그리고 위급시가 아니라고 하더라도 교회 공동체의 목회자의 감독 아래에서 집례하는 것은 가능하다.

여기서 한 발 더 나아가 보자. 일반적으로 성찬은 세례 받은 자만 받을 수 있는 것으로 알고 있다. 그렇다면 세례 받지 않은 사람은 성찬을 받지 못할까? 루터에게 이 부분은 해석의 여지가 남아 있다. 왜냐하면 '수찬의 전제조건이 세례'라고 명시한 부분을 찾을 수 없기 때문이다. 그 때문에 루터 신학자들 사이에서 '먹고 세례 받는 것인가, 아니면 세례 받고 먹는 것인가?'라는 논쟁이 있다.

보수적 입장을 취하는 측에서는 일반 통념에 기대어 세례 받은 사람만 성찬을 받도록 한다.[12] 그러나 진보적으로 해석하는 측에서는 성찬의 전제조건으로 세례의 유무를 따지지 않는다.

그 이유는 루터에게 성찬은 하나님의 용서와 위로를 뜻하는 것이며, 오직 '자격이 없어서 은총과 위로만 갈구하는 자'라면 성찬의 자격으로 충분하기 때문이다.[13] 교회는 용서하는 곳이지 죄를 만들어 정죄하는 곳이 아니다. 즉 성찬은 용서가 필요하고 위로받고 싶은 사람이라면 누구나 가능하다.

이 그림에 대해 한 가지 덧붙인다면, 성인세례가 아니라 유아세례라는 점이 중요하다. 루터파가 재세례파와 다르다는 것을 이 그림을 통해 보여주고 있다.[14]

| 우측 패널_참회

이 그림은 로마 가톨릭으로 따지면 '고해성사', 우리로는 '참회'라고 불리는 장면을 담고 있다. 내가 몸담고 있는 기독교한국루터회뿐만 아니라 모든 개신교 진영에서 가장 의심 어린 오해를 받아왔던 신학 개념이 바로 이 '참회'라는 부분이다. 몇 가지 이유가 있는데, 가장 우선되는 것은 참회를 가톨릭의 '고해성사'와 같은 맥락에서 이해하기 때문에 아주 낯선 것으로 치부하는 것이다('고해성사'와 관련해서는 4장에서 자세히 다루었

「종교개혁 제단화」우측 패널_참회

다).[15] 참회의 일반적 의미는 과거의 범죄 사실을 기억하고 현재 죄의 상태에 있음을 느끼는 '인식적 요소'와, 죄를 지었음을 슬퍼하고 죄가 사해지기를 원하면서 죄를 혐오하는 '의지적 요소'를 포함하는 개념이다.

제4차 라테란 공의회[1215] 교령에 따르면, 신자는 자신의 죄를 일 년에 최소 1회 이상 사제 앞에 나와 고해해야 한다.[16] 중세 교회는 이를 일곱 가지 성례전 가운데 하나로 받아들여 '고해성사'로 규정하였지만, 루터는 『교회의 바벨론 포로』[1520]에서 단지 성례전적 '의미'로만 받아들일 뿐 성례전으로 인정하지 않았다. 그러면서 죄의 고백은 그리스도인에게 필수적이지만 강제 조항이 될 수 없다는 점, 성례전의 물질적 요소가 없다는 점, 세례는 이미 참회의 요소를 포함하고 있다는 점, 하나님의 말씀에 따른 모든 신자가 서로 해야 할 일이라는 점을 이유로 들었다.[17] 루터에게 참회는 '통회하는 자가 믿음 안에서 형제 자매에게 죄를 고백하고 그리스도의 명령에 따라 용서하는 것'으로 풀어 말할 수 있다. 이는 천국 열쇠의 직무에서 비롯된 것이다.

로마 가톨릭의 고해성사에서는 천국 열쇠의 직무는 사제에게 국한된 반면, 루터에게는 세례 받은 모든 자의 직무에 해당한다. 그리고 가톨릭에서는 최소 일 년에 한 번 정기적인 고해를 통해 자신의 죄를 입으로 일일이 나열해야 할 의무가 있는 반면, 루터에게 참회는 자발적이어야 하고 일일이 나열할 필요가 없다.

종합해서 말하면, 그리스도인은 자발적 참회를 해야 한다. 우선 자신이 죄를 범하거나 깨달았을 경우 목사를 찾아가 고백하고 용서를 받으면 된다. 그러나 목사를 찾아갈 수 없거나 신뢰할 수 없는 경우에는 반드시 교회 공동체 안에 있는 지체 중 누구라도 고백할 수 있는 사람을 찾아가 고백하고, 고백받은 자는 그리스도의 명령에 따라 죄를 용서해야 한다.

참고로, 루터는 '복음의 자유'라는 이름으로 참회를 하지 않아도 된다고 말하는 자들에 대해 그의 책에서 '돼지들'Säue이라고 부른다.[18] 예의 바른 한국어로 번역했지만 사실 '욕'이다.

그림으로 돌아가자. 여기에는 비텐베르크의 담임목사이자 최초의 개신교 청빙 목사인 부겐하겐이 등장한다. 그의 손에는 두개의 열쇠가 들려있다. 일명 '천국의 열쇠'다. "무엇이든지 땅에서 매면 하늘에서도 매일 것이요 무엇이든지 땅에서 풀면 하늘에서도 풀리라"마 18:18는 말씀을 기초로, 하나는 천국을 열고 닫는 열쇠, 다른 하나는 땅의 열쇠다. 로마 교회는 이 구절을 근거로 베드로부터 이어지는 사도적 계승권을 주장하지만, 루터는 이를 모든 신자가 가진 사죄의 권한으로 해석하며 교회 공동체가 반드시 실천해야 할 덕목으로 가르친다. 루터의 말을 인용해 보자.

> 교회는 이것을 분명히 해야 합니다. 바로 이곳에서 우리의 양심은 죄 용서의 말씀과 표징을 통해 매일 위로받고 회복되어야 합니다. 이 일은 우리가 살아 있는 한 계속되어야 합니다. 비록 우리가 죄에 사로잡혀 있지만 성령은 우리를 상하지 않도록 보호하십니다. 왜냐하면 죄 용서의 권세가 있는 교회 공동체 안에서 우리는 성령과 함께 살아가기 때문입니다. 그러므로 여기(교회)에는 두 가지 의미가 내포되어 있습니다. 첫째는 하나님이 우리를 용서하시는 것, 둘째는 우리가 서로를 용서하고 짐을 함께 지며 돕는 것입니다.
>
> 그러므로 죄 용서가 없는 곳이라면 어디나 '교회 밖'입니다. 복음이 있다면 죄 용서가 있다는 것이고, 복음이 없다면 죄 용서가 없다는 뜻입니다. 그러므로 용서가 없는 곳은 교회가 아닙니다. 그런 곳에는 진정한 거룩함도 없습니다. 그러므로 누구든지 복음과 죄 용서 없이 자기 행위와 공로로 거

록함을 얻으려는 자가 있다면, 그는 스스로를 교회에서 축출하고 분리시키는 꼴이 됩니다.[19]

이 내용을 요약하면, 용서 없는 교회는 교회가 아니다'라는 뜻이 된다. 이는 면죄부를 팔며 없는 죄까지도 만들어 돈벌이를 하던 중세 말기 교회에 대한 반反테제로 이해할 수 있다. 루터에게 교회의 직무는 복음의 말씀이 순수하게 선포되고 성례전이 온전하게 집행되며 용서가 실천되는 공동체가 분명하다. 그러므로 루터에게 비그리스도인이라는 말을 현대적 의미로 재해석한다면, 이웃을 가르고 심판하는 자들이 '교회 밖 사람' 곧 비그리스도인이다. 설령 교회에 출석하며 오랫동안 신앙생활을 하고 있다 하더라도 말이다. 이 대목에서 오해가 없기를 바란다. '교회 밖 사람에게는 구원이 없다!'라는 말은 초대 교부 키프리아누스Caecilius Cyprianus, 190?-258의 말Salus extra ecclesiam non est로부터 시작되었는데, 이 말은 보통 '교회 다니지 않으면 모두 지옥 간다'는 종교 배타적 의미로 사용되곤 했다. 그러나 루터는 그런 식으로 가르치지 않는다. 오히려 '교회 밖 사람에게 구원이 없다'는 말은 교회의 본질인 용서를 망각한 사람들, 다시 말해 교회 내부에 자리 잡고 있는 바리새인 같은 그리스도인들을 비판하는 말로 사용된다.

'교회는 죄인 만드는 곳이 아니라 죄를 용서하는 곳이다'라고 누누이 언급하게 만든 맥락이 바로 여기 있다. 교회 안에 있는 그리스도인이라면 누구라도 '죄의 고백과 용서'(참회)를 통해 양심의 위로를 얻고 양심이 강건하게 될 수 있는 기회를 얻는다. 그것은 참회의 형식이나 사제의 권위 때문이 아니라 죄를 용서하겠다는 하나님의 약속이 있기 때문이다.

그림으로 다시 돌아가자. 목사 부겐하겐 앞에 두 사람이 있다. 한 사람은 부겐하겐을 향해 무릎을 꿇고 있고, 다른 한 사람은 손목이 묶인 채 몸은 이미 부겐하겐 반대편을 향해 서 있다. 언제라도 밖으로 나갈 태세다. 이 둘은 서로 대비된다. 한 명은 진심 어린 죄의 고백을 통해 용서를 받지만, 다른 한 사람은 참회의 형식만 취하고 마음은 이미 딴 곳을 향해 있다. 이로써 개신교인의 참회와 로마 교회의 고백성사를 대비시키고 있다. 참회란 '95개조 논제' 제1조에서 언급하고 있듯이 '신자의 전 삶이 돌아서는 회개'이며, 그렇게 돌아서는 이에게 약속된 하나님의 위로와 용서의 선언이다.

| 프레델라_말씀 선포

이 그림은 설교에 관한 것이다. 오른편 설교대에는 루터가 있고, 왼편에는 비텐베르크 주민들이 말씀을 경청하고 있는 중이다. 특이한 것은 중앙에 위치한 십자가의 예수다. 이 공간 벽과 바닥에 붉은색 선들이 불규칙하게 칠해 있는 것은 예수의 피를 상징한다. 즉 이곳은 예수의 십자가와 보혈이 있는 교회라는 것을 알리고 있다.

앞서 언급했다시피, 교회는 복음이 순수하게 선포되는 곳이다. 그렇다면 순수한 복음, 바른 설교란 무엇일까? 이 질문의 답이 여기 담겨 있다. 자세히 보면 아주 흥미로운 장면을 볼 수 있다. 교회에서 목사가 설교하면 회중은 모두 목사를 응시하는 게 맞는데, 이 그림에 나온 사람들은 모두 십자가를 향해 있다. 물론 잘 찾아보면 회중 가운데 한두 사람은 딴짓하는 사람도 있지만, 그것은 웃어넘길 만하다. 회중뿐 아니라 설교자인 루터 역시 십자가에 집중하고 있다. 루터의 왼손은 성서 위에 놓여 있고, 오른손은 검지와 중지를 이용해 십자가를 가리키고 있다. 만일 여기에 엄지까지 펼쳐 있다면 그것은 삼위일체를 뜻하는 것이지만, 검지와 중지를

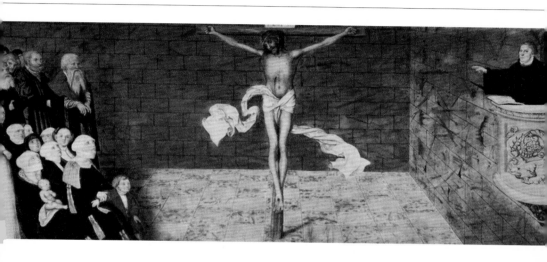

「종교개혁 제단화」 프레델라(제단화 하단부)_말씀 선포

펴는 것은 '참 신이요 참 인간이신 그리스도 예수'를 상징한다. 그렇기에 지금 루터가 설교단에서 한쪽 손을 성서 위에 놓고 다른 손으로 저 모양을 취하고 있는 것은 성서의 모든 말씀이 십자가의 예수를 향하고 있다는 표식이 된다. 루터가 종교개혁을 통해 강조했던 성서 해석 방법이 바로 이것이다. '성서의 모든 말씀은 그리스도를 설교하고, 그리스도를 향하고 있다.'[20]

이 말을 비틀어 보면, 당시 중세 교회에서는 그리스도 중심적인 설교가 행해지지 않고 있었다는 뜻이 된다. 실제로 당시 사제들의 강론 내용은 성서에 대한 내용이 아니라 윤리에 대한 강론이 중심 주제였다. 이런 세태를 꼬집는 것이 바로 이 그림에 담겨 있는 그리스도 중심적 설교다.

이는 오늘날 교회에도 뜨끔한 내용일 수 있다. 기독교 계통의 방송에 등장하는 유명한 설교자들의 설교를 어쩌다 듣고 있으면 저게 설교인가 아니면 만담인가 싶을 때가 한두 번이 아니다. 물론 다 그런 것은 아니지만, 설교 강단인지 자기 놀이터인지 제대로 구분도 못하는 사람들이 유창한 말솜씨로 교인들을 미혹하는 모습이 보기 역겨울 정도다. 루터 당시 중세 교회가 바로 이러했다. 그 때문에 루터와 초기 개신교인들은 '오직 성서', '오직 그리스도', '오직 믿음'의 원리가 교회에 가득하기를 소망했다.

그림 중심부로 눈을 옮겨 보자. 여기에는 십자가의 예수가 한가운데 위치해 있다. 즉 교회와 설교와 성서 말씀의 모든 중심이 십자가의 예수라는 것을 웅변한다. 이번에도 이것을 비틀어 보면, 중세 교회의 중심이 다른 곳에 있었다는 것을 암시한다. 즉 교황으로 대표되는 교권이 교회의 중심이었다. 그러나 종교개혁 정신은 언제나 '권위에 대한 믿음'을 '믿음에 대한 권위'로 대치하는 것이다. 그 어떤 것도 그리스도에 대한 믿음 위에 설 수 없다.

중세 회화를 보면 그리스도가 중심부에 부각되는 경우가 흔치 않다. 오히려 그 자리에 성인들과 마리아가 자리 잡고, 경건의 모델을 보여주는 데 관심을 가졌다.[21] 여기에 십자가를 중심에 옮겨 놓은 것은 루터의 공이다.

여기서 십자가의 예수에게 다시 집중해 보자. 그의 옷인 세마포가 흩날리고 있다. 이를 통해 화가는 십가자의 죽음이 곧 부활 사건이라는 것을 알리고 있다. 그리스도의 죽음과 부활은 동전의 양면과 같은 것이며, 이 십자가가 인간의 체험과 거짓을 넘어서게 한다. 이것이 루터의 '하이델베르크 논제'[1518]로 알려진 '십자가 신학'의 핵심이다.

왼편의 회중을 보자. 맨 앞에는 루터의 아들 한스와 아내 폰 보라가 있고, 뒤에는 주민들이 열심히 십자가를 바라보고 있다. 심지어 갓난아이도 있다. 여기서 잠시 우리 교회 이야기를 하나 해본다.

우리 교회는 좀 특이하다. 교회 크기에 비해 미취학 아동들이 많은데 특별히 '자모실'이 따로 없다. 그렇다 보니 주일 오전 예배는 온 가족이 어쩔 수 없이 함께 모일 수밖에 없는 구조다. 그런데 '경건'(?)해야 할 예배 시간에 아이들이 돌아다니거나 울거나 떼를 써도 누구 하나 제지하지 않는다. 어떤 주일에는 감히 강단 위까지 아무렇지도 않게 저벅거리며 올라오는 아이도 있다. 그런데 별일 아니라는 듯 누구 하나 신경쓰지 않는다. 그냥 웃고 만다. 몇 년 전과 비교하면 사뭇 달라진 교회 풍경이다.

몇 년 전만 하더라도 예배 시간에 아이들 구경하는 것은 '나무에서 고기 열리기를 기대하는 것'과 같았다. 젊은 부부들도 거의 없었거니와 어린 자녀가 있어도 교회에 함께 오지도 않았기 때문이다. 어쩌다 데려올라치면 칭얼거리며 우는 통에 아이 엄마나 주변 사람들이 서로 불편해했다. 엄마들 표현대로 하면, '사방에서 쏟아지는 레이저 광선을 한 몸에 받아내다가 뒤통수에 화상 입었다'고 할 정도였다. 이렇게 주변의 눈초리가 무서워 노이로제에 걸리고, 교회 나오기 싫다고 개인적으로 편지를 보낼 정도였으니, 주일에 아이와 함께 예배 오는 가족 보기란 거짓말 조금 보태서 명절날 설빔 보는 빈도와 비슷했다.

자연스레 젊은 부부들은 교회에 나오는 것을 극히 자제(?)했다. 그런데 실제로 보면 특별히 누가 직접적으로 뭐라 해서 그런 것도 아니었다. 이런 현상은 비단 우리 교회만의 일은 아닐 것이다. 대부분 교회의 경우, 오래된 신자들은 "요즘 젊은 사람들은 애들 신앙 교육을 하나도 안 시킨다"며 사라진 젊은 세대를 탓할 뿐이다.

이런 문제의 해법으로 '자모실'을 교회 본당 뒤편에 만들어 달라는 정식 건의가 있었다. 실제로 자모실 만들기 위해 견적도 내 보고 새 단장을 하려고 했는데 이제는 그 소리가 쏙 들어갔다. 아이들이 돌아다니거나 뛰어다녀도 누구 하나 제지하지 않는다. 아니, 그보다는 아이들을 바라보는 시선이 달라졌다는 편이 더 맞을 것이다. 시선이 달라지니 유초등부 아이들과 젊은 부부들이 하나둘씩 늘어나기 시작했다.

희한한 현상이 하나 더 있다. 꼬맹이들이 늘었으니 당연히 더 시끄러울 텐데 전혀 반대의 상황이 일어나고 있다. 아이들은 엄마 아빠 사이에 앉아 쫑알거리며 일반 어른들도 낯선 루터교회 예배 의식문에 나오는 기도와 찬송을 따라 하기도 하고, 엄마 아빠는 신기한 듯 사랑의 얼굴로 아이를 바라본다. 매주 나누는 성찬 때 아이들은 특별히 부모 손을 잡고 제단으로 나와 고사리 같은 손을 곱게 모은 채 축복기도를 받는다. 이제 막 걷기 시작한 아이들도 뒤뚱거리며 나오고, 예배 시간에 사탕 빼앗긴 아이는 성찬 때 앞에 나와 눈물을 뚝뚝 흘리며 엄마 아빠의 만행을 나에게 고자질하기도 한다. 우는 자와 함께 같이 울어 줘야 할 텐데, 이 꼬맹이들과 함께 울어 주지는 못하지만 성찬을 집례하는 나도 그렇고 주변에 있는 사람 모두 미소 한가득이다. 이런 모습은 우리 교회에서 매주 예배 시간에 일어나는 실제 상황들이다. 매주 제단 앞에서 목사가 자기 자식 붙잡고 축복기도 해주는 교회를 마다할 아이 부모가 어디 있고, 모두가 함께 사랑의 미소와 눈길로 지켜봐 주는 교회를 싫다고 말할 성도가 어디 있을까? 내가 생각해도 몇 년 전과 비교하면 전혀 다른 교회다. 왜 이렇게 변했을까?

여기에는 이유가 있다. 내 진단으로는 그동안 꾸준히 가르친 예배 교육 때문이다. 예수님도 아이들이 가까이 오는 것을 막지 말라고 강조했고, 초대 교회도 그렇게 함께 예배하는 것을 기쁨으로 삼았다. 교회는 태생부터(심지어 중세 교회마저도) 온 가족이 함께 모여 참여하는 예배에 방점을 두었다. 루터의 경우에는 『대교리문답』과 『소교리문답』을 통해 언제나 자녀의 신앙 교육을 강조했고, 실제로 이를 예배에 적용하고 실천했다. 아이는 부모와 함께 설교대 앞쪽에 앉고(하나님과 가장 가까운 자리), 앞에서 다룬 코랄이라는 회중 찬송을 통해 온 회중이 조화로운 화음으로 찬송했다. 이는 「종교개혁 제단화」에서도 분명히 알 수 있는 대목이다.

아이가 우는 것, 소리 지르는 것, 뛰어다니는 것은 모두 자연스러운 모습이다. 하나님은 우리를 자연스럽게 만드셨고, 그 자연스러운 모습 그대로 받으신다. 서로가 다르지만 다른 모습들은 틀린 모습이 아니다. 이것은 마치 피아노 건반이 흰색과 검정으로 나뉘어 조화로운 선율을 자아내는 것과 같다. 서로가 이해하고 포용하면 서로의 다름은 아름다운 창조가 된다. 아이와 함께하는 교회의 예배도 이와 같다. 아이는 배고프면 울고, 화나면 소리 지르고, 호기심이 나면 묻고, 신기한 게 있으면 달음박질해서라도 쫓아간다. 이것은 하나님이 우리를 만드신 아주 자연스런 모습이다.

그렇다면, 이제 우리의 상황에 맞추어 질문해 보자. 이런 자연스런 모습을 강제로 제지하는 것을 과연 '기독교적'이라고 할 수 있을까? 예배 공간에서 아이를 분리시키는 것을 '기독교적'이라고 할 수 있을까?

분명 아니다. 우리 교회는 아이들을 위한 특별한 예배 교육이 없다. 어떤 교회처럼 아이들을 위한 영어예배나 특성화 교육 같은 것은 엄두도 못 내고, 그럴 생각도 없다. 그러나 우리 교회 아이와 부모들, 그리고 다른 교인들은 한 공간에서 같은 시간에 함께 예배하는 것을 아주 행복해한다. 웃는 소리, 우리 소리, 떼쓰는 소리마저 행복하게 듣는다. 아이들은 가족과 함께하는 공동예배를 통해 몸으로 자연스럽게 신앙을 교육받고 교회의 한 몸이 된다. 온 세대가 말씀과 성찬, 기도와 찬송과 감사에 함께 휘감겨 들어가는 곳이 복된 예배의 모습이고, 교회가 해야 할 자녀 교육의 첫걸음이기 때문이다.

아이들이 떠든다고 눈총을 주던 시절에는 모두가 불편했는데, 이제는 떠들던 아이들도 가족과 함께 참다운 교회 공동체에 녹아들기 시작했다. 매주 성찬 시간에 아이들과 함께하는 특별한 시간이 큰 몫을 차지하고 있다고 나름대로 판단해 본다. 물론 넉넉해진 교인들의 마음이 가장 큰 버팀목인 것은 당연지사다. 그러니 예배 중간에 제단 위로 아무렇지도 않게 성큼성큼 올라오는 아이의 모습은 오히려 온 교인의 푸근한 미소거리가 된다. 우리 교회에서 주일예배에 참여해 본 사람은 다 알겠지만 아이들 때문에 천국이 따로 없다. 목사의 거룩한 설교를 위해 예배에서 아이들을 분리한다? 이것은 좀 생각해 볼 문제다.

만인사제직과 여성 목사 제도

루터가 가르친 교회론 가운데 중세 교회에 충격적이었던 주제가 몇 가지 있는데, 그중에서도 가장 강력한 것은 '모든 신자의 만인사제직'에 관한 내용이다. 그 핵심은 '세례 받은 모든 그리스도인은 서로에게 사제가 된다'는 뜻이니, 이는 '사제에게만 고해할 수 있고, 사제만 용서할 수 있다'는 교회 비밀 창고 빗장을 열어 버린 것이다. 즉 루터는 만인사제직을 통해 죄 용서에 관한 천국 열쇠의 직무를 '사제로부터 사제 집단(세례 받은 모든 사람)에게 넘겨준 것'이다. 그러니 중세인들에게는 충격일 수밖에 없었다.

이것은 본질적으로 '동료애'(Bruderschaft, '형제애'로 번역하는 것이 일반적이다)를 의미하는 것이다. 그리고 이 안에는 원칙적으로 남자와 여자의 구별이 없다. 여자도 당연히 동료가 내어놓는 죄의 고백을 듣고 용서를 선포할 권리가 있으며, 그 역도 가능하다. 그러므로 "모든 세례 받은 여자는 모든 세례 받은 남자의 영적 자매들이다."[22]

물론 앞에서 언급했듯이 루터는 '시대의 아들'이다. 즉 철저히 중세적 사고와 시스템 안에 살던 인물이다. 그러니 만인사제직에서 얻은 관점을 충분히 개진하지 못했고, 여성 목사 제도에 대해 생각하지도 못했다.

그렇다고 해서 막무가내로 여성 목사직을 막은 것이 아니라 오히려 그 물꼬를 터 놓았다.

하나님은 여러분 모두를 자유롭게 하셨고, 그 자유를 누리도록 부르셨습니다. 이것은 우리 같은 그리스도인이 터키의 야만족과 다른 점입니다. 만일 당신이 그리스도인으로 대접받고 싶다면, 타인 또한 차별하지 말아야 합니다. 사도 바울이 갈라디아서 3장에서 가르치고 있듯이 남자나 여자나, 종이나 주인이나, 나이가 많거나 어리거나 차별하지 마십시오. 우리는 모두 거룩한 백성입니다. 그 때문에 우리는 모두 하나님의 말씀을 선포할 수 있는 제사장(사제)입니다. 그러니 여자는 설교할 수 없고 남자만 할 수 있다고 하지 마십시오. 그렇지 않습니다. 사도 바울이 고린도전서 14:33 이하에서 여자는 남자에게 복종하라고 했다고 하면서 여자가 설교하는 것을 비난하는 자들이 있습니다. 그러나 여러분, 바울이 언급한 것은 하나님이 '그때, 그 자리에' 필요해서 만든 질서일 뿐입니다. 그러니 이 구절을 강제 조항으로 내세우지 마십시오.[23]

이것은 1524년 루터의 갈라디아서 3장 설교 인용문이다. 여기서 여성 설교자의 가능성을 언급했다는 점은 시대를 앞선 생각이었다. 시대적 제약 때문에 현실화되지 못했지만 만인사제직의 관점에서 보자면 여성 목사 제도는 당연한 수순이라 할 수 있고, 실제로 현대 개신교 대다수가 용인하고 있는 여성 목사 제도에 대한 기본 전제가 된다. 이에 비해, 바울의 고린도전서 14:33 이하에 나오는 구절은 보통 교회 내에서 여성 차별의 문제를 야기하곤 한다. 이 구절을 근거로 여성 목사를 한사코 반대하는 교단도 많다.

전 세계적으로 보면 여성 목사를 초기부터 세운 곳도 루터교단이고, 아마도 여성 목사 수가 가장 많은 교단도 루터교단일 것이다. 그런데 내가 몸담고 있는 기독교한국루터회의 경우, 루터교단이지만 아직 여성 목사직에 관해 관심도 없고 신학적으로 논의조차 되지 않고 있다. 1950년대 후반 루터파에서 극보수로 꼽히는 미국 미조리 시노드 계열에 의해 선교된 까닭에 이런 논의가 아직 금기시되고 있는 듯하다.

상황이 이 정도이니 사회 문제나 교회 내 성차별을 논의하는 것이 우리 안에서는 먼 나라 일처럼 보인다. 헤겔Georg Wilhelm Friedrich Hegel, 1770-1831이 말하기를 '근대란 질문하는 힘'이라고 했다. 뒤집어 말하면, 질문하는 힘이 없다면 21세기라고 해도 '중세'라는 뜻이다. 역사적으로 보더라도 종교개혁이 중세를 끝내고 근세로 나아가게 만든 근본적 힘이 바로 이것이다. 질문하는 힘! 이전 것을 그대로 받아들이는 게 좋은 전통인 줄 착각하지 말아야 한다.

'오래된 것이라고 교회가 무작정 전통으로 받아들이는 것은 성서의 정신에 위배되는 것이다. 그런 것들로 죄가 용서되는 것도 아니고 의롭다고 여겨지는 게 아니기 때문이다.'[24] 옛날부터 그랬으니 성직자는 이런 옷을 입어야 하고, 십자성호를 이렇게 긋고, 손모양은 이렇게 모아야 한다는 식으로 가르치고 강요한다고 칭의가 되는 게 아니다. 그런 것은 그저 해도 되고 안 해도 되는 일종의 부가적 산물일 뿐이다. 그보다 중요한 것은 그 안에 담긴 정신이 무엇인지 고민하여 새롭게 해석해 내는 것이다.

여성 목사직 외에도 질문해야 할 것들이 많다. 분명한 것은 지금은 중세가 아니라는 사실이다. 어느 정도 지식의 축적과 사고의 개방성이 담보된 시대다. 옛것이라고 무조건 좋은 게 아니다. 질문하고 논의해서 새롭게 다져 가야 한다. 그것이 우리 안에 숨겨진 중세 교회를 끝내는 길이다.

21세기에 루터가 한국 교회를 찾아온다면 만인사제직을 뭐라고 풀어놓을까? 모르긴 몰라도 여성 안수 거부하는 교회는 꼭 찾아갈 것 같다. 교회 안의 여성은 주방 봉사와 청소, 커피 서빙에 특화된 직무로 소명 받은 게 아니다.

서문에서 밝혔듯이, 2017년 4월 종교개혁 500주년 특집 CBS 다큐멘터리 「다시 쓰는 루터로드」 제작 때문에 10일간 독일에 있는 종교개혁 관련 주요 도시를 탐방한 일이 있었다. 2017년 10월에 방송될 예정인데, 출연진으로는 JTBC 「비정상회담」 프로그램에 출연했던 다니엘 린데만, 한국기독교청년협의회 남기평 총무, 싱어송라이터 제이미 스톤즈, 그리고 목사인 나, 이렇게 넷이 등장한다. 단순한 여행 프로그램이 아니라 중요한 종교개혁지를 찾아 역사와 신학을 설명하고, 한국 교회와 오버랩하며 비판적으로 숙고하며, 동시에 네 명의 여정을 통해 여행의 묘미를 가미한 다큐 프로그램이다.

이전에 직접 가본 도시라고는 비텐베르크 정도밖에 없고 나머지는 모두 책으로만 본 도시들이기 때문에, 한국에서 종교개혁의 역사와 신학을 가르치면서도 항상 뭔가 2퍼센트 부족한 것을 느꼈다. 그래서 출장을 준비하면서 단단히 마음먹었던 것 중 하나는 머릿속에 있는 것을 눈으로 확인하고 오는 것과 더불어 이전에 눈여겨보지 않았던 자료들을 사진으로 담아 오는 것이었다. 예상대로 탐방으로 인해 머릿속에서 질서 없이 돌아다니던 퍼즐들이 가지런히 정리되는 감동과 기쁨을 얻었다. 예를 들어, 그림과 조각의 크기나 거리·조명·분위기 같은 것들은 실제 그 장소에 가보지 않으면 느낄 수 없는 것들인데, 이런 것들을 동료들과 직접 체험하면서 이래저래 소소한 깨달음들을 나누는 좋은 기회였다.

여담이지만, 방송될 분량 외에 총 열두 명의 스텝들이 함께 먹고 자고 움직이며 나누었던 보석 같은 이야기들이 많다. 그중 몇 명은 종교개혁 이야기를 함께 나누는 가운데 속에 맺혀 있던 응어리가 풀리고 눈시울을 붉히는 경험을 하면서 이 여정을 '개신교 신학 힐링 캠프'에 비유하기도 했다. 아무튼 나는 거의 인솔자와 같은 역할로 가게 되었지만, 실은 거의 모두 책으로만 보던 것들이었기에 어디를 가든지 구술시험을 보는 듯한 긴장감으로 임해야 했다. 지금이야 다 끝난 마당이니 속 시원하지만, 돌아보면 당시 몸으로 배우고 새롭게 새긴 개신교 신학들이 상당했던 것 같다.

그렇게 돌아본 여러 장소 가운데 예상치 못한 감동을 맛본 도시가 바로 토르가우Torgau다. 비텐베르크를 '종교개혁의 어머니'Mutter der Reformation라고 부르는 반면, 이 도시는 '종교개혁의 유모'Amme der Reformation로 불린다. 이 두 도시는 여러 모로 닮았다. 비슷한 크기뿐만 아니라 도시 안에 이름이 같은 두 교회가 있다. '마리아 교회'라고도 불리는 시 교회와 성 안에 있는 성채 교회Schloßkirche가 그것이다. 게다가 종교개혁 신학의 산파 역할을 했다는 점도 유사하다. 루터파 신앙고백 문서 중 가장 중요하게 꼽히는 것이 『아우구스부르크 신앙고백서』1530인데, 이 문서의 기초가 바로 이곳 토르가우에서 만들어졌다. 루터, 멜란히톤, 부겐하겐, 요나스Justus Jonas der Altere가 함께 모여 작성한 것이 바로 '토르가우 신조'1530다. 여기에 덧붙여 이 도시가 중요한 것은 1552년 루터의 부인 카타리나 폰 보라가 임종한 곳이기 때문이기도 하다.[25] 그 외에도 비텐베르크와 비견할 만한 것들이 많지만, 이곳은 무엇보다 개신교 최초의 교회당인 토르가우 성채 교회가 있는 도시로 유명하다. 단순히 최초의 교회이기 때문만은 아니다. 설계하는 단계부터 루터가 직접 관여했고, 그 때문에 이 교회의 위치와 구조와 장식물은 모두 종교개혁 신학을 오롯이 담고 있다. 게다가 앞에서 언급했듯이 1544년 10월 5일 입당 예배 당시 루터가 직접 설교를 했는데, 이날 설교가 개신교 예배론에서 가장 중요한 골자가 되었다.

토르가우 하르텐펠스 성, 드론 촬영

토르가우 하르텐펠스 성 광장

비텐베르크 시 교회 「종교개혁 제단화」에서 살펴본 것처럼, 당시 예술 작품들은 단순한 장식용이 아니라 신학이 담긴 신앙고백적 요소와 정치적 요소가 함께 어우러져 있다. 토르가우에 있는 성채 교회 역시 동일하다. 토르가우 성의 정식 명칭은 하르텐펠스Hartenfels 성이다. 글자 그대로 번역하면 '견고한 성'이니, 어쩌면 「내 주는 강한 성이요」에 등장하는 그런 성일 가능성도 있다.

성 입구로 들어서자마자 특이한 것을 발견하게 된다. 적의 침입을 막기 위해 성 주위를 깊게 판 해자에 불곰 세 마리가 어슬렁거린다. 마치 동물원 같은 분위기가 연출되는데, 실은 영주들이 자기의 힘을 과시하기 위해 설치한 것으로 꽤 오랜 역사가 있다고 한다. 어쨌거나 최초의 개신교회를 확인하기 위해 설레는 맘으로 성 입구 안쪽으로 들어서면, 우선 성으로 둘러싸인 너른 광장을 만나게 된다.

그런데 교회가 한눈에 들어오지 않는다. 보통 교회라고 하면 높은 첨탑 또는 십자가가 보여야 하고, 아니면 최소한 교회 단독 건물이라도 있어야 하는데 그런 것은 하나도 보이지 않는다. 입구에서 보면 여러 개의 문들이 보이는데, 어떤 문은 화장실, 어떤 문은 도서관, 어떤 문은 성 본관으로 들어가는 문 등 여러 문들이 거의 같은 모양으로 만들어져 있다. 그런데 아무리 보아도 어떤 것이 교회로 들어가는 문인지 알아채기가 어렵다. 교회를 찾는 게 마치 월리 찾기 같다.

그런데 자세히 살펴보면 다른 문들과 달리 교회 입구의 구별된 특징 하나가 있다. 문 옆에 아치형 대리석 부조와 그 위에 조그맣게 사각형의 부조가 새겨져 있는 곳이 있는데, 바로 거기가 개신교 최초의 교회인 토르가우 성채 교회 입구다.

여기 새겨진 아치형 부조들을 잘 살펴보면, 십자가 · 신포도주를 적신

토르가우 성채 교회 입구

해면·가시 면류관·세 개의 못·돈주머니·채찍·횃불·닭 같은 것들이 새겨져 있다. 모두 십자가 사건과 관련된 조각들이다. 그리고 그 안에 들어가면 아주 단출한 형태의 교회당 모습이 기존 교회와 달리 개신교가 어떤 것인지를 알려 주고 있다. 여기서 드는 한 가지 의문이 있다.

왜 하필 최초의 개신교회를 한눈에 알아보지 못하게 공공건물 속에 꼭꼭 숨겨 놓았을까? 여기에는 아주 기가 막힌 이유가 담겨 있다. 앞에서 언급했듯이 이 교회를 지을 때 루터가 직접 관여했다고 알려져 있다. 그런데 루터가 성서를 통해 발견한 교회는 어떤 건물이나 장소가 아니었다. 교회 건물이 필요한 것은 단지 모여서 말씀과 성례전을 함께 나누는 거룩한 성도의 교제가 필요하기 때문이라고 그는 설명한다. 교회는 건물이 아니라 신자들의 모임이다. 여기서 중요한 것은 '건물'이 아니라 '사람'이다. 그리고 이런 신자들의 모임이 세상과 구별된 곳에 안착하는 것이 아니라 세상 속에 들어가서 빛과 소금의 역할을 하는 것, 그것이 바로 교회라고 가르친다. 그 때문에 토르가우 교회는 의도적으로 공공건물 안에 별다른 외형적 특징 없이 숨어 있다. 이를 통해 말하고자 하는 것은, '교회란 세상 속에서 함께 살아가야 한다'는 것이다. 특별하게 멋진 장식을 하며 자기를 드러내기 위해 한없이 거룩한 것으로 치장하는 게 교회가 아니라, 세상 속에서 함께 어울려 살아가는 것이 신자 공동체 곧 교회다.

이런 생각은 당시 중세 교회와 비교하면 혁명적이었다. 이전에는 교회라고 하면 특별한 건물을 말하고, 무언가 구별된 장식, 구별된 공간 속에서 있어야 한다고 믿었다. 그러나 종교개혁은 교회와 성도란 '세상 속에서 살아가는 것'이며, 그 믿음의 일상이 거룩하다는 점(곧 '일상 속의 거룩함')을 우리에게 가르친다.

물론 그리스도인이 비그리스도인과 구별되는 것도 분명히 존재한다.

교회 입구에 있던 십자가 수난의 조각을 떠올려 보면 쉽게 의미를 유추할 수 있다. 즉 교회 공동체가 되는 삶이란 십자가의 고난을 통과하는 삶과 같다. 루터의 말대로 하자면, "십자가 없이 그리스도인 될 수 없다." 그 십자가를 통과해 들어갈 때, 비로소 말씀과 성례전이라는 생명의 신비를 함께 누릴 수 있다는 것이다.

그다음에 중요한 것은, 그 교회에 들어간 사람들은 평생 교회 안에서 집을 짓고 사는 것이 아니라 예배의 감격을 안고 다시 일상의 삶으로 나와야 한다는 것이다. 그 나온 자리가 어디인가? 바로 우리가 살아가는 일상이다. 그 속에서 모든 신자가 각자 이웃을 위한 제사장으로, 이웃을 위한 그리스도로 살아야 할 책임을 갖게 된다. 이것이 모든 신자의 만인사제직이고, 직업 소명론의 골자이며, 최근 들어 한국에서 주목받고 있는 디아코니아 사역의 근거다.

독일로 종교개혁지 탐방을 떠난 사람들 가운데 개신교회라고 해서 들어갔다가 의아해하는 분들이 많다. 왜냐하면 가톨릭 교회당과 별 차이 없어 보이는 곳이 대부분이기 때문이다. 그럴 수밖에 없는 이유가 있다. 루터의 종교개혁 신학 가운데 한 가지로 꼽을 수 있는 것이 '아디아포라'adiapora 신학인데, 무엇이든 신앙에 도움이 된다면 받아들일 수 있고 언제든 수정 가능하다는 게 핵심이다. 이것을 약간 비틀어 말하면, 개신교회라고 해서 '옛것을 무조건 때려 부수지 않는다'는 말이 된다. 루터에게는 건물이 문제가 아니라 항상 사람이 문제였기 때문에 이전부터 교회당으로 사용되던 건물을 그 모습 그대로 모임의 장소로 사용하는 것이 무방했다.

그럼에도 불구하고 루터는 개혁 정신이 녹아들어 있는 새로운 형태의 교회당이 있기를 소망했다. 앞서 교회당 입구를 짧게 설명했지만, 내부로

토르가우 성채 교회 내부 전면부

들어가면 더욱 강렬한 개신교 색채를 느낄 수 있다.

내부로 들어가 이전 중세 교회 외형과 구별되는 특징을 몇 가지 찾아보자. 우선 교회 장식이 매우 단출해졌다. 성화나 조각이 거의 보이지 않는다. 내부는 설교단과 성찬대가 가장 눈에 들어온다. 오르간이 앞쪽에 있다. 그리고 교회 내에 묘지가 없다. 참고로 16세기 당시 토르가우 교회 내부와 달라진 게 하나 있는데, 지금은 의자가 비치되어 있지만 당시에는 의자가 없었다. 그저 사람들이 모여 설교대 앞에서 설교 듣고, 이어서 성찬대 앞으로 자리를 옮겨 성찬을 나누었다. 루터파의 교회관이 '말씀과 성례전이 있는 신자의 모임'(『아우구스부르크 신앙고백서』 제7항)이기 때문에 본질에 집중하기 위한 구조다. 게다가 루터의 『대교리문답』 십계명 제1계명에서 강조되듯, '형상 금지' 조항에 대한 생각도 이곳을 단출하게 만든 요인으로 작용했다.

모두 그런 것은 아니지만, 통상 오래된 교회 건물은 제대의 방향을 동쪽으로 하는 경우가 많다. 해가 뜨는 동쪽을 빛이신 그리스도의 방향이라고 여겼기 때문인데, 비텐베르크의 경우 성채 교회와 시 교회 모두 이 원리를 따라 지어졌다. 우리로 따지면 일종의 풍수지리 같은 것이다. 그러나 토르가우 교회당은 이 형식을 파괴하고 있다. 성찬대의 방향은 방위를 전혀 고려하지 않았다. 그저 교회당의 기능에만 집중하고 있다.

파이프 오르간이 제단 전면에 있다는 것 역시 아주 특이하다. 기존 교회에서는 오르간을 뒤편에 설치하든지 아니면 앞쪽에 위치할 경우 가능하면 보이지 않도록 제단화로 가려 놓는 경우가 일반적이다. 그러나 토르가우 교회는 이런 고정관념을 정면으로 뒤집어 버리는데, 그것은 음악에 대한 루터의 이해 때문이다. 앞에서 다루었듯이, 루터에게 음악은 하나님의 선물이고 악마를 사냥하는 도구다. 그런 의미에서 이런 신성한 도구를 교회 건물 속에 숨겨 놓지 않고 전면에 배치한 것은 당연한 일이다.

그다음 이야깃거리는 파이프 오르간 밑에 있는 성찬대다. 가톨릭 교회의 제대와 비교해서 아주 작고 보잘것없다. 폼 나게 큰 것도 아니고, 그렇다고 장식이 화려한 것도 아니다. 게다가 성찬대 주변은 개방형으로 되어 있어서 누구나 그 주위를 둘러 지나갈 수 있게 되어 있다. 원래 이곳에 의자가 없었다는 것을 고려해 본다면, 설교가 끝난 다음 회중들은 어떤 형식 없이 자연스럽게 성찬대 주변으로 모여 떡과 잔을 함께 나누었을 것이다. 루터가 신학적으로 중요하게 여긴 것이 바로 이 지점이다. 보이는 말씀인 떡과 잔을 자연스럽게 나누는 가운데 어떤 규율이나 형식의 매임 없이 본질에 집중하는 것이다.

예배 의식이 있는 전례 교회를 일반 개신교 신자들이 꺼리는 이유 가운데 하나는 '예배가 딱딱하다'는 것이다. 그럴 수밖에 없는 것이, 예배 의식이 그 의미와 본질을 잃어버리고 그저 '옛것은 무조건 좋은 것!'이라는 식으로 무비판적으로 수용하고 형식화하면 나타나는 현상이 바로 '딱딱하다'는 것이다. 그러나 반대로 예배 의식의 본질이 무엇인지 바로 알고 제대로 사용할 수 있다면, 전례 예배는 교회의 신학을 담아낼 수 있는 좋은 그릇이 된다. '형식이 있으나 자유로운 것', 그것은 좋은 전례 예배를 직접 경험해 본 사람만이 맛볼 수 있는 예배의 신비다.

성찬대 주위를 돌아보면, 기존 중세 교회와 다른 것을 또 하나 발견할 수 있다. 앞서 언급한 대로 '무덤이 없다'는 것이다. 여기서 유럽의 '장묘 문화'를 잠시 이야기할까 한다. 유럽에 가면 참 낯선 풍경이 많은데 그중 하나가 바로 이것이다. 우리는 '공동묘지' 하면 마을에서 떨어진 음습한 산속에 구미호가 나올 것 같은 곳을 떠올리지만, 유럽은 공동묘지가 시내 한가운데 자리 잡고 있다. 심지어 오래된 교회는 여지없이 교회 내부에 묘들이 그득하던지, 아니면 아예 교회 마당이 공동묘지인 경우도 많았다.

왜 이렇게 했을까? 앞서 누차 강조했지만 중세란 완벽에 가까운 종교 세계였다. 그러니 인간의 죽음과 삶은 그리 멀리 떨어져 있지 않았고, '안방에서 건넛방 가듯' 죽음을 맞이하기도 했다. 다만 그 중간 역할을 교회가 했다는 점이 현대와 차별적이다. 유럽 사회에도 고대에는 시신을 주거지에서 먼 곳에 매장하는 강제적 법령이 있었지만, 중세로 넘어가면서 이런 경향은 완전히 뒤집어진다. 이것은 아마도 성자 숭배 사상과 연옥 교리와 상당한 관련이 있을 것으로 추측된다.

시신을 거룩한 자(성자)들이 묻힌 곳에 함께 묻으면 그의 공로를 힘입어서 내세에서도 그의 보호를 받을 수 있다고 생각한 것이다(참고로 이런 사상의 기원을 아프리카 원시 부족 문화에서 기인한 것으로 보는 종교학자들이 많다). 이것이 발전하여 사람들은 시신을 교회에서 멀지 않은 곳에 묻기 시작했고, 결국 교회 앞마당에 공동묘지를 만들거나 교회 내부에 묘지를 만들게 되었다. 그중 돈 많고 권력 있는 사람일수록 교회당 내에 시신을 안장하는 일이 다반사였다.

이를 통해 중세 시대 교회는 교회 운영 재정의 가장 큰 부분을 유지했다. '구석 미사' 또는 '위령 미사'라고 불리는 미사가 바로 이것이다. 죽은 가족의 묘를 교회에 안치하고 돈을 내면 사제가 매일 정해진 시간만큼 가족을 대신해서 중보기도와 미사를 대신 드렸다. 당연히 헌금의 크기에 따라 기도의 양은 비례했다. 심지어 그 기도의 양만큼 연옥의 벌이 경감될 수 있다고 믿었다. 루터는 이런 미사 행태를 미신적인 것으로 신랄하게 비판하면서 교회에서 필히 제거되어야 할 구습으로 꼽았다. 그러한 맥락에서 최초의 개신교 예배당인 토르가우 성채 교회에 무덤이 없는 것은 당연한 일이다.[26]

이제 이 교회에서 가장 빛나는 요소인 설교대로 눈을 돌려 보자. 설교대가 교회당 중앙에 위치한 까닭은 그리 특별한 게 아니다. 간혹 '하나님의 말씀이 교회의 중심'이니 이렇게 중앙에 설교대를 놓았다는 설명도 있지만, 알고 보면 정중앙은 아닐지라도 이런 식으로 가운데 배치한 교회들을 흔하게 발견할 수 있다. 당시 마이크가 없었기 때문에 가장 잘 들리는 위치를 찾은 것뿐이니 그리 큰 의미를 둘 이유는 없다. 그러나 이제 언급할 설교대는 보통 특별한 게 아니다. 위치 때문이 아니라 여기 새겨진 세 편의 부조 때문인데, 종교개혁 신학의 원리가 무엇인지, 개신교회란 어떤 곳이어야 하는지, 그 거대한 신학적 설명을 여기에 간명하게 드러내고 있다. 세 편의 부조는 모두 복음서에 나오는 사건을 담고 있다.

우선 가장 왼편의 부조는 예수가 간음한 여인과 둘러선 사람들 사이에서 "너희 중에 죄 없는 자가 먼저 돌로 치라"고 하시며 땅바닥에 무엇인가를 쓰신 요한복음 8장의 사건을 담고 있다. 이것을 통해 말하고자 하는 것은 '교회는 죄를 용서하는 곳'이라는 사상이다. 앞에서 강조했듯이, 루터의 신학에서 이것은 매우 중요하다.

중앙에는 열두 살 예수가 예루살렘 성전에 들어가 종교 선생들을 가르치던 사건을 새겨 놓았다. 누가복음 2장에 나오는 이 장면에서 예수는 가장 중앙 상석에 자리 잡고, 손에 성서를 들고 그 밑에 있는 종교지도자들을 가르치신다. 이를 통해 '교회는 말씀이 가장 중심에 있어야 한다'는 것을 나타내고 있는 것이다.

그리고 우측 부조는 요한복음 2:13-17에 나오는 성전 정화 사건이다. 재미있는 것은 이 우측 부조가 누구를 위한 조각인가 하는 것이다. 시대를 500년 전으로 거슬러 올라가 보자. 아무리 개신교 최초의 교회당이라고는 하지만 중세 신분제 질서를 뛰어넘을 수는 없었다. 교회를 건축하

루터의 재발견

토르가우 성채 교회 설교단 좌측 부조와 중앙 부조

는 데 막대한 자금을 요한 프리드리히가 지원했고, 다른 제후들의 공로를 무시할 수 없었다. 그래서 이 교회에는 귀족과 평민의 구분이 있었는데, 1층은 평민, 2층 뒷좌석은 영주와 귀족들의 좌석으로 배치되었다.

지금도 이 교회에 가보면 2층 뒤편 벽면에 영주들의 깃발들이 새겨져 있다. 그런데 그 좌석에 앉아서 설교대를 바라보면 세 가지 부조 가운데 오직 한 면 곧 예수가 채찍을 들고 성전의 환전상들을 뒤엎어 버리는 장면만 보이는데, 사실 이것은 의도적이다. 교회 내에서 돈 많이 내는 사람이라고 해서 목에 힘주지 말라는 '경고'다. 교회란 영주나 귀족의 돈으로 움직이는 곳이 아니라 오직 믿음으로 움직이는 곳이라는 것을 이 부조는 가르친다.

종합해 보면, 중앙의 열두 살 예수의 모습을 통해서는 '오직 성서', 좌측 용서의 조각을 통해서는 '오직 은총', 우측의 성전정화 사건을 통해서는 '오직 믿음'이라는 종교개혁 원리를 보여준다.

토르가우 성채 교회를 둘러보면서 한국 교회를 반추해 본다. 과연 우리는 종교개혁 정신을 이어받은 개신교회인가?

토르가우 성채 교회 내부 후면부(↕)
토르가우 성채 교회 설교단 우측 부조(⋯▸)

만인사제직과 소비자 고발 프로그램

나는 가끔 소비자 고발 프로그램에 넋이 빠진다. 그동안 믿고 먹었던 음식, 믿고 다녔던 소문난 맛집, 믿고 소비했던 물품들의 진실이 하나하나 벗겨질 때마다 배신감에 욕지기가 목구멍까지 차오른다. 그래서 이제는 물건 하나를 고를 때라도 그 프로그램에서 보았던 물품과 먹거리들은 다시 한 번 생각하고 구입하며 먹게 된다. 물론 가끔 몇몇 오보로 인해 문제가 되는 경우도 있지만, 소비자가 똑똑해지자 '양심 업체'들은 오히려 빛을 보기 시작했다.

소비자 고발 프로그램은 통념 속에 숨어 있던 불량품을 가려내고 착하고 바른 제품의 가치를 되살린다. 이 프로그램이 지향하는 바는 단순히 물건을 골라내는 데 있지 않고 소비자가 똑똑해지는 데 있다. 그래서 소비자 스스로 불량품과 착한 물품을 구별할 수 있게 만든다. 그렇게 해서 불량품이 사라지고 착하고 바른 것들이 가득 찬 사회로 만드는 게 이 프로그램의 최종 목표라고 할 수 있다.

그런데 잘 생각해 보면 이런 원리는 교회 역사에도 적용할 수 있다. 종교개혁의 역사가 바로 그런 것 아닌가? 불량 교회와 불량 신학을 고발하고, 그 자리에 착하고 바른 교회를 세우는 것이 종교개혁이었다. 게다가 그 최종 목표는 단순히 골라내는 데 있지 않고, 신자 스스로 똑똑해져서 불량 교회와 불량 성직자를 퇴출시키고, 착하고 바른 교회, 착하고 바른 목사, 착하고 바른 신학을 이 땅에 구현하는 데 있다. 이것은 하나님 나라와 하나님의 의가 이 땅에 임하게 해달라는 간구와 맞닿아 있다.

여기서 신학 이야기 하나 해보자. 종교개혁의 배경이 되는 중세 시대에는 권위의 위계질서가 뚜렷했다. 당시 교회와 사회를 지탱하는 버팀목 역할은 오직 이 권위 체계였다고 할 만하다. 교황·주교·사제·수도사 같은 영적 계급이 군주·영주·직공·농부·노예와 같은 세속 계급 위에 있어서 세상을 유지시키는 근간이 된다고 가르쳤다.

그러나 종교개혁자 루터는 영적 계급과 세속 계급을 그렇게 구분하는 것은 위선이고 조작이며 거짓이라고 비판했다. 이에 대한 성서적 근거는 뚜렷하다. "너희는 택하신 족속이요 왕 같은 제사장들이요 거룩한 나라요 그의 소유가 된 백성이니"벧전 2:9, "그들로 우리 하나님 앞에서 나라와 제사장들을 삼으셨으니"계 5:10.

루터는 그러한 토대 위에서 개신교만이 가질 수 있는 가장 위대한 가르침을 깨닫게 되는데, 바로 만인사제론이다. '모두가 하나님 앞에서 동등한 제사장의 직무를 소명 받았다.' 이것은 당시로서는 혁명적 선언이었다. 그런데 어쩌면 지금 이 시대 교회에도 '혁명적'일 수도 있겠다.

너무 혁명적이어서일까? 간혹 제목만 보고 많은 사람들이 만인사제직의 내용은 잘 들여다보지 않으려 한다. 앞에서 언급했듯이, 루터의 3대 논문 가운데 가장 급진적인 내용을 담고 있는 『독일 기독교 귀족에게 고함』에서 루터는 만인사제직의 성서적 근거를 제시하며 '세례 받은 사람이라면 누구나 평등하다'고 강조한다.

그런데 여기서 이런 말이 이어진다. "주교로 서임될 때, 그것은 모두가 동등한 권능을 가진 모든 회중을 대신하여 그들 가운데서 하나를 택하여 그에게 다른 사람들을 위하여 이 권능을 행사하도록 맡겨 주는 것 이외에 아무것도 아니다."

이것이 무슨 뜻인가? 두 가지를 주목해야 한다. 첫째, 주교든 교황이든 모든 성직자는 회중의 대표로 택함받은 사람이라는 뜻이다. 다시 말해, 종교적 기득권을 독점적으로 행사하고 특권 계급이라고 주장하는 것은 거짓이라는 뜻이다. 둘째, 성직자의 특별한 임무를 부정하는 것이 아니다. 이 대목은 중요하다. 간혹 만인사제직의 이름으로 성직자를 우습게 생각하는 사람은 생각을 바꾸기 바란다. 그렇다고 이 구절이 목사만의 권위를 내세우는 것은 아니니, 이 또한 안심하시기를 바란다. 모두 존중받아야 한다.

그래서 루터는 이런 말을 하게 되었다. '세속적인 통치자·관리·구두수선공·대장장이·농부는 각기 자기들의 일과 직무를 맡고 있으면서도 다 성별받은 사제와 주교와 같다.' 여기에 루터의 만인사제론과 직업 소명론의 신학적 근거가 있다.

무슨 말인가? 더 쉽게 풀어 보자. 수타 우동 전문점에 갔다. 나는 소비자이기에 함부로 주방 안으로 들어가지 않는다. 그저 저 멋진 고깔모자 주방장의 솜씨를 믿고 기다린다. (만인평등사상을 외치며 주방으로 기어 들어가 밀가루 반죽을 주물럭거릴 바보는 없을 것이다. 그런 손님이라면 제정신이 아닌게 분명하다.) 그런데 식당 간판과 주방장 솜씨를 믿고 기다렸던 우동이 이상하다. 탱탱해야 할 면발이 입천장에 달라붙고 갈라진다. 이것은 우동 전문점이라는 이름에 걸맞지 않는다. 수타 면발이 아니라 분명 냉동된 것이거나 삶은 지 오래된 것일 게다.

이런 경우 당신은 어떻게 하겠는가? 똑똑한 소비자라면 일단 소비자 고발 프로그램에서 배운 계몽된 지식을 바탕으로 의심을 품는다. 그다음 조용히 나가든지 아니면 주방장이나 사장을 불러 대응을 하든지 그것은 각자의 성향에 달려 있다. 분명한 것은 다음부터는 이 가게를 찾지 않을 것이라는 사실이다.

교회도 마찬가지다. 종교개혁은 교회 고발 프로그램이다. 게다가 개신교회는 착한 가게, 바른 교회의 간판을 달고 나온 교회다. 그런데 그런 곳의 음식

루터의 재발견

이 불량품이라면 당신은 어떻게 하겠는가? 그냥 꾸역꾸역 아무 말 없이 먹고 다음에도 다시, 그다음에도 또다시 그 음식 먹으러 갈 것인가? 그곳 사장님은 손님 떨어지지 않아서 좋을지 몰라도 당신은 조만간 탈이 나고 말 것이다. 사장 불러 놓고 불량 음식에 대해 호통칠 자신 없으면 그냥 조용히 다음부터 그곳 음식 안 먹으면 된다. 그게 몸에도 영혼에도 현명한 길이다.

개신교 정신은 이 땅에 불량품 교회·불량품 목사·불량품 신학이 사라지고, 그 자리에 건강하고 바른 교회가 세워지며, 바른 신학의 토대 위에 바른 정신의 목사들이 하나님 나라 일구기를 꿈꾸는 것이다.

소비자가 똑똑해져야 하듯, 신자 스스로 똑똑해져야 한다. 이것이 만인사제직이다.

루터의
신학

Verbum
Domini
Manet
in Aeternum

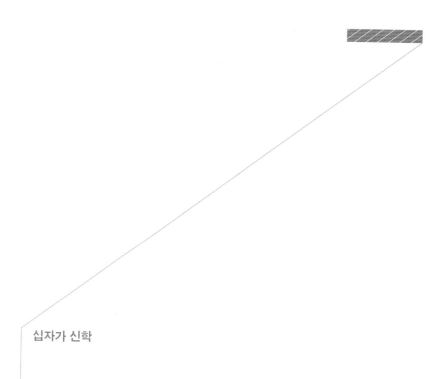

십자가 신학

       루터의 '십자가 신학'은 역사적 맥락에서 이해하는 것이 지당하지만, 그럼에도 불구하고 루터가 신학의 중심에 십자가를 꽂아 놓았다는 데에는 현대 신학자들 사이에서 이견이 없다. 루터의 십자가 신학을 다루기 전에 이와 관련된 이야기부터 시작하자. 십자가 신학에 관한 알리스터 맥그래스_{Alister McGrath}의 비유다.

       엄청나게 추운 어느 날 밤, 당신이 얼마 동안 집 밖에 있었다고 상상해 보라. 그러고 나서 한 친구의 집에 도착한다면, 친구는 이내 당신이 얼마나 추위에 떨고 있는지 알아채게 된다. 그는 당신에게, "뭔가 몸을 녹일 수 있는 것 좀 마셔야겠구만"이라 말하며 브랜디를 한 잔 건넨다. 그걸 마시고 몇 분이 흐른 뒤 당신은 몸이 좀 훈훈해지는 기분이다. 당신은 브랜디가 몸을 덥혀 준다고 경험한 것이다. 그러나 사실, 브랜디는 당신이 더 한기를 느끼도록 만든다. 알콜은 혈관을 확장시켜 몸이 열을 만들고 있다는 느낌을 갖게 하지만, 그 속내를 들여다보면 몸은 오히려 열을 잃고 있다. 당신은 몸이 덥혀지고 있다고 느끼겠지만, 사실은 그와 반대로 당신은 점점 식어 가는 것이다. 열은 당신의 몸에서 발산되고 있을 뿐이지, 그 몸 속에 흡수되는 것은 아니다. 스스로가 느끼는 기분 때문에 당신은 심각한 오해에 빠져든 것이다. 지독하게 추운 어느 상황 속에서 만일 당신이 '몸 좀 녹이자'는 심산으로 알콜 음료를 마신다면, 정작 그로 말미암아 열손실이 일어나 목숨을 잃을 가능성이 높아진다. 외부에서 그 광경을 지켜본다면 실제로 벌어지는 일이 무엇인지 눈치챌 수 있겠지만, 정작 당신이 자신의 느낌만을 신뢰한다면 이런 외부의 시각을 받아들이지 않게 될 것이다.[1]

이 비유는 우리의 경험이 해석될 필요가 있다는 점을 분명히 보여준다. 자신의 몸이 덥혀지고 있다고 느끼지만, 그 경험을 올바로 해석한다면, 도리어 열이 몸을 떠나 밖으로 발산되면서 손실되고 있다는 증거다. 그러므로 우리는 신앙 체험들을 판단하는 시금석을 우리 바깥에 둘 필요가 있다. 루터도 이와 관련된 논증을 전개하고 있다. 즉 우리가 하나님을 경험한 것도 해석되어야 할 필요가 있으며, 우리가 경험한 사물이 반드시 그 사물의 실제 모습은 아니라는 것이다. 즉 우리가 느낀 것들이 평가되고 판단될 수 있는 어떤 기준을 외부에서 제공해 주고 있다.

루터의 십자가 신학이 강조하는 것이 바로 이 부분이다. 역사적으로 본다면, 1517년 10월 31일 '면죄부에 관한 95개조 논제'가 게시되고 몇 달이 지나자 그 진동이 쓰나미처럼 몰려오기 시작했다. 그러나 면죄부 내용에 관한 관심이 아니라 엉뚱한 곳으로 문제가 커지기 시작했다. 면

루터의 재발견

죄부 판매의 당사자였던 대주교 알브레히트가 그해 12월 13일 교황 레오 10세에게 루터의 글을 보내게 되고, 이 문서는 곧바로 루터가 교황권에 도전한 것으로 받아들여진다. 이에 교황청에서는 루터를 징계하기 위한 일에 착수하기 시작한다. 1518년 1월 20일, 면죄부 설교자였던 테첼과 프랑크푸르트 대학교 총장 콘라드 빔피나는 루터의 글을 반박하는 106개 조항을 만들어 루터를 이단으로 몰게 된다.

이런 분위기 속에서 루터를 보호하기 위해 에르푸르트의 아우구스티누스 수도원장 요한 슈타우피츠Johann von Staupitz, 1460-1524는 루터에게 변론의 기회를 주기 위해 하이델베르크Heidelberg에서 열리는 수도원 회의1518의 사회자로 보내게 된다. 여기서 유명한 루터의 십자가 신학이 탄생하게 된다.

오직 십자가만이 우리의 신학이다Crux sola est nostra theologia.

당시 루터의 이 명제는 터무니없는 말처럼 보였다. 신학적 조류를 완전히 거스르는 명제였기 때문이다. 그러나 십자가 사건은 기존 신학 노선과 기독교 영성의 모든 조류 앞에 도전장을 내밀고, 그 중심부에 십자가를 세우는 힘이 되었다.

이 논제의 기능은 '십자가'를 통해 참 신학자와 거짓 신학자를 판별하는 데 있다. 십자가는 루터에게 만물의 시금석이다. 그러므로 기독교 신앙의 핵심이며 신앙인의 모든 인식을 담금질하는 도가니다. 그러므로 십자가 신학은 하나님을 예수 그리스도에게서 떼어 놓으려는 '영광의 신학자'와 그리스도의 십자가 안에서 그리고 십자가를 통해 하나님을 인식하는 '십자가 신학자'를 구분하는 기능을 한다. '하이델베르크 논제'1518 몇 가지만 인용해 본다.

1 하나님의 율법은 삶의 가장 건전한 지침이기는 하지만, 인간을 의의 길로 나가게 할 수 없으며 도리어 그렇게 하는 것을 방해한다.

3 인간의 행위들은 언제나 매력 있고 선한 것처럼 보인다. 그럼에도 불구하고 그 행위들은 '죽을죄들'인 것처럼 보인다.

4 하나님의 행위들은 언제나 매력 없고 좋지 않은 것처럼 보인다. 그럼에도 불구하고 그 행위들은 참으로 불멸의 보화들이다.

19 피조된 것을 통해 하나님의 보이지 않은 것들을 바라보는 자는 신학자로 불릴 자격이 없다.

20 그러나 고난과 십자가처럼, 눈으로 볼 수 있는 하나님의 등을 보는 사람출 33:23은 누구든지 신학자로 불릴 자격이 있다.

루터는 하나님이 스스로를 계시하는 방법이 '십자가'라고 단언한다. 십자가는 인간의 논리와 이성을 뛰어넘는 하나님의 계시 방법이다. 그러므로 루터는 이성의 기능을 과도하게 신뢰하던 당시 스콜라 신학에 대한 비판으로 십자가 신학을 전개한다. 논제 20항에 언급된 출애굽기 33:23을 근거로 들어, 모세뿐만 아니라 모든 인간은 하나님의 얼굴을 직접 보지 못하고 다만 '하나님의 등'posteria만 볼 수 있다는 것을 언급한다. 이것으로 우리의 이성이 아니라 하나님께서 자신을 계시하신 대로 그분을 받아들여야 한다는 것을 강조한다. 루터는 이 점을 상당히 날카롭게 말하고 있다.

이런 계시의 차원에서 보자면, 십자가 신학은 '나에게 유익한 영성'이라는 이름으로 접근하는 모든 접근 방법을 거부한다. 그러므로 '이런 영성 방법을 따라 하면 당신의 영혼과 삶이 유익을 얻을 것'이라는 가르침은 종교개혁 정신에 위배된다. 이런 부류의 영성은 이미 중세기에 가득했다. 그 대신 루터는 전혀 다른 차원의 신앙을 강조한다. 그리스도인에게 '이미 주어진 고난'에 동참하는 것이다. 억지로 고난을 만들라는 뜻이 아니다. '이미 주어진 고난'passio이다. 이 고난은 개인의 고난이기도 하지만 시대의 고난에 동참하는 것이기도 하다. 우리에게 주어진 고난은 하나님을 만나는 기회이기 때문에 인위적 영성 방법을 동원하여 이 고난을 회피하지 말라는 것이다. 그 때문에 신앙은 시련 가운데 발견되며, 그 '시련이 신학자를 만든다.' 주어진 고난을 외면하고 눈을 감게 만드는 영성이나 방법을 가르치고 있다면, 그 사람은 분명 '영광의 신학자'다. 그런 수법이 신앙 없는 세상에 가장 잘 통하는 것인 줄 영광의 신학자들은 너무 잘 알고 이것을 이용한다.

십자가의 신학자들은 십자가에 달리신 그리스도를 통해 '하나님의 등'을 보지만, 영광의 신학자들은 하나님을 십자가의 그리스도와 떼어 놓고도 하나님을 볼 수 있다고 가르친다'하이델베르크 논제' 21. 이성과 체험에 대한 무한한 신뢰를 통해 가시적 영광과 성공을 추구하는 자들은 십자가 신학의 반대편에 서 있다.

'내가 경험한 것만 옳다', '내가 체험해 봐서 아는데 당신은 잘못 되었어'라는 식의 말을 자주 듣는다. 그러나 루터는 신앙에 관한 한 개인의 경험은 심각할 정도로 신뢰할 수 없는 것이라고 가르친다. 이처럼 우리의 체험과 신앙 경험의 한계를 극명히 드러나게 해주는 사건은 성금요일 사건이다. 그날 골고다에 펼쳐진 비참한 광경은 주관적 체험과 경험을 중시하는 신앙적 양태를 돌아보게 만든다. 거기에는 십자가에 달린 예수가 있었고, 그 앞에는 '예수를 믿는 사람들'도 있었다. 그들은 이제껏 경험을 통해 예수를 하나님의 아들로 믿어 왔다. 그렇게 믿고 있던 사람이 십자가에 달리자 절망하게 된다. 누구의 도움도 받지 못하고 죽어 가는 그 광경을 비참하게 목격하면서, 경험에 기대 왔던 신앙을 한 사람씩 절망과 맞바꾸고 있었다.

그중에는 소위 '진짜 신앙 좋은 사람'도 있었을 것이다. 그들은 무언가 반전이 생기기를 기대했을 것이다. 하나님의 아들이니 하늘에서 천둥이 치고 하나님의 천사가 나타나 십자가를 부수고 아들을 구해낼 그런 모습을 간절히 기대했을 수도 있다. 그러나 하루가 지나도록 그런 일은 벌어지지 않았다.

심지어 하나님의 아들이라고 하는 예수마저 십자가에서 '나의 하나님, 나의 하나님, 어찌하여 나를 버리셨나이까'라는 탄식을 했고마 27:46, 막 15:34, 그 처절함 속에 운명했다. 모든 것이 그렇게 끝나 버렸다. 그 골고다 십자가 주위는 하나님이 있다는 것을 믿을 수도, 경험할 수도 없는 장소가 되어 버렸다. 그런 증거는 아무것도 없었다. 그 자리에 있었던 사람들의 결론은 바로 이것이다. 이어진 3일간 신앙인이건 비신앙인이건 모두 "하나님은 이 자리에 없다!"라는 결론을 내리게 된다.

하지만 그리스도의 부활은 그런 판단을 뒤엎어 버렸다. 하나님은 바로 그 죽음의 자리에서도 살아 계시고 일하시는 분으로, 곧 인류의 구원을 이루시며 예수 그리스도가 하나님의 아들이요 구주이심을 확증하시는 분으로 새롭게 계시되었다. 하나님이 십자가 옆에 계셨다는 것을 사람들이 깨닫지 못하였을 뿐, 사실 그분은 분명 거기에 계신 것으로 증명되었다.

여기서 중요한 것은 하나님의 존재는 인간의 경험과 일치하지 않는다는 점이다. 골고다 언덕에서 인간의 경험은 하나님이 계시지 않음으로 해석하였지만, 도리어 부활은 하나님이 변함없이 그 자리에 계셨음을 분명하게 보여주었다. 하나님은 그렇게 십자가에 숨어 계셨다. 그리고 그리스도의 부활은 그 참혹한 광경 가운데서도 하나님께서 여전히 일하고 계셨음을 드러내 보여준다.

루터는 인간의 경험을 성금요일의 경험과 비슷하게 여겨야 한다고 주장한다. 고난이 주어졌을 때 우리의 신앙은 발가벗겨지기 시작한다. 그토록 고통당하는데도 어떻게 그 고통 가운데 하나님이 계실 수 있다는 것인지 의아해한다. 이와 너무나 똑같은 생각이 예수 그리스도의 고통과 죽음을 목격했던 사람들의 심정을 꿰뚫고 지나갔을 것이다. 그러나 부활은 그 상황을 바꾸었고, 나아가 경험에 의존하던 신앙 양식을 전혀 다른 방식으로 전복시켜 버렸다.

신앙은 내 경험에 의존하는 것이 아니라, 밖으로부터 주어지는 말씀에 기초한다. 십자가에 비추어 보면, 내 경험과 내 지식은 보잘것없는 것이 되어 버린다. 심지어 내가 알고 있는 하나님에 관한 지식과 모습조차 하나님의 얼굴이 아닌 등이라는 사실은 모든 신학자들을 겸손하게 만든다. 우리가 알고 있는 것은 오직 하나님의 등일 뿐이다. 그러니 잘난 체하며 타자의 하나님(상)을 무시하거나 경멸하지 말아야 한다.

물론 루터는 경험이 신앙과 전혀 관련 없다고 주장하지는 않는다. 사실 루터는 자신이 신학자가 되는 데 바탕이 되었던 한 경험이 있었음을 말한다. 그는 이 경험을 빈번하게 인용되는(그러면서도 매우 난해한) 그의 말들 중 하나에서 짧게 묘사한다.

> 글을 읽고 사색하며 이해한 것이 아니라, 살고 죽고 심지어는 유죄 판결을 받는 것으로 한 사람의 신학자는 만들어진다.

루터가 보기에 신자와 그리스도는 믿음을 통해 긴밀하게 결합되었으며, 신자는 그리스도의 생명에 참여하고 그리스도는 신자의 삶을 함께 소유하신다. 신자에게 '이미 주어진 고난'을 통해 그리스도는 자신의 모든 보화를 함께 나누기를 원하신다. 이것이 그 유명한 '행복한 교환'fröhlicher Wechsel이다. 루터에게 신앙이란 신비한 결혼과 같아서 그리스도의 모든 소유를 함께 공유하게 된다. 루터의 3대 논문 중 하나인『그리스도인의 자유』에서 이것을 분명히 명시하고 있다. 우리가 가진 것들(죄와 사망)이 그의 것이 되고, 그가 가진 것(구원과 생명)이 우리의 것이 된다.[2] 이것이 십자가를 믿는 신앙인들의 특권이다.

여기서 중요한 것은 이와 같은 십자가 신앙은 우리에게 완성된 형태로 주어지는 것이 아니라는 점이다. 결혼한 부부가 평생을 살며 닮아 가듯 신자는 그리스도를 닮아 가는 것이며, 이는 종말의 때를 소망 가운데 준비할 수 있는 근거가 된다.

이와 같은 루터의 십자가 신학을 현대의 신앙과 견주어 보는 것은 여러 모로 도전이 된다. 특별히 '긍정의 신학'과 성공과 번영의 신학, 고지 선점론이 지배하는 교회 풍토라면 더욱 그러하다.

긍정의 신학

한국 교회는 1970년대부터 급속도로 성장했다. 소위 교회 간판만 걸면 사람이 미어터질 것 같다는 말을 할 정도였다. 어릴 적 여름성경학교를 떠올려 보면, 에어컨도 없던 시대인데도 불구하고 동네 아이, 어른 할 것 없이 모두 모여 있던 땀내 가득한 교회 마룻바닥이 생각난다. 부흥회라도 열리면, 앉을 자리가 없어서 사람들이 문밖까지 서서 귀를 기울이곤 했다. 이렇게 한국 교회는 폭발적인 성장을 했다.

그런데 지금은 어떠한가? 아이들이 없어서 여름성경학교를 해야 할지 말아야 할지 고민하게 되었고, 교인 가정조차 학업 때문에 자녀들을 교회에 자주 보내는 것을 꺼리는 시대, 주보에 나온 부흥회 광고를 보고서 '이번엔 어떤 핑계를 대고 안 나올까' 준비하는 시대가 되었다. 사람만 줄어들었으면 차라리 다행인데, 언제부터인지 교회는 사회로부터 '공공의 적'이 되고 있다. 교회가 이토록 성장 이후 급속도로 냉각된 이유, 더 나아가 공공의 적이 되어 버린 이유가 무엇일까?

한국의 개신교회가 양적 성장은 이루었지만 성장 이면에는 비성서적 원리가 지배하였고, 지금 우리 시대는 그 대가를 톡톡히 치르고 있다. 비성서적 원리, 그것은 일명 '긍정의 신학'이다. 이것은 일종의 '마인드 컨트롤' 같은 원리라고 할 수 있다. '잘 된다, 잘 된다' 하면 '잘 된다!' 하는 식이다. 한국 교회는 바로 이런 긍정의 신학을 따라 성장했다. 긍정의 신학을 얼마나 좋아하는지, 지금까지도 서점에서 『긍정의 힘』이라는 책이 팔릴 정도다.

긍정의 신학이 가르치는 논리는 아주 단순명료하다. 게다가 매력적이다. 긍정의 태도가 우리를 성공하게 한다는 것이고, 이런 성공의 기술을 가르친다. '내가 원하는 것이 있다면 하나님도 똑같이 원하신다'고 생각하고 기도하면 그 일이 분명히 이루어지며, 이 믿음이 성공의 복을 가져온다는 것이다. '긍정의 힘', 언뜻 들으면 그럴싸하다. 아주 신앙적인 것 같다. 그래서 어떤 교회에서는 성경공부 교재 대신 『긍정의 힘』이라는 책을 사용하는 곳도 있을 만큼 한국에서 인기를 누렸다. 그러나 '긍정의 힘'에는 무서운 함정이 도사리고 있다. 이것은 소위 '하나님을 이용한 성공 기법'을 담고 있기 때문이다. 앞에서 말한 것처럼 '내가 원하는 것이 있다면 하나님도 원하고 있다'고 긍정하면, 모든 성공이 마치 자석이 철가루 사이 지나가듯 따라온다는 것이다.

예를 들어 보자. 급한 일이 있어서 고속도로를 과속하며 질주하고 있다. 그런데 신나게 달리다가 방금 전 과속 단속 카메라를 지나쳤다는 것을 알게 되었다. 이때부터 아주 간절히 기도하기 시작한다. "하나님, 제가 얼마나 중요한 일로 지금 가고 있는 줄 아시죠? 제가 과속했을지라도 딱지가 날아오지 않게 해주십시오. 주 예수 그리스도의 이름으로 그렇게 될 줄 믿~습니다! 아멘!" 이것이 신앙적인 기도라고 생각하는가? 하나 더 해본다. 마트에 장보러 갔다. 주차 공간이 없어서 쩔쩔맨다. 그때 이렇게 기도하기 시작한다. "주님! 출입구 쪽에 저를 위해 주차 공간 하나 마련해 주실 줄 믿~습니다! 아멘!"

자, 이것이 '긍정의 힘'이다. 이렇게 긍정하는 것이 바른 신앙인가? 혹여 웃기는 이야기라고 웃을 사람이 많을 것이고, 지나친 예라고 아무렇지도 않게 넘길 사람도 많을 것이다. 그러나 최근 한국 교회는 이와 다를 바 없이 기도해 왔고, 그런 기도에 응답해 주는 하나님을 믿는 것이 좋은 신앙인 것처럼 가르쳐 왔다. 한국뿐만 아니라 『긍정의 힘』의 저자 조엘 오스틴Joel Osteen, 그리고 전 세계적으로 유명세를 탔던 수정교회의 로버트 슐러Robert Schuller, 1926-2015 같은 사람들이 선포하는 신앙 성공담은 거의 모두 이런 식이다.

루터의 재발견

어디 미국뿐이랴. 한국 교회에서도 이러한 예는 비일비재하다. 교회사를 살펴보면 3세기에 이런 신앙을 가졌던 이단들이 있었는데, 바로 '마니교'라고 불리는 종교집단이다. 마니교는 초대 교회를 위협하는 큰 세력이었다. 당시 약 2백여 년간 큰 세력으로 확장되었지만, 결국 역사의 뒤안길로 사라졌다. 기독교의 진리와 마니교의 진리 사이에 다른 점이 있다. 기독교 진리는 전능하신 하나님이 지배하기에 영원하지만, 이단적 진리는 사탄이 지배하기에 일시적으로 힘을 얻었다가 결국 쓰러지게 된다는 것이다. 오늘날 한국 교회와 미국의 대형교회들이 마니교가 되어 가고 있다. 아니, 이미 상당 부분 그렇게 되었다. 자동차 경품을 걸고서라도 전도하고, 대형교회 건축과 성장을 위해서라면 불법도 스스럼없이 자행하는 모습들이 별로 낯설지 않다.

이것이 과연 성서가 가르치는 신앙생활인가? 그리고 종교개혁의 그늘 아래 있는 개신교회가 해야 할 일들인가? 우리의 신앙생활도 혹시 이렇지는 않은가? 내 성공을 위해서라면 하나님을 조종하고 하늘 보좌까지 뒤흔들어서 욕망을 채우려 하고 있지는 않은가? 내가 원하는 일을 위해 내 명령대로 하나님이 움직이기를 바라면서 기도하고 있지는 않은가? 그렇다면 그 하나님은 내 개인 비서이지 더 이상 공의롭고 전능하신 하나님이 아니다. 성서는 이런 조잡한 신, 내 명령대로 움직이는 신, 내 육체의 소욕과 내 감정대로 움직이는 신을 결코 전하지 않는다.

마르틴 루터는 "내 손에 잡혀 있는 하나님은 더 이상 하나님이 아니다"Ein begriffener Gott ist kein Gott!라고 가르친다. "하나님은 하나님이시다." 하나님의 자리에서 하나님을 끌어내리고 내 욕망과 탐심을 올려놓는 것, 그것이 교만이고 죄다. 우리의 전 삶을 돌이키지 않으면, 개인이건 교회건 희망이 없다.

신학의 요람은 교회다. 이는 어떤 학자도 부인할 수 없다. 그렇다면 교회의 본질은 무엇일까? 특별히 개신교회의 본질과 역사적 출발은 언제일까? 종교개혁기로 대변되는 개신교회 역사의 성공적인 첫 출발은 1530년 『아우구스부르크 신앙고백서』의 낭독으로부터 시작되었다고 보아도 과언이 아닐 것이다. 앞에서 언급했듯이, 그중 가장 유명한 문장으로 꼽히는 제7항은 교회의 본질을 가장 명료하고도 분명하게 정의하고 있다. "유일하고 거룩한 교회는 영원히 계속될 것이다. 교회는 복음이 순수하게 선포되고 성례전이 올바르게 집행되는 성도의 모임이다"[3]

이 문장에는 교회가 분명히 기억해야 할 두 가지 과업이 명시되어 있다. 첫째는 '복음을 가르치는 것'이며, 두 번째는 '성례전을 집행하는 것'이다. 그런데 여기서 주의를 기울이고 고민해야 할 부분은 위의 두 가지 과업에 붙은 '순수하고 올바른'*recte et pure*이라는 수식어다. 무엇이 순수한 복음이며 무엇이 올바른 성례전일까? 이 질문은 순전히 '신학'이 담당해야 할 몫이고, 모든 신학자가 고민해야 할 대목이다. 신학의 역사와 교회의 역사란 바로 이 질문에 대한 투쟁사로 볼 수 있다. 교회는 순수한 복음을 찾고 선포하기 위해 비판적인 질문을 던지며 질고의 시간을 지냈으며, 신학은 교회 역사 속에서 순수한 복음을 찾기 위한 비판적 기능을 수행해 왔다.[4] 한국 교회 예배의 현실을 고려할 때 말씀에 대한 강조는 두말하면 잔소리다. 그러나 선포되는 말씀에 비해 보이는 말씀으로서의 성례전에 대한 강조는 여전히 미진하다.

루터의 성만찬 신학은 이미 신학계에 널리 소개되었다. 그러나 한국 신학계에 알려진 루터의 성만찬론은 가톨릭의 화체설과 동일한 것으로 오해되고 있거나 루터 신학 전체 맥락에서 다루지 못한 것들이 많다.

루터 신학의 독특성은 모든 신학적 문제가 한 가지 주제로 집중된다는 데 있다. 이 집중력을 거의 모든 루터 신학자들은 '칭의론'에서 찾는다. 칭의론은 "교회를 서게도 하고 넘어지게도 하는 것"이며[5] "모든 교리의 심판자"다.[6] 칭의론에 대한 많은 연구들이 있지만, 루터가 의도하는 칭의론의 핵심을 다른 차원에서 언급한다면 '하나님은 하나님이다'로 축약된다. 이 진술을 다시 바꾸면 '주체는 하나님 자신이다'라고 정의할 수 있다. 그리고 주체가 하나님 자신이라는 사실은 칭의론뿐 아니라 모든 루터파 교리에까지 통일성을 가지고 확장된다. 이는 성만찬 이해에도 동일하게 적용된다.

다음에서는 루터의 성만찬론을 이해하기 위해 성례전의 어원과 의미에 대해 다루고, 종교와 성례전에 관한 루터의 조직신학적 관점, 화체설과 상징설에 대한 루터의 비판을 역사적 관점에서 다루어 보고자 한다.

| 성례전이란?

어원적으로 성례전Sacrament은 '종교적 비밀'을 의미하는 라틴어 'sacramentum'과 동의어다. 여기서 어간인 'sacer'는 '거룩한, 손상되지 않은 무엇'을 뜻한다. 즉 성례전이라 불리는 것은 어떤 제의 형식이 아니라 신적 비밀을 뜻하는 것으로, 보이는 세계 안에 신적인 것이 밝히 드러난 것을 의미한다. 이런 관점에서 볼 때 '계시'와 '성례전'은 동일한 의미를 지니고 있지만, 계시가 광의적 개념이라면 성례전은 거룩한 것이 피조물과 결합한 형태로 드러난다는 점에서 보다 협의적 개념이다.

이 말은 교회 역사 속에서 여러 가지 의미를 갖고 있다. 원래 성례전은 그리스도의 행위와 고난을 의미하며 복음서 자체를 지칭하기도 했고, 성서의 상징과 관계되기도 했으며, 교회 건축의 상징적 의미, 그리고 교회사에서 수행되는 모든 행위를 뜻하기도 했다. 한마디로 성례전은 '창조 세계 안에 현존하는 성스러운 모든 것'을 의미한다.

제의적 차원에서 성례전은 신의 은총이 위로부터 내려오는 것을 뜻한다. 반면, 인간의 공로나 제물을 '아래로부터 위로' 향하게 하는 것은 희생 제의*sacrificium*로 정의된다. 즉 성례전이란 희생 제의와 반대되는 개념으로 "히에라르키아*hierarchia*의 객관적 힘 안에 현존하는 그리스도의 객관적 선물 또는 은총의 수단"을[7] 대표한다고 정의할 수 있다.

앞서 언급한 성례전과 히에라르키아의 신학적 관계성은 서기 500년경의 위 디오니시우스*Pseudo-Dionysius* 또는 아레오파기타의 디오니시우스*Dionysius the Areopagite*에게 소급된다. 그는 5세기 말부터 6세기 초까지 활동한 신학자이자 철학자로, 그리스 신학 비잔틴 형태의 대표자이며 기독교적 신플라톤주의의 주요한 매개자였다. 그의 신학은 신비주의 신학으로 요약될 수 있으며, 그의 중요한 개념 중 하나인 '히에라르키아'는 로마 가톨릭의 성직 위계질서 체제와 성례전의 개념을 정립하는 데 공헌했다.[8] '히에라르키아'는 '히에로스'*hieros*·거룩한·신성한와 '아르케'*arche*·원리·처음·힘에서 파생된 말로 '거룩한 힘'을 의미한다. 그의 구분을 따르면 하늘과 지상을 매개하는 교회의 히에라르키아를 다음과 같이 구분할 수 있다.[9]

1 하늘의 히에라르키아(하늘에 있는 거룩한 힘의 원천)
2 교회의 히에라르키아
    a 세 가지 성례전: 세례·성찬·견신례
    b 성직의 3단계: 주교·사제·부제

c 성직 이외의 3단계: 수도사·평신도·비그리스도인

3 지상의 히에라르키아

그에 의하면 신의 힘(권위)은 위에서 아래로 교회를 통해 사물 속으로 침투해 들어가며, 교회는 거룩한 신적 힘을 히에라르키아에 의해 소유한 실재다. 로마 가톨릭은 디오니시우스의 신비주의적 히에라르키아를 바탕으로 7성례와 사제의 신적 권위를 강조했다. 그러나 본디 디오니시우스 신학의 강조점은 사제의 권위에 강조점이 있지 않다. 거룩한 힘이 물질 안으로 들어간다는 위로부터 아래의 신학에 초점이 있으며, 우리가 일반적으로 성례전으로 부르는 것에 대한 신적 권위를 강조한 것이다.

교부 아우구스티누스가 교회의 압도적인 신적 권위와 사제의 권위를 구체적으로 강조했던 것은 사실이지만, 그에게 교회의 권위란 발아래 복종해야 할 타율적 힘*ein heteronome Macht*을 의미하지 않았다. 그는 마니교로 대표되었던 고대 회의주의를 체험했지만, 그곳에서 실존적 문제의 해답을 얻지 못했다. 그러나 후에 그리스도교와의 만남을 통해 그 답을 얻게 된다. 그것은 곧 위로부터 오는 은총의 권위였으며, 그 권위를 그는 신율 *Theonomie*로서 인식했다. 이러한 신율적 성격의 힘을 중세 교회는 교회 제도와 사제에 의한 타율적 힘으로 변질시켰다. 이를 회복하고자 일어선 것이 종교개혁이며 종교개혁 정신이다. 아우구스티누스 신학의 세례를 받은 루터는 그 때문에 교황의 세속적 권위를 거부하고 오직 믿음의 권위로 돌아갈 것을 주장한 것이다.

여기서 성례전이 가진 원래의 의미가 분명해진다. 성례전의 권위는 사람(사제)에 의해*ex opere operato, 행위에 의해* 시작되는 것이 아닌 신 자신에 의해*ex opere operantis, 작용하는 근거 곧 하나님의 행위에 의해* 시작되는 신율적 권위이며, 성례전이란 본질적으로 어떤 제의 형식이 아닌 '물질과 결합한 살아 있는 거룩한 권위'인 셈이다. 이런 이유로 성례전은 '은총의 수단'이 된다. 또한 살아 있는 거룩한 권위는 우리가 전통이라고 부르는 개념의 신학적 의미와 맥을 같이한다. 전통이란 단순히 시간적 형식에 따라 과거의 것을 받아들인 형식이나 정신을 의미하는 것이 아니다. 전통은 '시간을 초월한 영원한 신의 거룩한 힘이 현재에도 살아 움직이는 것'을 의미하기 때문이다. 성례전이든 전통이든 모두 주체의 문제에서 인간이 아닌 신 자신이 주체가 된다는 점은 명확하다.

| 루터의 종교 이해와 성례전

히에라르키아와 관련하여 우리는 다음과 같은 질문을 던질 수 있다. '기독교가 아닌 다른 종교도 위로부터 아래로 내려오는 신적 권위를 말하지 않는가? 그렇다면 기독교가 다른 종교와 본질적으로 다른 것은 무엇인가?' 이와 같은 질문은 현대 신학에서 자주 등장하는 질문이기도 하다. 이에 대한 답변으로 그리스도론에 입각한 고전적인 답변으로부터 다원주의적 종교관에 이르기까지 수많은 대답들이 기독교 역사 안에서 논의되어 왔다. 성례전의 본래 의미가 '형식이 아닌 히에라르키아의 객관적 힘 안에 현존하는 신의 객관적 선물 또는 은총의 수단'이라면, 종교의 보편성과 함께 기독교의 특수성이 고려되어야 할 것이다. 여기서 보다 우선적으로 다루어야 할 것은 '종교란 무엇인가?'에 대한 정의다.

루터는 과연 종교를 어떻게 이해했을까? 루터의 종교관에 대한 연구는 사실상 그리 많지 않다. 최근 연구 결과에 따르면, 종교라는 용어는 루터 신학에서 중심 주제는 아닐지라도 전체 신학의 통일성을 유지하는 데 중요한 요소로 작용한다.[10] 나의 견해로는 특히 예배와 성례전 신학은 루터의 종교 이해 속에서 그 의미가 더욱 명확해질 수 있다고 판단된다. 루터는 '종교'religio, religion라는 용어를 현대 종교신학적 관점에서 다루지 않고, 전통적 방법인 신 존재 증명에 대해서도 관심을 갖지 않는다.[11] 오히려 전혀 새로운 방법으로 종교를 이해했고, 각 단위로 이루어진 전체 신학을 통일성 있게 전개하는 도구로 사용하고 있다. 루터에 의하면, 모든 종교는 신적 근거 위에 생겨나게 된다. 종교의 다양성은 필연적이며, '참된 종교와 거짓 종교'로[12] 나뉠 수 있게 된다. 루터는 종교와 관련하여 여러 개념을 사용한다. 그중에서도 가장 대표적인 세 가지 보편 요소는 중요하다. '쿨투스', '피에타스', '피데스' 이 세 가지는 모든 종교가 공통적으로 갖고 있는 보편 표지이며 기독교도 예외는 아니다.

우선 '숭배' 또는 '삶(생명)의 방식'이라고 번역할 수 있는 '쿨투스'cultus는 필연적으로 제의 형식ceremoniae으로 나타난다.[13] 루터는 이를 제의 형식 또는 예배 형식으로 보았다. 인간은 불완전하기 때문에 죄인의 상태에서 제의 형식을 만들게 된다. 이 예배 형식은 제물을 잡아 바치는 희생 제의sacrificium의 형식이 되고, 인간이 준비하여 신에게 '위를 향해 드리는anabasis 예배'가 된다. 루터에 의하면 예수의 십자가 사건은 단 한 번에 드린 완전한 희생 제물이기 때문에 그리스도 신앙 안에서 희생 제의는 더 이상 필요가 없게 되었다. 만일 일반 종교나 교회가 아직도 희생 제의를 하고 있다면, 주체는 인간이 되기 때문에 참된 종교가 아닌 '악마의 종교'Teufelsreligion이며 우상숭배다.[14] 루터는 이런 잘못된 예배 형태가 중세 교회의 '미사'에서 진행되고 있다고 보았다. 루터에게 참된 종교는 인간이 주체가 되는 것이 아닌 하나님 자신이 주체가 되는 방식이다. 이런 이유로 루터는 희생 제사의 의미를 담고 있는 미사를 비판하고 새로운 독일어 용어인 '고테스딘스트'Gottesdienst를 사용한다. 앞에서 다루었듯이 이 용어는 '하나님이 일(봉사)하신다'라는 의미의 독일어 명사로, 결국 예배란 사제가 준비하고 진행하는 행위(미사)가 아니라 '자격 없는 죄인에게 베푸시는 하나님의 직접적인 은총 행위'라는 점을 담고 있다.

다음으로 '종교적 의무감' 또는 신을 향한 '경건심' 정도로 번역될 수 있는 '피에타스'pietas는 모든 종교에서 이웃 사랑이라는 윤리적 행위로 표현된다. 기독교뿐만 아니라 타 종교에서도 당연히 이웃 사랑에 대해 말한다. 가난한 자와 병든 자를 위한 사랑의 실천이 모든 종교에 있는 것은 사실이다. 그러나 루터는 여기서 그치지 않고 참된 '피에타스'는 그리스도의 십자가 아래 있다고 진술한다. 즉 일반 종교에서는 이웃 사랑의 덕목이 구원을 위한 공로가 되지만 '완전한 종교'absoluta religio에서는 공로 사상이 철저히 배격된다.[15] 오직 하나님의 절대적 은총Sola Gratia만이 참된 이웃 사랑의 근거이며 배경이다.

마지막으로 '피데스'fides 곧 '신앙'은 모든 종교의 본질에 속한다. 그러나 루터가 말하고자 하는 신앙은 '참 신을 바르게 신뢰하는 것'이다. 이 신앙은 인간이 관념 속에서 만들어 내는 것이 아닌 하나님으로부터 선물로 받은 것이다. 그리스도적 신앙의 요소는 위에서 언급한 종교의 두 가지 요소를 포괄한다. 즉 참되고 완전한 종교는 신 자신이 주체가 되며 위로부터 아래로 오는 은총을 바르게 신뢰하는 것이다.[16]

루터의 종교 이해는 예배에도 적용된다. 예배는 위로부터 아래로 향하는 방향성katabasis을 지니고 있으며, 주체는 인간이 아니라 하나님 자신이다. 그러므로 죄인은 누구든지 예배를 통해 하나님의 무한한 은혜를 체험할 수 있다. 이를 위해 교회는 무엇보다도 기쁜 소식의 선포가 중심에 있어야 한다. 교회는 '복음의 창조물'로서 말씀이 교회를 지탱하는 것이며,

하나님의 행동인 예배를 통해 그 생명력이 지속된다. 하나님이 행동하시고 주체가 되는 말씀은 '선포되는 말씀'과 보이는 말씀인 '성례전'으로 구분된다.

루터는 아우구스티누스의 용법을 따라 성례전을 (보이지 않는) 약속의 말씀*promissio*과 물질적 요소인 표지*signum*의 결합으로 보았다. 그 때문에 루터는 자신의 1520년 설교에서 '성례전적인 것들'을 성서 곳곳에서 찾을 수 있다고 보았다. 가령, 노아의 무지개 사건, 아브라함의 할례, 기드온의 양털이 이슬에 젖는 표적 따위의 모든 것을 성례전적 표지로 보았다.[17]

두 번째로 고려할 것은 '말씀'과 '표지' 이외에 직접적인 명령에 의한 '제정'이다. 이 때문에 루터는 로마 가톨릭의 7성례에 반대하여 세례와 성만찬 두 가지만 성례전으로 인정한다. 성례전과 관련한 루터의 분명한 입장은 그의 논문인 『교회의 바벨론 포로』에서 가장 잘 드러난다.

> 표지들과 결합되어 있는 약속들을 이루고 있는 규례들에 성례라는 이름을 부여하는 것이 가장 적절한 듯하다. 아무런 표지도 부가되어 있지 않은 약속들은 단순히 그저 약속일 따름이다. 엄밀하게 말해, 하나님의 교회에는 세례와 성만찬이라는 두 가지 성례만 존재한다. 왜냐하면 우리는 이 속에서만 하나님에 의해 제정된 표지들을 발견하고 여기에서만 죄 사함의 약속을 발견할 수 있기 때문이다. 나는 이 둘에 고해성사를 더하였다. 그러나 그것에는 가시적 표지가 없으며 하나님에 의해 제정되지도 않았다. 그리고 내가 말했듯이 그것은 단순히 우리의 세례를 확증하는 수단일 뿐이다.[18]

이와 같이 루터는 성례전을 명시적으로 세례와 성만찬으로 규정하고 있다.[19]

| 루터의 성찬론

‘실재설’ 또는 ‘공재설’로[20] 알려진 루터의 성만찬 이해는 화체설 비판 (『교회의 바벨론 포로』와 1529년 마르부르크에서 열린 츠빙글리와의 종교 회의) 논쟁을 통해 선명해진다. 우선 화체설이 무엇인지부터 다루어 보자.

화체설

화체설transubstantiation이 교회사에서 교리화된 것은 1215년 인노첸시오 3세Innocentius III, 1198-1216에 의해 진행된 제4차 라테란 공의회이며, 더욱 강화된 것은 반反종교개혁 운동의 정점이라 할 수 있는 트리엔트 공의회1545-1563다.[21]

화체로 번역된 ‘transubstantiation’는 ‘변한다’는 의미의 어간인 ‘트랜스’trans와 사물의 ‘실체’를 의미하는 ‘숩스탄티아’substantia의 합성어다. 일반적으로 교회 역사에서 화체란 빵과 포도주라는 물질의 실체 또는 본질이 그리스도의 살과 피로 변한다는 것을 의미한다. 일반적인 의미에서 루터는 그리스도의 ‘현재적 임재’에는 동의하지만, ‘어떻게’ 변화하는지에 대한 철학적 방법론에서 13세기의 중세 스콜라 신학자들과 의견을 달리한다.

스콜라 신학자들은 화체를 물질의 ‘실체’ 또는 ‘본질의 변화’로 설명한다. 그들은 화체설에서 사용된 ‘숩스탄티아’를 ‘우시아’ousia, 본질·존재와 동의어로 보았다. 그러나 대표적인 그리스 철학자인 플라톤과 아리스토텔레스에게 이 두 개념은 전혀 동일하지 않다.

플라톤Plato, BC 427-347은 ‘우시아’를 설명하면서 예지계에 속하는(실재하는) ‘이데아’idea와 현상계에 속하는 물질의 현상을 구분하고, 영적 속성을 지닌 이데아에 '우시아'의 우선권을 주장한다(틸리히와 하이데거는 이를 '존재 자체' 또는 '존재의 힘'으로 해석한다).[22]

이에 반해 아리스토텔레스Aristoteles, BC 384-322는 감각적 물질계를 도외시한 플라톤의 견해를 비판하고 '객체'라 불리는 물질 자체의 가치를 강조하면서, 물질은 영적 세계인 이데아와 관계없이도 그것 자체로 존재한다고 주장한다. 이것이 바로 '실체'라고 번역되는 '숩스탄티아'다. '숩스탄티아'는 물질 구성의 최소 단위로서 변하거나 분리되지 않는다. 스콜라 신학자들은 이러한 아리스토텔레스적 개념을 받아들였다.

여기서 주목할 점은 성찬의 '본질적 변화'를 설명하는 화체설 자체에 이미 문제점이 내포되어 있었다는 것이다. 그 이유는 '실체란 물질을 구성하는 최소 단위로서 변화하거나 분리되지 않는다'는 기본적인 철학적 전제 때문이다. 그 때문에 물질이 변화하는 것에 대한 몇 가지 철학적 개념이 부차적으로 첨가된다. 즉 물질은 두 가지 방법으로 변화하는데, '실체Substanz의 변화'와 '감각적 요소 또는 우연적 요소Akzidenz의 변화'가 그것이다. 빵과 포도주가 살과 피로 변하는 것은 눈에 보이는 우연적 요소는 변하지 않은 채 보이지 않는 실체가 변했다는 것이다.[23] 변화의 우위성은 눈에 보이는 현상적 요소가 아닌 눈에 보이지 않는 실체에 강조점이 있다고 스콜라 신학자들은 생각했기에 화체설은 별 무리 없이 받아들여질 줄 알았다.[24] 루터는 이와 같은 철학적 해석이 아리스토텔레스의 이해에도 전혀 맞지 않고 성서의 말씀에도 전혀 적합하지 않다는 것을 날카롭게 비판했다.

이러한 토마스 아퀴나스의 의견은 성서나 이성에 토대를 두지 않고 아주 불확실하기 때문에 자신의 철학도 자신의 논리도 이해하지 못하고 있지 않왔나 하는 생각이 든다. 왜냐하면 표징들과 그것들의 실체와 관련하여 아리스토텔레스는 토마스 아퀴나스와 다르게 말하고 있기 때문이다.……하나님의 말씀은 사람에 의해서든지 천사에 의해서든지 결코 억지로 해석되어서는 안 된다. 오히려 하나님의 말씀은 가장 분명한 의미로 이해되지 않으면 안 된다. 그리고 문맥으로 인해 우리가 분명히 달리할 수밖에 없는 경우를 제외하고 하나님의 말씀은 그 고유의 문자적 의미와 동떨어지게 이해되어서는 안 된다.[25]

교회는 1,200여 년 이상이나 정통을 지켜 왔다. 교부들은 어느 때 어느 곳에서도, 용어로서든 생각으로서든 기괴한 화체설이라는 단어를 말한 적이 없다. 그런데 아리스토텔레스의 허울 좋은 철학이 지난 300년 동안에 교회에 뿌리를 내리고 상당한 세력을 얻었으며, 이 기간 동안 그 밖에 많은 왜곡된 결론들이 내려졌다.[26]

루터가 화체설을 비판한 또 하나의 기준점은 '신앙'이다. 중세 성례전 신학의 중요한 문구는 '성례전은 그 자체의 고유한 힘으로부터 그것에 저항하지 않는 사람에게 효력을 미치게 한다'*ex opere operato non potentibus olicem*이다. 즉 사제의 축성을 통한 단순한 집행에 의해 신적인 힘이 주입되는 것으로 이해했으며, 신의 은총에 저항하지 않는 사람은 성례전이 신의 은총을 전하는 것이라는 사실만 부정하지 않으면 신의 은총을 받을 수 있다는 이론이다. 이 '엑스 오페레 오페라토'*ex opere operato* 이론은 성례전을 사제에 의한 마술적 성격을 가진 객관적 사건으로 만든다. 또한 빵과 포도주를 살과 피로 만드는 것은 하나님의 행위가 아닌 사제의 '본성적 능력'*habitus*에서 기인한다.

루터가 단호히 저항했던 것이 바로 이 점이다. 종교개혁자들은 신과 인간의 관계는 항상 '인격 대 인격'이라는 만남의 형태에서만 가능하다는 점을 줄곧 강조했다. 다시 말해, 하나님과의 만남은 신앙의 영역에서만 참되다. 그 때문에 루터는 하나님과 신앙은 결합되어 하나라고 설명한다.[27] 신앙이 결여된 성례전은 신자에게 아무런 효력이 없으며 오히려 저주가 된다. 이는 위에서 언급한 루터의 종교 이해와도 맞닿아 있다. 루터는 종교*religio*를 신앙*fides*과 동일한 선상에서 보고 있거나,[28] 또는 동시에 다루면서[29] 참 종교와 악마의 종교 혹은 우상숭배에 대한 진술을 전개하기 때문이다.

종교개혁 초기라 할 수 있는 1518년 『95개조 논제 해설』에서 루터는 의롭다고 하는 것은 성례의 형식이 아닌 신앙이라고 강조했고, 그해 아우구스부르크에서 열린 청문회에서도 루터는 카예타누스*Cajetanus, 1480-1547* 앞에서 자신의 성례전 이해를 강하게 주장했다. 거기서 루터는 신앙의 본질적 요소가 무엇인지에 관해 한 발짝도 양보하지 않았다. 이는 그 당시 교회의 신학적 상황으로 볼 때 교황의 권위에 도전하는 뜨거운 감자였음이 틀림없다.

루터를 이단이라고 공공연히 떠들었던 에크*Johannes Eck, 1486-1543*나 프리에리아스*Silverster Prierias, 1456-1527*나 테첼과는 달리, 청문회 이후 카예타누스는 교황청에 보내는 자신의 청문회 보고서에서 놀랍게도 루터를 이단자로 표현한 문구를 전혀 사용하지 않는다. 단지 그는 "루터의 신학은 새로운 신학이며, 무언가 (정통과는) 다른 신학이다"라는 표현을 사용한다. 여기에 덧붙여 카예타누스는 루터가 신앙의 요소를 강조한다는 이유를 들어 "이것은 새로운 교회를 세운다는 것을 의미한다"고 진술한다. 당대 최고의 아퀴나스 신학 대가인 카예타누스는 루터의 주장을 면밀하게 관찰했고,

이에 따라 자신의 청문회 기록을 세밀히 검토한 후에 교황청에 최종 보고서를 제출한다. 그러나 이 보고서 덕택에 카예타누스는 그동안의 명성을 뒤로한 채 교황청의 조롱거리로 전락하고 만다.[30]

루터는 1519년 자신의 친구인 슈팔라틴에게 보낸 편지에서 하나님의 약속promissio이 명시적으로 나타나 있을 때만 성례로 여길 것을 강조하는데, 그 이유를 성례전의 가장 근본적인 요소는 제정의 말씀(약속)과 이에 대한 신앙이기 때문이라고 설명한다. 1520년 루터는 고해와 세례, 성찬에 관한 세 편의 설교를 하였다.[31] 그는 여기서도 신앙의 중요성을 강조한다. 신앙이 결여된 중세 시대의 성만찬을 루터는 1522년 자신의 설교에서 풍자적으로 설교한다.

> 성만찬을 구성하는 요소들을 취하는 것은 외적인 것으로 믿음과 사랑 없이도 이루어질 수 있다. 만일 그것을 받아들임으로 그리스도인이 된다면, 쥐도 그리스도인이 될 것이다. 왜냐하면 쥐도 빵을 갉아먹고 포도주를 찔끔찔끔 마실 수 있기 때문이다. 따라서 내적이고 영적이며 참된 특성을 받아들인다는 것은 완전히 별개의 것으로, 그것이 믿음 안에서 발생하는 성만찬의 용도와 열매를 구성한다.[32]

보이지 않는 (제정의) 말씀과 물질적 요소의 결합이라는 측면에서 중세 성만찬 이해와 루터의 견해는 동일하다. 또한 그리스도의 현재적 임재라는 측면에서도 동일하다. 그러나 루터는 화체설의 철학적 방법론 곧 물질적 실체의 본질적 변화는 거부한다. 시간적 차원에서 부연하여 설명하면, 로마 가톨릭의 경우 성만찬에 드러나는 그리스도의 현재적 임재 또는 변화는 사제의 축성이 결정적 시점이 된다.[33]

이와 달리 루터에게 그러한 임재의 시점은 수찬자가 성찬을 (신앙으로) 받는 시점이 된다. 이 시간적 차이의 예를 든다면, 중세 시대 사제의 개인 미사에 의한 축성consecratio이 토요일 밤에 이루어지고 분찬이 주일에 이루어졌다고 가정한다면, 치유와 구원의 능력으로 이해될 수 있는 성찬의 효력이 축성의 시점인 토요일 밤부터 시작된다. 그러나 루터에게 성찬 효력의 시점은 주일예배 때 '신앙으로' 성찬을 '받는' 시점이 된다. 최소 하루라는 시간차가 서로 존재한다. 이 점에서 1522년 루터의 풍자적 설교가 왜 선포되었는지 이해될 만하다. 루터는 말씀에 대한 '신앙'을 결정적 요소로 보았다. 수찬자는 제정의 말씀Sola Scriptura에 대한 신앙에 의해서만Sola Fide 그리스도의 살과 피가 현존하는 하나님의 은총Sola Gratia을 경험한다. 이를 루터파 신학자들은 '실재설'이라 부른다.[34]

상징설과 실재설

실재설real presence이란 빵과 포도주에 그리스도의 몸과 피가 현존한다는 것을 의미한다. 실재설에 대한 최초의 문헌은 2세기 교부인 안디옥의 이그나치우스Ignatius of Antioch, 35-107에게로 소급된다. 그는 요한복음 6장을 영지주의와 가현설에 대항하는 단초로 보았다. 4세기 말 아우구스티누스는 성례전을 그리스도 현존의 표지signum, 물질적 요소figura, 말씀의 동일성similitude으로 구분하고 실재설에 대한 이해를 좀 더 깊게 하였다. "받으라, 너희에게 그것이 있다. 그것은 그리스도의 몸이다. 받은 것이 그렇게 될 것이다. 그것은 그리스도의 몸이다."[35] 이와 같은 아우구스티누스의 성만찬 이해는 당시 일반인들이 원하는 화체 이론을 설명하기에 그리 충분하지 않았고 심지어 이단적 사상으로까지 치부되기도 했다.

이후 9세기에 이르러 성찬 논쟁은 본격적으로 진행되었다. 물질에 부여된 상징성을 강조Symbolismus하는 라드베르투스Paschasius Radbertus, 790?-865와 그리스도의 현존을 영적인 것으로 설명Realismus하는 라트람누스Ratramnus, 800?-870?의 신학적 논쟁은 자신의 세대에 끝나지 않고 11세기에 이르러 제2차 성찬 논쟁에서 일단 막을 내린다. 여기서 논쟁의 중심은 물질과는 완전 별개로 존재하는 그리스도의 영적 임재를 주장하는 뚜르의 베렝가르Berngar von Tours, 999-1088의 주장이었다. 그의 주장은 1059년 라테란 성당에서 열린 로마 주교회에서 거부당하고 성서의 실재설이 정통 교리로 승인된다. 그 후 1215년 인노첸시오 3세에 의해 진행된 제4차 라테란 공의회에서는 화체설을 공식 교리로 받아들이게 된다.

루터가 로마 교회와 대항할 때 화체설에 신앙의 요소를 강조했다면, 그의 동료였던 칼슈타트, 네덜란드 인문주의자인 꼬르넬리스 훈Cornelis Hoen, 1440-1524, 츠빙글리에 대항한 루터는 상징설Symbolic interpretation에 반대한 실재론을 강조했다.[36]

한편 꼬르넬리스 훈은 베슬 간스포르트Wessel Gansfort, 1419-1489가 저술한 『성찬론』과 에라스무스의 영향을 받아 네덜란드 인문주의 집단에 널리 퍼져 있던 견해를 적극 수용했다. '성찬 제정의 말씀은 상징적으로 받아들여야 한다'는 견해인데, 즉 빵과 포도주는 그리스도의 상징이지 실재하는 것은 아니라는 것이다. 루터와 동시대 개혁자로 알려진 츠빙글리는 이러한 훈의 해석을 받아들였는데, 그에게 성찬은 본질적으로 기념 의식이고 신앙에 대한 상호 증거로 이해되었다.[37]

루터와 마찬가지로 츠빙글리도 성서에 나오는 성찬 제정의 말씀고전 11:23-29을 근거로 자신의 상징설을 전개한다. 그는 고린도전서 11:24의 "이것을 행하여 나를 기념하라"는 문구에서 '기념'에 관심을 둔다. 그에게 '기념', '기억', '회상'이라고 번역되는 '아남네시스'anamnesis는 단순히 머릿속에 회상하는 기억이 아닌, 주님의 현재적 임재를 합당하게 이해하도록 하는 통로이며 방법이다.

다른 말로 하면 '구원의 의미를 효과적으로 강화시키는 것'이 바로 '아남네시스'다. 그는 요한복음 6:63의 "육은 무익하니라"는 예수의 말씀을 상징설의 결정적 근거로 사용한다. 이와 같은 츠빙글리의 성만찬 이해는 1524년 11월 16일 그가 루터파 목사인 알베르투스Albertus von Reutlingen에게 보낸 편지에 명확하게 진술되어 있다. 그 편지에 의하면 츠빙글리는 성찬의 의미는 "영적인 먹음"이며 그리스도의 속죄적 죽음에 대한 기억이라고 선언한다. 여기에 덧붙여 그리스도를 육적으로 먹는다는 관념은 우상숭배를 하는 식인종 또는 육식가나 하는 짓이라고 조롱한다.[38] 이 편지에 루터의 이름이 거명되지는 않았지만 루터에 대한 공격인 것을 당시 사람들은 모두 알고 있었다.

츠빙글리는 그리스도의 신적 본성과 인적 본성을 구분하며 그리스도인의 참된 신앙은 육의 예수가 아닌 영에 있다고 보았다. 그리스도의 고난은 신적 본성이 아닌 인성에 의한 결과물이며, 더 나아가 지상의 예수 육체와 부활 후의 육체는 근본적으로 다르다고 주장했다. 그리스도인의 신앙은 육적인 것과 상관없는 영으로 변모된 승천한 예수에 대한 것이며, "이것은 내 몸이다"라는 예수의 말씀은 승천한 몸이 아닌 예수의 지상 생활과 관계있다고 보았다. 그 때문에 그는 고린도전서 11:24에서 앞 구절("이것은 내 몸이다")보다 뒷 구절의 '기념'에 방점을 두었다.

루터는 자신의 입장을 츠빙글리와의 신학적 논쟁을 통해 더욱 발전시켰다. 츠빙글리와 동일하게 루터도 성서 구절을 근거로 사용했다. 츠빙글리가 요한복음 6:63("살리는 것은 영이니 육은 무익하니라……")을 근거로 사용했다면, 루터는 이 구절이 성찬론에 적용되어서는 안 된다고 반박했다.[39] 루터는 제정의 말씀 후반부에 나오는 '아남네시스'에 중점을 두는 것이 아닌, "이것은 내 몸이다"라는 1형식의 직설법 문장에서 존재 술어인 'est'(be동사)에 초점을 둔다. '…이다'*est*라는 말은 어떠한 식으로든 '상징하다'*significat*라고 해석할 수 없다고 강조한다.[40] 그에게 제정의 말씀은 해석의 여지가 없는 것이었다. 말씀 그대로 떡과 살, 포도주와 피가 구분될 수 없는 현재적 연관성이 있음을 강조한다. '육은 신앙과 관계가 없으며 무익하다'는 츠빙글리의 논지를 비판하면서, 루터는 '하나님의 임재는 영적으로든 육적으로든 모두 동일하게 가치 있다'는 주장을 편다.

주장의 핵심 곧 '그리스도가 성육신하였고, 그의 구원이 십자가라는 눈에 보이는 세계 안에 나타났다'는 것은 루터에게 당연한 귀결이다. 성육하신 그리스도와 십자가의 고난 가운데서 하나님은 우리를 구원하고자 만나신다. 이것을 부인하는 자 곧 영적인 것만 강조하는 것은 기독교 신앙의 핵심을 위태롭게 하는 것이라고 루터는 생각했다.[41]

이런 입장은 이미 1529년 마르부르크에서 열린 츠빙글리와의 종교 회의[42] 이전부터 루터에게 철저히 고수되고 있었다.[43] 성만찬에서 츠빙글리가 강조했던 영적 먹음과 동일하게 루터에게는 육적 먹음도 중요했던 것이다.

한 번 더 묻는다. 성찬에서 그리스도의 살을 육적으로 먹는다면 이것은 동시에 영적으로 먹는 것인데 왜 당신은 동의하지 않는가? 이것이 어떻게 가능하냐고 당신은 묻는다. 간략하게 이렇게 답할 수 있다. 나는 빵인 그의 몸을 육적으로 먹고 동시에 마음으로 '이것은 너희를 위하여 주는 내 몸이다'라는 말씀과 같이 이 먹음이 죄 용서를 위해 나에게 주어진 몸이라고 믿는다. 이것이 당신 스스로가 영적인 양식이라고 부르는 것이다. 만일 영적인 양식이 거기 있다면, 육적인 양식은 해로운 것이 아니라 영적 양식을 위해 유익한 것임에 틀림없다.[44]

츠빙글리의 상징설의 경우 성서 말씀을 도구로 사용하고 영적 의미만 강조되고 있는 반면, 루터는 동일한 말씀을 도구로 영적 의미뿐 아니라 육적(실재적) 의미를 동시에 강조한다.[45]

츠빙글리 사상에 나타난 르네상스의 인문주의 요소와 루터가 격렬하게 비판했던 중세 교황주의 학자들이 주장한 존재의 유비analogia entis는 모두 '아래로부터 위를 지향한다'는 점에서 유사하다. 이들에게 주체는 인간이 된다. 루터는 이처럼 인간이 주체가 되는 자들을 향해 이렇게 설교한다.

그들은 머리로 하늘을 꿰뚫어 보고 하늘 안에 있는 모든 것을 둘러본다고 지껄인다. 그러나 결코 그곳에서 아무것도 발견하지 못할 것이다. 왜냐하면 그리스도는 구유에 놓여 계시고 여인의 품 안에 안겨 있기 때문이다. 이제 그들은 하늘에서 곤두박질칠 것이고 곧은 목이 부러질 것이다.[46]

전체적으로 보면 루터의 성찬론은 종교개혁 역사 과정을 통해 점차 첨예화되고 발전되었다. 루터가 최소한 1518년부터 아우구스티누스의 성례론을 근거로 표지·의미·신앙을 구분하여 성찬에 관하여 독자적인 정의를 했다면, 1520년 이후부터는 제정의 말씀 자체가 성만찬 이해의 근거이며 척도라는 생각을 노년까지 줄곧 고수했다. 성찬과 관련해서는 화체설에 반대하여 사제의 마술적 힘에 의한 것ex opere oprato이 아닌 '신앙적 요소'를 강조했고, 츠빙글리와의 논쟁 속에서 상징설에 반대하여 성찬 요소 속에 그리스도의 영육이 참되게 있다*est*는 '실재적 현존'을 강조했다. 성만찬 이론의 발전을 들여다보면 그 속에는 수많은 신학적 소주제와 영성적 차원들이 교차한다. 신앙 요소의 강조라든가 제정의 말씀에 대한 강조와 같은 것은 이전에 없던 성례전 신학의 새로운 차원이다. 이러한 새로운 강조는 루터의 초기와 후기까지 철저히 고수되던 통일성에 근거한다. 하나님은 어디서나 현존하신다는 것, 그분은 영뿐만 아니라 피조 세계 속에서도 활동하신다는 것, 우리는 그분을 말씀이신 예수 그리스도 안에서만 인식할 수 있다는 것, 하나님은 그리스도 안에서만 우리의 구원을 위해 행동하신다는 것, 즉 '주체는 하나님 자신이다'라는 사실이 루터의 성만찬 이해에 면면히 흐르고 있다.

앞에서 살펴본 바와 같이 성례전은 어떤 고정된 형식이나 예식을 의미하지 않는다. 오히려 루터가 철저히 고수하려 했던 것은 머리로만 이해되거나 영적인 것만 강조되는 편협한 말씀이 아니라, 육체의 영역, 모든 피조의 영역까지도 감당하시는 하나님의 은총을 강조한 것*Sola Gratia*이라 할 수 있다. 그 은총은 '보이는 말씀'과 '보이지 않는 말씀'을 통해 전달되며 *Sola Scriptura*, 이것을 전폭적으로 신뢰할 때에만*Sola Fide* 온전한 성도의 교제 *communio sanctorum*를 완성할 수 있게 된다.

한국 교회는 교파마다 성찬에 대한 이해가 다르다. 그러나 중요한 것은 종교개혁자 루터가 성찬에서 강조했다시피, '그리스도가 지금 이 순간 나를 위해 함께 계신다'는 사실과 이 은총의 '주체는 하나님 자신'이라는 것을 '말씀 그대로' 받아들이는 것, 그리고 성찬의 의미를 '삶으로 살아내는 것'이 바른 성만찬 이해의 첫걸음이 아닐까?

앞서 설명한 성만찬 신학에 대해 골치 아파하는 분들을 위해 초간단 정리해 본다. 다음 내용은 성만찬의 역사와 신학을 대화체 형식으로 각색해 본 것이다. 현대적 논의는 제외했고, 종교개혁 시대를 중심으로 풀었다.

예수(대전제): "이것은 내 몸이고 이 잔은 내 피니, 이것을 행하여 나를 기념 *anamnesis* 하도록 하여라."

초대 교회: "예수는 부활하여 영원히 죽지 않는 영생불사의 몸이지. 성찬은 그의 살과 피를 먹고 마시는 것이고. 그러므로 성찬례는 불사(영생)의 능력을 받는 것임이 틀림없어."

중세 교회: "성찬에는 불사의 능력이 있기 때문에 불치병 정도는 우습게 나을 수 있지. 한마디로 성찬은 만병통치약이야. 고로 사제가 축성한 떡으로 내 병도 고치고 엄마 병도 고쳐야지! 앗, 그렇지! 오늘 밤에 몰래 들어가 도둑질이라도 해야겠다! 히히, 어차피 축성한 것은 이미 만병통치 가능한 예수의 살과 피니까!"

루터: "말 같지도 않은 소리! 그래, 사제가 축성해서 떡이 예수의 살로 변했다고 치자. 그럼 제일 먼저 구원받을 이들이 교회 성도들일 것 같나? 천만의 말씀! 그렇게 따진다면 구원 서열 1위는 교회 안에 돌아다니는 쥐새끼들

이겠지. 쥐들도 빵을 갉아먹고 포도주도 찔끔찔끔 마실 수 있지 않은가?……
성찬에 실재하시는 그리스도에 대한 믿음이 없다면 헛것이야. 사제가 축성을
하든 안 하든 그런 건 아무 상관 없어. 오직 그리스도의 말씀에 대한 믿음, 그
믿음이 있어야 해."

(루터의 실재설은 초대 교부였던 이레네우스Ireneus Lugdunensis, 130?-202까지 소급된다. '성찬
의 효력'에 대해 살펴봤으니, 이제 '성례전 신학'으로 넘어가 보자.)

초대 교회: "성례전*sacramentum*은 하늘 위에서 내려온 '선물'(은총의 도구, 카리스
마)이며 '히에라르키아'(위계질서의 힘)야. 이것은 사람이 땅에서 만들어 하늘 위
로 올릴 수 있는 성질의 것*sacrificium*이 아니지. 그러므로 성찬은 사람이 만들어
낼 수 없는 영생의 힘을 우리에게 약속하신 은총의 도구means of grace야."

아우구스티누스: "성례전은 '말씀'과 '표지'*signum*가 결합된 은총의 도구야.
말씀은 보이지 않지만 표지는 우리의 감각으로 체험할 수 있지. 그러므로 성
례전은 '보이는 말씀'이라고 정리할 수 있겠지."

중세 교회: "성례전은 은총의 도구야. 하나님은 은총의 보화가 가득한 천
국 창고 열쇠를 교회에 주셨지. 이 열쇠를 가진 자들이 바로 사제야(천국 열쇠
의 직무). 사제들은 이 열쇠를 사용하여 '요람에서 무덤까지' 성도의 삶을 책임
지는 직무를 받았지. 그래서 요람에서 무덤까지 교회가 책임진다고 볼 수 있
지. 자, 봐! 태어나면 성세성사(세례), 자라서 자기 입으로 신앙을 고백할 수 있
을 나이가 되면 견진성사(입교), 미사에 들어오면 성체성사(성찬), 살다가 죄지
으면 고백성사(고해), 혼기가 차서 결혼할 때 혼인성사(결혼), 사제가 되기로 했

다면 신품성사(사제 서품), 죽기 직전에는 종부성사(병자 도유). 맞지! 우리는 이렇게 모든 인생을 하나님 품에서 관리하는 시스템이 잘 갖추어진 교회다!"

(7성례는 1274년 제2차 리옹 공의회에서 결정되었고, 종교개혁 시대 트리엔트 공의회1545-1563 때 재확인 후 지금까지 변함없이 유지되고 있다.)

루터: "성례전이 은총의 도구인 것도 맞고 보이는 말씀인 것도 맞는데, 왜 그런 은총의 도구로 가난한 자들의 주머니를 털어서 성당 건축하고 사제들 배나 채우는가? 어디 한번 제대로 따져 보자!"

(이러한 배경 가운데 나온 글이 루터의 3대 논문 중 하나인 『교회의 바벨론 포로』다. 이 글에서 루터는 '가톨릭 7성례전이 성서적 조건에 부합하는가'를 주된 논제로 다룬다.)

"그래, 성례전이 되기 위해서는 아우구스티누스의 말대로 말씀과 표지가 결합되어야 한다. 여기서 '말씀'이란 예수께서 하라고 명령한 것이어야 한다 (제정의 말씀). 하라고 하지도 않았는데 성례전이라고 우기면 그것은 사기일 뿐이다.……그래, 성경 한번 죄다 훑어보자!……어? 세 가지만 여기에 부합하네! 세례, 성만찬, 죄 고백과 용서(고해성사). 그럼 나머지 네 가지는 아웃! 아, 그런데 여기서 '죄 고백과 용서'는 세례 때도 약속된 것이고, 게다가 물질의 표지가 없군! 그럼 이것은 패스! 결국 세례와 성만찬 둘 만 남았네. 예수께서 하라고 명령하신 성례전은 일곱 개가 아니라 딱 둘이군!"

(이로써 개신교회의 성례전은 '세례'와 '성만찬'이 된다.)

가톨릭(화체설): "사제는 서품 받으면서 천국 열쇠를 받는데, 이 열쇠의 직무는 영원히 변하거나 없어지지 않고 빼앗기지도 않지. 한번 해병은 영원한 해병인 것처럼 말야. 고로 사제가 축성한 떡과 잔은 예수의 몸과 피로 변하고,

불사의 능력이 그곳에 임하지. 너희가 믿든 안 믿든 상관없어. 철학적으로 설명해 볼까? 너희 눈으로 볼 땐 아무것도 안 변한 것 같지? 그런데 축성한 순간 변했어. 어떻게? 아리스토텔레스 철학에 나오는 개념 하나 들려줄게. (친절한 목소리로) 우리가 눈으로 보는 모든 사물의 모습은 일종의 '우연'이야. 그런데 모든 물질이 참으로 존재하는 것은 눈에 보이는 우연이나 현상이 아니라 '실체'*substantia*이기 때문이지. '실체'라는 말을 좀 더 유식하게 설명해 볼게. '숩스탄티아'*substantia*는 '서브'*sub, 밑에*와 '스탄티아'*stantia, 서 있다*의 합성어로 '모든 사물이 존재하는 진짜 모습'이라는 뜻이야. 그래서 '존재한다'는 것은 눈으로 보이는 우연의 세계를 넘어서는 신비에 속하지. 대부분 우연과 실체는 일치하지만 그렇지 않은 경우도 많아. 특히 성례전에서 사제가 축성하는 시점이 바로 그런 사건이 일어나는 때라고 할 수 있지. 사제가 축성하는 순간, 물질의 '밑에 서 있는' 실체는 변하게 되지. 그러니 눈으로 보기에는 떡이지만 실은 떡이 아니라 예수의 몸으로 변했다고 할 수 있어. 어떻게 변했냐고? 사제가 서품 받을 때 그런 능력(히에라르키아)을 부여받았기 때문이지. 그래서 사제가 축성하면, 어느 순간 어느 장소를 막론하고 떡이 예수의 몸으로 변하게 trans-sub-stantia, 화체 되는 거야!"

루터(실재설): "뭐가 그리 복잡해? 성경을 봐! 예수께서 '이것은 내 몸이다. 이 잔은 내 피다' 했으면 그만이지, 무슨 복잡한 아리스토텔레스를 찾고 난리인가? 게다가 토마스 아퀴나스 할배는 도대체 성경의 말씀을 믿는 거야, 아니면 아리스토텔레스를 믿는 거야? 단문으로 구성된 성찬 제정의 말씀은 해석의 여지가 없는 예수의 말씀이야. 거기에 철학 같은 건 필요 없어. 게다가 성례전이 무슨 마술이야? 사제가 축성한다고 다 변하게? 성례전은 인간의 어떤 마술적 힘과 상관없는 하늘의 사건이야. 게다가 예수께서는 성찬 제정의 말씀을 하시면서 어떤 방식으로 떡과 잔이 변하는지 관심도 없었어. 오직 하나, 제정의 말씀을 믿는 믿음 가운데 예수께서 현존실제, real presence하는 거야. 아우구스티누스 할배는 성례전을 '말씀' 플러스 '표지'(물질)로 설명했지만 여기에 수찬자의 믿음이 없다면 말짱 도루묵이지."

(친절하게 수식으로 정리해 본다. 실재설=제정의 말씀+물질(떡과 포도주)+'믿음')

츠빙글리(상징설): "이봐, 루터! 말씀을 졸면서 본 거야? 여기 제정의 말씀을 잘 봐. 마지막 구절에 '기념하라'anamnesis로 되어 있잖나? 그렇다면 말씀 그대로 보면 성찬 의식은 그날 그때를 '상징'하는 행위이지, 그 이상도 그 이하도 아니잖은가? 생각 좀 하면서 성경을 읽게나!"

(인문주의의 영향을 받은 츠빙글리는 문자적 해석에 매달리는 루터가 못마땅했다.)

루터의 답변: "아니, '이것은 내 몸이다'est라는 구절은 왜 쏙 빼먹나? 1형식으로 쓰인 이것은 해석의 여지가 없는 주님의 말씀이고, 그분의 현존being을 뜻하지. 그렇게 상징이라고 자꾸 우겨대는 걸 보니 너(츠빙글리)는 나와 영이 다르군! 앞으로 아는 척 하지 마!"(마르부르크 회의, 1529)

칼뱅(영적 임재설): (격동의 한 세대가 지나고 2세대 개혁가를 자처하고 나선 칼뱅은 이 둘 곧 상징설과 실재설의 강점과 약점을 너무도 잘 알고 있었다. 츠빙글리와 루터 사이에서 갈등한 그는 결국 이런 결론을 내린다.)

"네, 잘 들었습니다. 츠빙글리 삼촌 말도 맞고 루터 쌤 말씀도 다 일리 있습니다. 다만 제 생각extra calvinisticum에 유한은 무한을 담을 수 없습니다finitum est *non capax infiniti*. 이 말은 곧 작은 컵에 무한한 바닷물을 모두 담을 수 없는 것과 같습니다. 마찬가지로 유한한 이 작은 컵 속에 무한한 예수의 몸을 온전히 담을 수 없습니다. 그런 면에서 츠빙글리 삼촌 손을 들어 주고 싶습니다. 그러나 루터 쌤 말씀대로 주님은 떡과 잔에 분명히 실재하십니다. 다만 제가 강조하고 싶은 것은 주님이 이 작은 잔에 '영'으로 임재하신다는 것입니다. 주님의 몸이 이 떡과 잔에 실재(현존)하는 것이야말로 신비입니다."

루터파들의 답변: "그래, 유한은 무한을 담을 수 없다는 칼뱅의 말은 옳다. 그러나 한번 시각을 바꿔 보라. 성례전은 하나님의 선물이니 하나님의 시각으로 살펴보라. '유한은 무한을 담을 수 없다'는 칼뱅의 주장은 인문주의의 영향을 너무 받은 탓이다. 루터의 신학을 따르면, '무한자(하나님)가 원하시기만 하면 아주 간단히 유한 속에 들어오실 수 있다!' 이것이 바로 신학적 관점이다. 자, 무엇이 옳은가? 칼뱅의 관점이 옳은가, 아니면 루터의 관점이 옳은가? 성경은 어떤 관점을 가지라고 하는가?"

(16세기 중반부터 벌어진 칼뱅주의자와 루터주의자들의 성찬 논쟁은 1973년 이전까지 끝나지 않았다. 결국 이 논쟁은 스위스 바젤 옆 시골 산동네인 로이엔베르크에서 종결된다.)

'로이엔베르크 합의서'의 결론1973: "성찬에 관해 루터나 칼뱅은 결국 같은 얘기를 다르게 표현한 것이다."

(헐. 목숨 걸고 근 500년 가까이 원수처럼 지냈는데 너무 싱겁게 끝나 버린 것 아닌가? 어쨌든 이런 교리 싸움이나 형식보다 더 중요한 것은 '성찬의 의미'를 삶으로 살아내는 것이겠지, 에헴!)

목사만 거룩한 성직자인가? 가끔, 아니 솔직히 말하면 자주(!) 목사를 높디높은 거룩한 성직으로 여기는 분들을 만난다. 교인들이 그렇게 목사를 높여 주면 고마울 법도 한데, 목사 스스로 '나만 거룩하다'고 폼 잡는 분들을 보면 눈살이 찌푸려진다. 개신교 신학에서 모든 직업은 거룩한 하나님의 소명(거룩한 부르심)이기 때문이다. 루터에게 직업Beruf은 곧 소명Berufung이다! 그렇다면 이런 사상을 루터는 어디서 발견했고, 그 핵심은 무엇일까?

이는 "각 사람은 부르심을 받은 그 부르심 그대로 지내라"는 고린도전서 7:20을 근거로 한다.[47] 루터는 라틴어역 성서를 독일어로 옮기며 라틴어 '보카티오'vocatio를 '베루풍'Berufung, 소명·부르심으로 번역했다. 여기서 주목할 만한 점은 루터 이전만 해도 '베루풍'은 오직 영적 직무로 부름받은 자에게만 해당하는 용어였지만, 그가 세속 직업의 영역까지 확장·적용하면서 수도사 제도를 비판하는 근거로 사용되었다는 점이다.[48]

종교개혁을 논하는 신학자들은 거의 모두 개혁의 원동력을 '칭의론'이라는 신학에서 찾는다. 그러나 실상 일반인들에게 힘을 주었던 루터의 가르침은 '모든 신자의 만인사제직'이었다. 물론 그의 만인사제론은 신자들에게만 해당된다는 한계가 있다. 그러나 거기서 배태된 열매인 직업 소명론은 교회 밖의 일반인들에게 거대한 공감대를 형성하게 되었고, 종교개혁의 파괴력을 확대시키는 데 큰 일조를 하게 된다.

당시만 해도 영적 계급(주교·사제·수도사)과 세속 계급(영주·기사·평민·노예)으로 출신 성분과 직업을 나누는 것이 통념이었다. 그러나 루터는 이런 계급적 구분을 혁명적으로 바꾸어 평면에 놓는다. '모든 인간은 신

앞에 평등하다'는 진리는 칭의론과 만인사제론의 골자다. 물론 앞서 언급했다시피 루터의 만인사제직은 '신자들의 공동체' 안에서만 유효한 데 반해, 직업 소명론은 교회의 담을 넘어 민주사회 공동체를 이루는 데 실질적 토대를 제공하게 된다.

'신의 부름'이라는 뜻의 '소명'Berufung은 중세 시대에 영적 직무에 속한 이들에게만 해당하는 말이었지만, 루터는 이를 세속 직업에 확장시키고 거기서 '직업'Beruf이라는 단어를 만들어 낸다. 다시 말해, 세속 직업도 역시 하나님의 소명이다. 루터에게 직업은 하나님이 부르셔서 직무를 명령하며 주신 일자리다. 하나님이 각 개인에게 주신 일종의 '포지셔닝'positioning이라고 할 수 있다. 그 때문에 자기에게 맡겨진 직업에는 목적이 있다. 그것은 자기 생계를 위한 것뿐만 아니라 이웃을 먹여 살리는 목적이다. 그러므로 자기에게 주어진 직업을 통해 이웃을 섬기고 사랑을 실천할 수 있다면, 그것은 곧 성직이다. 이와 관련하여 루터와 사회학자 콘체W. Conze, 1910-1986의 말을 인용해 본다.

> 그러므로 한 여종이 주인의 명령과 직무에 따라 마구간에서 똥을 치우고 있다면, 그것이야말로 천국으로 가는 직선로를 제대로 찾은 것이다. 그러나 반대로 자기 직무가 무엇인지, 자기 할 일이 무엇인지도 알지 못하면서 성자에게나 교회당으로 가는 이들은 천국이 아니라 지옥으로 직진하는 자들이다.[49]

루터의 기독교적 일과 직업 개념은 '재화를 얻기 위해 일하는 것'에 대하여 정당하다고 가르친다. 일을 통해 소비와 지출과 자기 복락을 위해서만 노력하며 사는 것은 자본주의 경제사회에서 흔히 볼 수 있는 일이다. 루터 역시 이것을 허용한다. 그러나 거기 그치지 않고 한 발짝 더 나아간다. 루터의 기독교적 일 개념은 돈과 재화에만 의지하며 만족하는 것과 차원이 다르다. 현대 경제사회에서는 전혀 받아들일 수 없는 것을 루터는 가르친다. '일과 직업은 자신을 위한 것이 아니라, 신의 명령에 따른 이웃을 위한 사랑 실천의 장이다.' 이런 루터의 일과 직업 개념은 자아실현을 강조하는 현대의 개념과 반대편에 서 있고, 현대 자본주의 체제와 끊어진 다리 저편에 위치한다. 그러므로 루터의 시각으로 보자면 현대 직업 사회는 전혀 기독교적achristlich이지 않고, 심지어 적그리스도적Anti-christlich이다.[50]

하나님이 주신 소명이란 가장 가까이 있는 사람 곧 내 가족과 동료들 한가운데 자신의 삶의 자리가 주어졌다는 것을 의미한다. 즉 우리가 사랑해야 할 대상은 우리의 이웃이다. 거기서 소명은 창조 세계의 모든 사람들이 조화로운 질서 가운데 살아가는 것을 목표로 한다. 다양한 직업과 직무를 통해 이 땅에서 하나님의 명령을 이루며 이웃 안에서 책임적 존재로 살아가는 것이 곧 소명이다.

모든 인간은 창조 세계 안에서 하나님의 다양한 부름을 받았다. 동일한 직무라 할지라도 동일한 환경은 존재하지 않는다. 그 때문에 소명이란 결코 누군가의 모습을 복사하거나 모방할 성질의 것이 아니다. 각 사람마다 하나님의 특별한 부르심과 직무를 부여받았기에 자신이 처한 사회적 삶의 자리에서 각기 다른 특성을 갖는다. 누구를 모방하며 살 필요 없이 하나님의 소명대로 이웃과 더불어 조화롭게 사는 것이 중요하다.

루터의 『수도원 서약에 관하여』1521에는 이런 구절이 나온다. "거룩한 신자들은 같은 신앙 안에서 살아야 하며, 같은 성령에 의해 감동되고 인도되어야 한다. 그러나 외적인 문제에서는 모든 신자가 각기 다른 일을 준행하며 사는 것이 하나님의 확고한 의도다." 즉 하나님은 각 사람마다 다른 일을 수행하게 하신다. 그리고 "(하나님은) 같은 시간·같은 장소·같은 사람 앞에서 똑같은 일을 맡기지 않으시고, 그 모든 일을 같은 영과 믿음으로 지도하고 관리하며, 다른 시간·다른 장소·다른 사람·다른 일 가운데 하나님의 일을 이루어 가신다." 하나님의 일은 이렇듯 숨겨져 있으나 인간은 하나님의 소명과 자신의 직업을 통해 하나님의 일을 드러내야 할 과제를 지고 있는 것이다. 그러므로 "소명(직업)의 수행을 통해 드러나는 것은 이전에 알려지지 않았던 시간·장소·일·사람·상황들이지만, 이모든 것은 결국 각 개인이 하나님의 뜻을 따르도록 강제하는 인도하심이며 신앙의 가르침이다. 그 안에서 모든 거룩한 신자들은 각자 자신의 특정한 소명을 따라 가르침을 받는다."[51]

요약하자면, 각 사람은 직업을 통해 하나님의 창조 세계 안에 참여하며, 거기서 주어진 직업적 임무는 모방할 수 없는 하나님의 개별적 소명이다. 우리의 직업이 이처럼 하나님의 소명과 연결되어 있다면, 우리에게 맡겨진 일은 세상 한가운데서 만들어지는 두려움에 잠식될 성질의 것이 아니다. 왜냐하면 소명의 원천은 하나님께 있고, 그분이 각 개인이 소명을 이루며 살아가는 삶의 자리를 책임지고 있기 때문이다. 그러므로 소명 가운데 살아가는 인간이 두려워해야 할 것은 오직 '신앙 없음'일 뿐이다.

여기서 질문 하나 해보자. 그렇다면 세속 직업은 종류를 막론하고 모두 성직인가? 그렇지 않다. 루터가 세속 직업을 거룩한 소명이며 성직이라고 주장하는 전제 조건이 있다. 앞선 인용구에서 언급된 바, 자신의 일이 '이웃의 유익을 도모하고 섬기는 일'이 되어야 한다. 루터는 하나님을 섬기는 일이 곧 이웃 사랑의 일과 직결된다는 것을 항시 힘주어 강조했다. 그 때문에 '각자 자기 직업을 통해 이웃을 섬기는 일이 곧 세상을 예배Gottesdienst로 가득 채우는 길'이라고 가르친 것이다.[52] 루터에 따르면, 우리는 모두가 사제이기 때문에 거룩한 직무로 부름받았으며, 목사나 선교사의 경우 공동체 안에 있는 사람들을 위해 일하는 공적 직무로 부름받았다. 여기서 공적 직무란 섬김의 직을 뜻한다. 그러므로 우리는 모두 사람들 사이에서 타자를 섬기기 위한 직무로 부름받았다. 즉 루터에게 직업이란 이웃을 섬기기 위해 부름받은 모든 자리를 뜻한다.

물론 루터의 직업 소명론을 현대적 관점으로 그대로 받아들이기 힘든 부분도 상존한다. 왜냐하면 루터 당시 직업이란 거의 대부분 혈통이나 가문에 따라 이어지는 태생적이고 고정적인 범주였지만, 현대의 직업은 언제라도 이동 가능한 유연성이 있기 때문이다. 이런 비판점은 이미 중세 신분제 사회 안에 잠재되어 있었고, 루터 역시 이런 시대적 한계를 완전히 극복하지 못했다. 예를 들어, 당시 중세 사회는 '세 신분론'Dreiständelehre이 자리 잡고 있었다. 통상 주교나 사제 수도사로 구분되고 영적 계급으로 불리는 '가르치는 신분'Lehrstand, 사회질서의 직무를 맡은 영주와 기사 같은 '수호의 신분'Wehrstand, 농민과 같은 '생산자 신분'Nährstand으로 나뉘어 일종의 계급 구조화되어 있었는데, 이 구조를 잘 살펴보면 육체 노동직이 천시되고 있다는 것을 알 수 있다. 이는 중세 초기 프랑스에서부터 유래하여 전 유럽에 사회적 통념이 되었다.

그러나 루터는 이런 계급 구조를 하나님의 '두 통치설'로 구분한 다음 중세 통념과는 다른 방식의 '세 신분론' 또는 '삶의 세 자리 이론'으로 돌파해 나간다. 영적 공동체ecclesia, 교회 · 경제 공동체oeconomia, 혈연 · 사회적 관계 · 정치 공동체politeia, 국가, 이 세 자리는 하나님께서 그리스도인에게 사랑 실천의 장으로 주신 삶의 자리다. 또한 계급적으로 이해할 수 없기 때문에 그 어떤 자리도 우선권을 주장할 수 없다. 모두 하나님이 주신 삶의 자리이기 때문이다. 다만, 루터의 패착 또는 시대적 한계라고 할 수 있는 것은 루터가 세 자리를 종종 고정적 형태로 구별해서 생각했다는 점이다. 이것은 1525년 농민 전쟁 시 루터의 태도에서 살펴볼 수 있다.[53]

이런 시대적 한계에도 불구하고 루터의 직업 소명론이 갖는 가치는 퇴색되지 않는다. 오늘날 자본주의 사회에서는 '부익부 빈익빈', '부자는 망해도 삼대를 간다'는 식의 암울한 논리가 통용된다. 그러나 자기 배만 불리고 자기 유익만을 구하는 직업관이 아니라 이웃을 위해 섬기는 직업관이라면, 그것만으로도 이런 현대 사회의 음지를 직시하고 저항하는 기독교적 시각이 되기 때문이다. 또한 교회 내부적으로 본다면, 목사만 영적 직무이고 목사만 하나님의 소명 받은 하나님의 사자(?)라는 식의 논리로 교권을 수성하고 갑질하는 자들에게 경종을 울리는 개혁 정신의 무기가 된다. 우리는 모두 하나님의 소명을 받은 거룩한 신자들이다. 어느 직업이든 이웃의 이익을 도모하고 서로를 높이며 섬기는 일을 추구한다면, 특정 직업만 거룩한 것이 아니라 우리 모두 '함께' 거룩한 것이다.

루터의 두 통치설

'두 왕국설', '두 정부론'으로도 불리는 루터의 '두 통치설'Die Zwei-Reiche-Lehre bei Martin Luther은 그의 신학 사상 중 가장 많이 토론되는 주제 중 하나다. 세속 정부의 본질과 임무에 대해 1521년 7월 13일 멜란히톤에게 보낸 편지로부터 시작하여, 1522년 여름부터 시작한 정치 관련 설교와 책자에서, 그리고 1523년 『세속 정부에 관하여 우리는 어느 정도까지 그 권위에 복종해야 하는가』에서 세속 정부와 영적 정부의 구분과 본질에 관한 관심을 볼 수 있다.

그러나 무엇보다도 1525년 독일 전역에서 벌어지고 있던 농민 전쟁과 연결된 루터의 대응은 교회와 국가의 관계, 그리스도인의 사회 참여의 본질이 무엇인지 숙고하게 만든다. 여기서 대두되는 교리가 두 통치설이다. 그런데 이 교리만큼 루터를 오해하게 만드는 교리도 없다.[54]

이 교리의 난점이 있다. 무엇보다 루터에게 이 교리는 중심 주제가 아니라는 점이다. 게다가 이 교리가 기대고 있는 세 가지 이론을 숙고해야 한다. 첫째는 아우구스티누스의 '두 왕국설'이고, 둘째는 13세기 중반에 나타난 '두 개의 검 이론'이고, 마지막으로 루터 시대에 일반적 통념이었던 '세 신분론'이다. 루터는 이 셋을 혼용해서 사용하고 있기 때문에 모든 사건에 일률적으로 적용하기가 어렵다. 교황 제도와 대결할 때는 하나님의 왕국과 마귀의 왕국이라는 두 왕국설을 사용하고, 개신교 내부에서 교인들의 문제를 다룰 때는 삶의 세 자리 이론('세 신분론'을 변형한 루터의 이론)에 집중한다.

두 번째 난점은 '왕국은 통치 영역을 말하는 것이고, 정부는 통치 방법을 뜻한다'고 했던 보른캄Heinrich Bornkamm, 1901-1977의 옳은 견해를 고려해야 한다. 루터 당시 언어와 지금의 언어는 다르다. '라이히'Reich라는 단어를 보통 지역적 구분을 의미하는 '나라' 또는 '왕국'이라고 번역하지만 16세기에는 그런 의미가 없었다. '두 왕국설'이라는 개념을 루터에게 처음으로 사용한 이는 칼 바르트인데, 그는 이런 점을 고려하지 않고 히틀러 시대 상황을 루터 신학의 결론으로 이해하며 비판했다. 바르트 이래로 20세기 초반 보수 신학자와 정치가들은 루터의 이 교설을 널리 악용했다. 루터 자신의 말로 이 교설을 요약하면 이렇다.

우리는 두 정부를 조심스럽게 구분해야 한다. 하나는 의를 만들어 내기 위한 것이고, 다른 하나는 외적 평화를 가져오며 악을 막기 위한 것이다. 둘 중 그 어느 것도 다른 하나 없이는 이 세상에서 충분하지 않다.[55]

이와 같이 둘로 구분하는 의미는 하나님 앞coram deo과 세상 앞coram mundo에 있는 인간 실존을 보여주는 것이며, 이 상호 관계를 영적인 것과 세상적인 것으로 구분하는 것이다. 여기서 중요한 것은 지역이나 민족적 국가만이 세상 나라에 속하는 것이 아니라, 세상 속에서 삶을 보전하고 유지하는 데 꼭 필요한 모든 것이 여기에 속한다는 점이다. 그러므로 이는 '율법과 복음'의 구분과 일치한다. 두 왕국의 관계에서도 중요한 것은 복음과 신앙의 순수성을 지키고 보장하는 것이다.

하나님은 양손에 칼과 복음을 들고 세상을 통치하신다. 이 둘의 관계는 상호 보완적 또는 상호 견제 기능을 한다. 그러므로 정교일치 또는 정교분리를 극단적으로 말할 수 없다. 오히려 이 교리는 목회적 관점에서 유연하게 바라봐야 한다. 한쪽 팔에 모기가 물고 있으면 다른 팔로 모기를 잡는 것과 같이 두 팔은 모두 몸을 위해 존재한다. 여기서 중요한 것은 "한 사람 안에 두 가지 인격 또는 두 직무가 요청된다"는[56] 사실이다. 이 때 그리스도인은 두 가지 인격을 '동시에' 가져야 한다. 예를 들어, 악한 정부가 그 앞에 나타났을 때, "그리스도인은 악에 대항해서는 안 된다. 피해야 하는 것이 맞다. 그러나 세속 인격Weltperson은 모든 악에 반드시 항거해야 한다."[57] 자기 직무가 이를 허용하는 한 반드시 해야 한다. 이것은 저항에 대한 문제로 직결되는데, 루터는 이렇게 설명한다.

나의 선, 나의 명예, 나의 피해에 나는 관심을 두지 않아야 하며, 그로부터 분노해서도 안 된다. 이는 하나님의 명예와 명령이기 때문이다.……그러나 이와 반대로 우리 이웃의 피해와 불의를 만나면 우리는 이웃을 위해 방어해야 한다. 공권력은 검으로, 다른 이는 말과 벌로…….[58]

　당신은 복음에 따라 행하고 올바른 그리스도인으로 인내하라.……그러나 이웃을 위해서는 복음이 금하지 않고 명령하지 않는 한, 어떤 불의도 참지 말라.[59]

　바르트가 루터의 두 통치설을 비판한 요지는 루터가 영적 정부와 세상 정부를 구분하면서 세상 정부에게 과도한 권위를 주었다는 것이다. 이는 히틀러 시대의 상황과 맞물린 해석이다. 루터의 사상을 딛고 바르트가 제시한 새로운 세계관은 '신정적 사상'이었다. 바르트의 장점은 신앙적인 면에서는 분명하다. 그러나 현실의 삶과 상황은 그리 단순하지 않다. 이 점에서 루터의 장점은 뚜렷하다. 루터가 두 통치설을 언급하면서 영적 영역에서는 복음을, 세상의 영역에서는 이성의 기능을 강조했다는 점이 중요하다. 루터는 세속 영역에서 어떤 발걸음을 해야 하는지 구체적 사안들을 개별적으로 나열하지 않는다. 대신 각자가 이성과 자연법을 올바로 사용하여 스스로 결정할 수 있도록 신앙 안에서 고민하고 질문하며 해답을 찾도록 만든다.

　그리스도인은 하늘에 관계된 존재인 동시에 세상 이웃과 관계된 존재다. 그런데 문제는 여기서부터 생긴다. 현실적으로 보면, 세상 속에서 살아가는 신앙인에게는 늘 세상의 영역과 영적 영역의 충돌이 생길 수밖에 없다. 세상을 택할 것인지 아니면 영적인 것을 택할 것인지 그것이 문제로 대두된다. 루터에게는 이 둘 다 하나님의 영역에 속하기 때문에 둘 다 옳다. 그러나 우리의 실존은 둘 중 하나를 선택해야 하는 기로에서게 된다. 거기서 영적 시련Anfechung이 찾아온다. 그렇다면 이런 갈등상황에서 어떻게 해야 할 것인가? 이것이 루터의 두 통치설이 말하고자 하는 핵심이다.

헤겔의 말대로 '우리의 비극은 옳음과 틀림 사이에 있지 않다. 옳음과 옳음 사이의 선택과 갈등이 우리를 비극으로 몰아간다.' 문제는 이 둘 가운데서 선택을 해야 하는 갈등상황이다. 여기서 루터의 말을 인용해 보자.

> 용감하게 죄를 지어라. 그러나 더 담대히 그리스도를 신뢰하라!Pecca fortiter, sed fortius fide et gaude in Christo![60]

이 문장은 1521년에 루터가 동료 멜란히톤에게 보낸 편지에 나오는 내용이다. 이 문장은 많은 오해를 불러일으켰다. 그러나 루터가 말하고자 하는 요지는 간단하다. '이 땅에서 육체를 덧입고 살아가는 한, 죄의 세계를 피할 수 없다. 그렇다면 우선 하나님의 말씀을 통해 당신이 죄인이라는 것을 명확히 인식해야 한다. 그러나 그곳에 머물지 말고 그다음 단계로 넘어가야 한다. 즉 우리의 눈은 그리스도를 향하여 그분의 긍휼하심을 신뢰하고 일상을 용감히 살아가야 한다는 것이다.

이와 관련하여 루터가 곧잘 들었던 예가 있다. 상인은 어쩔 수 없이 이익을 내기 위해 물건을 판다. 만일 국밥 한 그릇을 팔아 이익을 챙긴다고 가정할 때, 거기에는 재료비를 넘어서는 가격이 매겨져 있다. 물론 노동력도 가격에 반영된다. 그러나 그 노동력의 비용을 누가 매기는 것인가? 그것은 국밥 집마다 다르다. 어찌 보면 똑같은 국밥에 재료비도 비슷하니 상대적으로 가격이 비싼 집은 '도둑놈 심보'라고 욕할지도 모르겠다. 하지만 여기서의 문제는 측정 기준치가 모호하다는 사실에서 비롯된다. 루터의 말을 빗대자면, 이런 경우 상인은 국밥 가격 때문에 양심의 가책을 느끼거나 고민할 필요가 없다. 왜냐하면 그 국밥을 팔아 그리스도의 가르침대로 하나님과 이웃을 위한 삶을 성실히 살면 되기 때문이다.

더 분명한 역사 이야기 하나 해보자. 제2차 세계대전 당시 히틀러 암살단에 들어갔다가 형장의 이슬로 사라진 디트리히 본회퍼 이야기다. 어떤 이가 그에게 물었다. "당신은 목사인데 어떻게 사람 죽이는 일에 가담하게 되었소?" 그러자 본회퍼는 이렇게 대답했다. "미친 운전사가 만원 버스를 절벽으로 몰고 있다면 누구라도 펑크를 내고 그 운전사를 끌어내려야 하는 게 당연하잖소." 본회퍼의 이런 행동에는 루터의 저 명제가 숨겨져 있다. 본회퍼 역시 다음과 같은 갈등이 분명히 있었다. '목사가 살인 행위에 가담해서는 안 된다.' 이것은 당연하고도 옳은 명제다. 그러나 이것 역시 옳다. '나라와 세상을 파괴하는 독재자는 제거되어야 한다.' 본회퍼의 갈등은 틀림과 옳음 사이에 있지 않았다. 헤겔의 말대로 '옳음과 옳음' 사이의 갈등이었다. 어느 쪽을 선택하든 문제는 생긴다. 그러나 반드시 한쪽을 선택해야 하는 상황이었다. 아무것도 하지 않는 것은 그리스도인의 양심을 저버린 비겁한 행동이기 때문이다. 이때 본회퍼에게 위로와 힘이 되었던 목회적 권면이 저 유명한 루터의 글이다.[61] "용감하게 죄를 지어라. 그러나 더 담대히 그리스도를 신뢰하라!"

루터의 전체 신학을 조명해 보면 저 명제 안에 갈등을 해소할 선택의 기준을 담아낼 수 있다. 첫째, 지금 행동이 이웃을 위한 행동이어야 한다. 둘째, 자신의 행동이 선한 미래를 도모하는 일이 되어야 한다. 셋째, 자기가 선택한 행동에 대한 책임을 기쁘게 감내해야 한다.

이것은 옳음과 옳음 사이에서 갈등하는 사람들이 음미할 만한 내용이다. 하지만 신학적으로 보자면, 이것이 바로 '두 통치설'에 대한 루터의 속내다.

'자기 자신에게만 닥친 일이라면 그리스도인은 그 고난을 인내해야 한다. 그러나 이웃에게 해가 되는 일이라면 저항할 수 있어야 한다'는 것은 루터의 '성도의 거룩한 사귐'communio Sanctorum이라는 교회론에서 기인한 것이다. 동시에 "그리스도인은 만유의 주인이며 동시에 만유의 종"이다. 그렇기 때문에 어떤 갈등의 상황에서 고려해야 할 첫째 준칙은 그 일이 이웃을 위한 것인지 묻는 것이다.

두번째 준칙은 선한 미래를 도모하는 일인지 고민하는 것이다. 목사라면 당연히 암살단에 가담하지 말아야 한다. 그러나 본회퍼는 그것이 죄인 줄 분명히 인식했고 그로 인해 괴로워했다. 그럼에도 그가 암살단에 가담했던 것은 '선한 미래를 위한' 모험이자 저항이었다. 그리고 거기에는 그리스도에 대한 원대하고 담대한 믿음이 있었기 때문에 가능한 일이었다.

여기서 중요한 것은 '선한 미래를 위한'이라는 구절이다. 루터가 항시 언급했던 마귀(악마)는 흰 소복 입고 입에 고추장 묻히고 나타나는 그런 종류가 아니다. 루터 신학에서 마귀는 '미래를 지워 버리는 특징'을 가진다. 다시 말해 장래에 대한 소망을 품지 못하도록 만드는 것이 마귀의 정체다. 그렇기에 '그리스도를 담대히 믿는다'는 것은 어떤 시련과 절망의 상황 가운데서도 미래에 대한 소망을 붙잡는다는 뜻이 된다. 이것은 마치 십자가가 사람들 눈에 죽음의 검은 형틀로만 보일 때, 믿음의 사람들은 거기 한가운데 계신 그리스도를 본다는 맥락과 동일하다. 우선 내가 죄인임을 깨닫는 것에서부터 출발한다. 그러나 거기 머물러 있는 것은 그저 우울증으로밖에 발전하지 않는다. 우리에게는 십자가의 그리스도가 있다. 미래의 소망이 있다. 국밥집 주인에게는 일상을 당당하게 살아갈 수 있는 힘을, 본회퍼에게는 선한 미래를 위한 모험과 저항의 힘이 되는 구절이 바로 이것이다.

마지막 선택 준칙은 선택에 대한 책임을 지는 일이다. "더 담대히 그리스도를 신뢰하라!" 이 말은 종말론에 대한 권면이다. 어떤 행동을 하든지 '지금 이 순간, 그리스도 앞에 서 있는 마음가짐과 태도로 임하라'는 것이다. 이 땅을 살아가는 우리의 판단은 언제나 임시적이다. 그러나 최종 판단은 그리스도께 맡겨져 있다. 누구 눈치 보지 말고 그렇게 종말 앞에 살아가는 마음으로 옳음을 선택하고 실행에 옮기면 그것으로 족하다. 설령 내 선택에 따르는 책임이 본회퍼처럼 죽음으로 다가오더라도 넉넉히 받아들여야 한다. 왜냐하면 부활하고 다시 오실 그리스도에 대한 신앙이 우리에게 있기 때문이다. 이것이 종교개혁자가 유산으로 물려준 프로테스탄트 정신이고, 하나님과의 일대일 신앙 아닐까?

교회 간 대화

얼떨결에 「가톨릭신문」 기자와 인터뷰를 했던 적이 있다. 원래는 다른 분 인터뷰에 교회 사무실만 빌려 주려던 것인데 엉뚱하게 좌담 형식의 인터뷰가 되고 말았다.

긴 시간 동안 종교개혁 500주년에 대해 여러 가지 이야기를 나누다 보니 기자 분이 상당한 식견을 가진 것으로 보였다. 알고 보니 사제가 되기 위해 신학 과정을 마쳤지만 결혼 문제로 서품을 포기했다고 한다. 어쨌든 기자를 포함해 세 명이 함께 흥미롭고 심도 깊은 이야기를 나누었다.

인터뷰 도중 논의에서 가장 중요한 포인트를 발견했다. 우리 곧 개신교와 가톨릭이 서로를 너무 모른다는 사실이다. 종교개혁 역사는 500년이 지났지만, 상대방에 대한 이해 수준은 여전히 500년 전 16세기에서 시계가 멈춰 버렸다. 그렇게 잘못된 신학 정보들로 무장한 채 서로에 대한 관심도 없는 현실을 재확인할 수 있었다. 특히 신학자와 목사, 신부들은 더 심하다. 공격은 최선의 방어라는 생각에 자기를 돌아보지는 않고 저주의 공격만으로 500년을 살아온 게 아닌지 돌아보게 된다.

서로에 대한 비난만으로는 누구도 변화될 수도 변화시킬 수도 없다. 이것은 기독교적 방식이 아니다. 일단 욕을 하더라도 만나서 들어 봐야 한다. 어떤 이야기인지, 어떤 속사정이 있는지 경청하고 소통해 가면서 싸우더라도 앞에서 싸우고, 정당한 방식으로 설득하고 설득당해야 하며 기독교적 합일점을 모색해야 한다. 평신도들이 살아가는 현장은 이미 다양성의 세계 속에 자리 잡은 지 오래다. 아빠는 장로교, 엄마는 감리교, 딸은 가톨릭……. 이런 모습은 우리 주위에서 쉽게 찾을 수 있다. 그런데 실상 이런 만남을 방해하는 것은 아이러니하게도 교회의 목사와 신부, 신학자와 교단 관계자들이다. 그러니 종교적 배타주의를 강조하는 곳에서 변화가 일어나기를 기대하는 것은 하늘의 별 따기보다 어렵다. 평신도가 아니라 우선 종교지도자들의 태도부터 변해야 한다.

가능할지 모르겠지만 이런 상황을 타개할 실제적 제안을 세 가지 내놓아 보았다. 나는 종교개혁 500주년을 맞이하여 이런 일이 일어났으면 좋겠다. 첫째, 개신교 신학자와 가톨릭 신학자들, 특히 '16세기 역사와 신학'을 전공하는 학자들이 타 교단 신학교에서 정기적인 교환 강의를 할 수 있는 구조가 마련되면 좋겠다. 물론 이것의 전제는 가톨릭 주교회와 개신교 각 교단의 총회장과 감독들의 책임 있는 만남과 결정에 있다. 그렇기에 어쩌면 현실적으로 요원한 일일 수도 있을 것이다. 그러나 누군가는 문제를 제기하고 시도해야 하지 않을까?

둘째, 16세기 역사와 교회사를 다루는 책을 가톨릭과 개신교 양측이 공동으로 집필하면 좋겠다는 생각을 해본다. 16세기 종교개혁사는 단지 개신교측에게만 중요한 역사가 아니다. 실은 이 역사 때문에 가톨릭의 개혁이 진행되었기 때문에 상당 부분 양 교회 모두 16세기에 빚을 지고 있는 셈이다. 나는 국정교과서 편찬을 적극 반대하는 입장이지만, 교회사를 공동집필하는 문제는 다르다. 공동집필 역사서는 교회사를 획일화하자는 의도가 아니다. 최소한의 공통분모를 찾고, 용어와 개념의 문제를 집필 과정에서 논의하면서 접점을 찾자는 뜻이다. 그로 인해 도출된 다양한 문제와 논점들은 오히려 양 교회가 개혁되고 성숙하게 되는 자양분이 될 것이다.

마지막으로, 구제와 봉사 기구 간 협약을 통해 양 교회의 협력 체제를 구축해 보는 것은 어떨까? 교회일치의 최종 목표는 교리적 공동체가 아니라 성만찬 공동체가 되는 것이다. 교리와 직제의 문제를 해결하기에는 아직 갈 길이 멀다. 그러나 현장에서 함께 땀을 흘리고 사회 정의·인권·빈곤의 현장에서 손을 잡을 수 있다면, 그것만으로도 큰 상징적 의미가 있을 것 같다.

어찌 되었건 2017년 종교개혁 500주년을 맞아 많은 행사와 기념사업들이 준비되고 있지만, 이런 일도 한번 생각해 봄직하지 않을까?

9

나가는
말

Verbum
Domini
Manet
in Aeternum

종교개혁은 복음 안에서 현실을 직시하는 가운데 질문하고 소통하고 저항하며 새로운 공동체를 지향한 사건이다. 그러므로 개신교인은 소통을 위해 저항하는 소통 공동체다. 16세기에 소통을 막아섰던 주범은 중세 교권주의자들과 교회의 잘못된 가르침이었다. 이것은 오늘날도 크게 다르지 않다. 현대 교회가 힘을 써야 할 종교개혁의 주제 곧 소통의 주제들이 여전히 우리 가운데 남아 있다. 몇 가지 주제와 관련하여 제안하며 글을 마칠까 한다.

첫째, 역사와 소통해야 한다. 이는 이 책의 초두에 언급했던 정체성의 문제와 관련이 있다. 이것은 단지 종교개혁사적 의미에만 국한되지 않는다. 더 나아가 기독교의 역사와 관련이 있기에 감각적·문자적 성서관에서 역사적 성서관으로 방향을 바꾸는 것을 포함한다. 또한 말씀과 성례전의 바른 회복도 여기에 해당한다. 지난 시대 개혁자들이 이를 위해 의미 있는 저항을 했다면, 현대 개신교인 또한 적어도 이에 대한 고민을 해야 할 것이다.

둘째, 교육의 소통이다. 이는 교회와 신학대학을 향한 제언이다. 앞에서 다루었듯이, 루터는 신학자의 자세를 '오라티오'·'메디타티오'·'텐타티오' 개념으로 설명한다. 루터가 의미하는 메디타티오는 단순한 묵상이 아니라 학문적 열정을 담은 성서 연구를 의미한다. 그러면서 루터는 메디타티오 없는 신학자를 향해 '분열의 영'이라는 표현을 사용한다. 즉 '학문에 열정이 없는 신학자는 결국 교회를 분열하게 하는 자'라는 뜻이다. 이처럼 신학자들에게 무거운 책임을 지게 하는 이유는, 이들이 목회자를 양성하며 그 목회자는 교회의 설교자가 되기 때문이다. 설교자는 자기가 배운 대로 교회 공동체에 양분을 제공한다. 그렇기에 교회와 신학교의 불통은 곧 교회의 분열을 부추기는 근간이 된다. '신학의 요람은 교회'라는 진리를 잊지 말아야 한다. 이와 동시에 교회는 신학자들의 권고를 즐겨 들어야 한다.

셋째, 세상과 소통해야 한다. 루터에 따르면, 교회는 풍광 좋은 깊은 산속에 있는 수도원이 아니다. 교회는 세상 속에 존재한다. 그러므로 교회는 세상과 소통해야 하며, 그 속에서 불의와 부정의를 향해 프로테스탄트의 이름으로 당당히 저항할 수 있는 기개를 가져야 한다. 더 나아가 세상과 소통한다는 의미는 하나님이 주신 창조 세계와 소통한다는 뜻도 포함된다.

넷째, 교회와 교회가 소통해야 한다. 종교개혁 정신은 하나님 앞에 자기 모든 영혼을 물 붓듯이 쏟아 낼 수 있는 양심적·인격적 신앙으로부터 시작한다. 그리고 같은 목적의 신앙인들이 손을 잡은 연합을 우리는 교회라고 한다. 그렇다면 그 교회는 교파나 교단을 초월한 신앙의 연합체일 때 자유와 진리를 위한 저항의 힘을 극대화할 수 있게 된다. 또 한 번의 개혁의 힘이 절실한 이때, 바로 이런 교회 간 소통이 요구된다.

그 외에도 환경 문제나 세대 간 갈등 등 16세기에는 예상치 못했던 문제들이 우리 앞에 산적해 있다. 이런 문제들은 21세기 교회 공동체에게 주어진 새로운 과제다.

이런 문제들을 해결하기 위해 힘을 쏟아야 할 가장 우선적인 것, 그리고 종교개혁으로부터 발견한 유산은 다름 아닌 질문하는 힘이다. 근대는 질문하는 정신으로부터 시작했다. 그러한 맥락에서 종교개혁을 통과한 근대인이란 어떤 성역도, 어떤 당연함도 남겨 두지 않고 모든 것을 '왜?'라는 질문 앞에 세우는 사람을 뜻한다. 반면에 '전근대적 인간'이란 묻지도 따지지도 않고 남 하는 대로 선택하고 행동하는 부류라고 할 수 있다. 어떤 사안에 대해 끊임없이 질문하는 것은 단순히 시대의 경향이라고 치부할 수 없다. 왜냐하면 이는 하나님이 창조하신 인간 곧 호모 사피엔스의 본성이기 때문이다.

헤겔이 아주 빈번히 사용하는 표현이 하나 있다. '아우스뎅큰'ausdenken 곧 '끝까지 생각한다'는 뜻이다. '예전부터 그랬으니 나도 그렇게 한다' 또는 '웬만큼 생각하다가 잘 모르겠으면, 중간에 끊고 다른 것에 관심을 둔다'는 뜻이 아니다. 생각은 질문과 대답의 연쇄 작용이므로 '끝까지 생각하다'는 곧 '끝까지 질문하다'를 함축한다. 그러므로 현대적 인간은 '끝까지 질문하는 사람'이다. 루터의 종교개혁도 이와 같이 '끝까지 질문하는 힘'에서 시작했다. 그렇다면 이는 한국 교회 현실, 교단 신학과 전통에도 그대로 적용된다. 수천 년 전 성서와 신학을 오늘도 생명력으로 여기고 따른다면, 질문을 멈추지 말아야 한다. 그리고 교회와 목회자와 신학자는 이 질문에 대한 답을 내놓기 위해 끊임없이 고민해야 한다. 질문이 사라진 교회는 교회가 아니라 일종의 세뇌집단일 뿐이다.

이 땅에 문제 없는 교회는 없다. 그러나 문제의 답을 찾아 가려고 끊임없이 질문하는 교회는 있다. 그런 교회가 생명력 있는 교회다. 주어진 삶의 현실에 질문을 갖고 답을 찾기 위해 모험을 떠나자. 하나님은 그 모험 가운데 함께하며 현실을 변화시킬 용기를 주시고, 선한 권위로 설득하며, 그분의 호흡으로 생명력을 불어넣으실 것이다. 그러므로 끝까지 질문해야 한다.

종교개혁 정신·개신교 정신·프로테스탄트 정신이 바로 이것이다. 우리 안에 숨겨진 무서운 적을 조심해야 한다. 이 적은 16세기 존재하던 교황주의가 아니다. 이보다 더 무서운 '질문 없음'·'생각 없음'·'순전한 무사유'의 적이다. 제아무리 빛나는 역사와 전통, 미래에 대한 계획을 가지고 있다 하더라도 진리에 대한 고민과 묵상, 진리를 향한 소통이 없다면 개신교회는 존재할 의미가 없다. 현실에 대한 질문, 거기서 나오는 저항과 개김의 미학이 어그러진 교회를 바로 세운다.

종교개혁의 시작을 알렸던 '95개조 논제' 제1조는 '회개'를 언급하면서 이 회개는 '전 삶이 돌아서는 것'이라 하였다. 루터의 종교개혁은 아직 끝나지 않았다. 교회는 항상 개혁되어야 한다. 개혁되지 않는 교회는 개신교회가 아니기 때문이다. 전 생애에 걸친 고민과 소통, 거기서 나오는 저항의 힘, 이것이 우리 시대에 다시 회복되어야 할 종교개혁의 정신이며 의미다.

다시 한 번 강조한다. 종교개혁의 역사는 소비자 고발 프로그램과 같다. 소비자가 똑똑해져야 시장이 변하듯, 신자 개인이 똑똑해져야 교회가 변하고 세상이 변한다. 그곳에서 하나님과 사람, 사람과 사람 간에 진정한 소통의 혁명이 일어난다. 그것이 종교개혁자가 꿈꾸던 교회 공동체, 소통 공동체다.

1. 94개조 논제

    종교개혁 500주년을 앞두고 2014년 8월 '종교개혁의 첨예화-성서적 근거와 세계의 위기'Radicalizing Reformation-Provoked by the Bible and Today's Crises라는 제목으로 독일 할레Halle에서 발표된 '94개조 논제'는 500년 전 면죄부에 대한 루터의 '95개조 논제'와 흡사하다. 그러나 그 내용을 보면 이제껏 우리가 알고 있던 고전적 교리 범주를 넘어선다. 찬찬히 읽어 내려가다 보면, 우리가 살고 있는 이 시대의 현실 상황과 절묘하게 연결시킨 문장 앞에서 움찔해진다. 이날 신학자 80여 명이 이 선언문에 동참하였고, 이듬해인 2015년 1월 1일까지 이 선언문에 서명한 전 세계 신학자들이 100명 이상 된다. 이 문서에 동참하는 신학자와 이 논제에 대한 다양한 신학적 논의는 여전히 늘어나고 있는 추세다. 한국 교회 상황에서도 충분히 의미 있고 중요한 문서로 판단된다. 종교개혁 500주년을 맞이하여 보다 긴밀한 논의가 이루어지기를 바라는 마음으로 바라는 마음으로 '94개조 논제'의 일부인 10조까지 번역하여 자료로 남긴다.[1]

'종교개혁의 첨예화-성서적 근거와 세계의 위기'

94개조 논제

(2014. 8. 14. 독일 할레)

"그 땅에 있는 모든 주민을 위하여 자유를 공포하라." 레 25:10

서문

1517년, 마르틴 루터는 회개를 촉구하는 예수님의 말씀으로 '95개조 논제'를 시작하였다. "회개하라. 천국이 가까이 왔느니라" 마 4:17. 그로부터 500년이 지난 지금, 우리는 성서가 언급하는 '희년' 레 25장을 맞이하게 되었다. 이제 우리의 모든 삶도 성서의 말씀대로 공의로운 관계로 돌아서며 변화되기를 촉구한다.

이 시대 우리의 대적자는 로마 가톨릭 교회와 거기서 자유를 얻기 위해 태생한 다양한 교파와 운동들이 아니라, 이 시대를 지배하는 제국주의적 구조다. 십자가의 말씀과 피조 세계의 신음소리에 귀를 기울인다는 것은, 곧 우리 세계를 지배하는 급진적 자본주의 아래서 고통당하는 희생자들의 신음소리에 귀를 연다는 뜻이다.

이것이야말로 만물이 기뻐하는 '희년', 모든 것이 자유롭게 되는 진정한 종교개혁 500주년의 정신이라 할 수 있다. 기독교의 이름으로 자기만의 의를 추구하며 제국주의적 자본주의 구조를 지지하는 것은 종교개혁자가 외친 '믿음을 통한 칭의' 정신에 위배된다. 개혁자가 외친 칭의는 오직 '함께 살아가는 공동체의 연대Solidarität'를 통해서만 가능하다.

우리는 신학자들이다. 루터교회 신학자가 대다수이지만 여기에는 개혁파·메노나이트파·성공회·감리교 신학자들도 함께 연대하였다. 이로써 종교개혁의 성서적 근거가 무엇인지, 그리고 오늘의 종교개혁 과제와 도전이 무엇인지 새롭게 고민하며, 오늘 우리가 가져야 할 하나의 지속적인 목표를 제시하고자 한다.

인간 사회의 파괴적인 현실은 인간의 삶뿐 아니라 그 밖의 영역에까지 파고들게 되었다. 이런 파괴는 돈과 탐욕이 지배하는 시장에서 시작되었고, 착취가 지배하는 세상에서 전방위적으로 발견된다. 이제 우리는 마치 종교개혁을 시작하는 사람의 마음으로 되돌아가 성서의 말씀을 예리하게 짚어 보고자 한다.

오늘날 지배적인 경제 구조는 제국주의적 정치의 힘을 도구로 유지되고 있다. 이들은 땅을 팔고, 인간을 팔고, 아이들의 미래를 팔아치우고 있다. 우리의 교회와 교단, 그리고 개개의 그리스도인 역시 이런 구조 속에 매몰되어 가고 있다는 것을 지금 여러 곳에서 감지할 수 있다.

오늘의 교회와 그리스도인들은 저항Protest · 항거Widerstand · 변혁Transformation이라 할 수 있는 예언자적 힘을 잃어버렸다. 은총을 통해 흘러나오는 하나님의 정의는 우리에게 사회적 정의와 별개인 것처럼 되어, 맛을 잃은 소금마 5:13처럼 더 이상 필요 없는 것처럼 버림받고 있다.

이제 우리는 오용된 종교개혁 신학의 길에서 돌아서야 한다. 루터의 정신에 찬성하든 안 하든 간에 반드시 그렇게 되어야 한다. 오늘날 이 시대에도 종교개혁 정신은 여전히 새로운 변혁의 분기점이 될 수 있다.

아래에 제시하는 94개조 논제는 다양한 지역과 정치적 상황을 반영했으며, 폭넓은 개신교 분파의 정황을 포괄하고 있다. 이 작업을 위해 준비되었던 기초 연구와 자료들은 다섯 권의 묶음으로 출판했다. 모든 부분에 만장일치로 결정한 것은 아니다. 그러나 적어도 공동 작업을 통해 다수의 동의를 얻고 다양한 유형을 일치시키기 위해 노력했다. 이 결과물과 작업을 통해 더 많은 문제에 관한 논의가 일어나기를 기대한다. 그리고 이를 통해 우리의 길에서 돌아서는 '회개'가 일어나기를 기대한다.

오늘 우리는 모든 삶의 영역과 지구의 모든 구석이 위기에 직면하고 있다는 인식을 하고 있다. 그러나 동시에 이 위기는 우리에게 기회라고 할 수 있다. 이런 깨달음은 야만스레 세상을 파괴하며 지배하는 힘이 무엇인지 통찰할 수 있게 하는 기회이며, 동시에 새 시작이라는 희망의 씨앗을 새로운 삶의 무대로 옮겨 심을 수 있는 기회이기 때문이다.

1   "그리스도께서 우리를 자유롭게 하려고 자유를 주셨다"갈 5:1. 성서적으로 보면, 하나님의 행동 가운데 으뜸이며 가장 본질적인 것은 "자유를 주는 것"Befreiung 이다. 구약의 출애굽 사건은 그 모형이 되어 신약에서 그리스도가 자유를 주

시는 사건으로 제시된다. 바울은 로마서에서, 그리스도가 우리를 '끔찍한 죄의 지배'에서 해방하셨다는 것을 선언한다. 그런데 이 해방 사건은 당시 로마제국의 지배 상황이라는 맥락을 배경으로 삼고 있다롬 5:12-8:2. 그 때문에 '칭의'라는 것을 출애굽 구조에서 이해하지 않고 그저 (원)죄와 용서라는 아우구스티누스나 켄터베리의 안셀무스Anselmus of Canterbury, 1033-1109의 좁은 구도 안에서만 이해하고 있다면, 그것은 성서가 제기하는 심각한 문제들을 침소봉대하는 꼴이며, 그 안에 담긴 사회적·정치적 유산들을 심각히 훼손하는 것이다.

2 바울은 '죄의 세력'Sündenmacht에 대해 분석하기를, 로마제국 안에 사는 모든 사람을 사로잡고 있는 일종의 힘으로 보았다. '죄'hamartia가 언급되는 진술들을 살펴보면, 통치권과 관련된 내용들이 중심에 놓여 있다. 그렇기에 '죄란 통치 체제에서 파생된 모든 이름들의 총칭'이라고 할 만하다(개인의 과오와 범죄 행위를 이 범주에서 설명하기도 하지만, 이는 아주 드문 경우다). 즉 바울이 죄를 언급할 때는 거의 대부분 끔찍한 지배 체제가 만들어 내는 광범위한 범주와 연결되어 있다. 그렇기에 바울의 중심 사상은 이렇게 요약할 수 있다. '죄는 모든 인간을 지배하고 복종하게 하여 제국주의 체제에 협력하는 공범자로 만든다.'

3 바울은 줄곧 '통치자를 바꾸라'고 언급한다. 그의 희망은 예수의 부활로 이미 시작되었으며, 온전한 하나님의 나라(통치)를 세우는 데 최종 목표가 있었다. 물론 바울은 결코 정치적 목표를 추구하지 않았다. 그러나 이를 다른 각도에서 본다면, 그리스도의 통치에 대한 믿음과 통치자를 완전히 바꿀 것에 대한 바울의 희망은 필연적으로 심오한 정치적 결과물을 몰고 왔다. 왜냐하면 그는, 그리스도만이 주님kyrios이고, 그가 자유롭게 하는 해방은 온 세상·온 인류·모든 종족과 관련된 것이라고 믿었기 때문이다.

4 신앙이란 신자들이 공동체로 살아가는 것인 동시에 타자와 함께 살아가는 것이며, 아주 구체적인 삶의 자리에서 자유롭게 된 인간으로 살아가기를 추구하는 것이다. 그러므로 '신자의 공동체'인 교회는 '만물을 위해 새롭게 시작하는 생명체'로 이해할 수 있다. 바울에게 '자유롭게 함'은 로마제국이라는 실제적이고 총체적인 삶의 현실 속에 처해 있던 모든 이와 관련되어 있었다. 이와 마

루터의 재발견

찬가지로, 이 시대에 '자유롭게 함'의 복음은 지배적인 시장경제와 권력구조 아래 놓여 있는 모든 사람을 위한 것이어야 한다. 이것이야말로 (원)죄의 개념을 통전적 방법으로 일반화시키는 것보다 훨씬 도움이 된다.

5 "너희가 재물과 하나님을 겸하여 섬기지 못하느니라!" 최소 20억 명 이상이 돈의 통치 아래 가난의 상황에 내몰렸다. 이것이 오늘날 맘몬의 얼굴이며, 이 시대 가장 핵심적인 신앙의 도전이다. 이제 더 이상 돈은 중앙은행에서 찍어내는 주머니 속 화폐가 아니다. 기업화된 은행들은 '신용'이라는 적법한 명분 아래 무제한적인 이자의 짐을 만들어 내고 있다. 루터는 이미 맘몬을 세상이 섬기는 가장 일반적인 '신'神으로 정의했다(루터, 『대교리문답』 십계명 제1계명 해설)

6 이와 같은 돈의 통치와 신학적 저항은 서로 대척점에 서 있다. 역사적으로 보면 예언자의 시대에는 인간의 삶을 화폐 가치로 환산하던 경제가 문제가 되었고, 루터의 시대에는 상공업의 발달과 함께 고리대금업의 득세가 문제가 되었으며, 지금 이 시대에는 기업 중심의 금융자본주의가 문제가 되고 있듯이, 돈과 사유재산의 확장에 연루된 문제는 여전히 그 범위를 넓히고만 있다. 종교개혁 시대 이래로 이제는 범세계적 자본주의가 위세를 떨치며 유럽에서는 착취와 노예화를, 아프리카와 아시아와 아메리카 대륙에서는 민족 간 유혈 사태를 불러 오기에 이르렀다.

7 "토지를 영구히 팔지 말 것은 토지는 다 내 것임이니라. 너희는 거류민이요 동거하는 자로서 나와 함께 있느니라"레 25:23. 이 말씀에 따르면, 재산은 오직 삶을 위해 사용되어야 한다. 그러나 자본주의는 사유재산을 정당화하고 절대화하였고, 이로 인해 함께 살아가야 할 땅에는 울타리가 생겼고, 모든 이가 함께 사용해야 할 천연자원의 사유화가 진행되었다. 이는 무엇보다도 물과 땅과 공기와 같은 인류의 태생적 공동 자산까지도 사유화Patentierung하는 데 이르렀음에 그 심각성이 있다.

8 예나 지금이나 개인주의는 인간의 일상생활에 돈과 사유재산에 대한 욕망이 침투하며 생긴 일이다. 자본주의라고 하는 범세계적 질서 가운데 사는 거의 모든 사람에게 이제 개인주의는 당연한 것이 되었다. 루터의 견해를 빌리면, 제

삼자인 것처럼 중립적으로 계산하고 판단할 수 있는 인간이란 이 땅에 존재하지 않는다. 하나님의 사람이든지 아니면 죄의 사람이든지 오직 둘 중 하나다. 하나님의 사람은 이웃의 존재로부터 권리를 논하고, 이웃과 공감하며, 약자를 최우선적으로 고려한다마 25:31-46. 그러나 죄의 세력에 사로잡힌 사람은 기형적으로 자기에게만 굽어 있다ich-bezogen. 그래서 자기 자신의 유익을 위해서라면 다른 피조물을 파괴시키더라도 그런 일에 관여한다.

9 자본주의 경제 체제는 끊임없는 성장을 강요한다. 이러한 성장에 우리 지구의 모든 생명체가 위협당하고 있다. 하나님은 인간에게 "에덴 동산을 경작하며 지키"도록 명령하셨다창 2:15. 루터는 자신의 '95개조 논제'를 다음과 같이 예수님의 참회 명령으로 시작하고 있다. "제1조. 우리의 주요 선생이신 예수 그리스도께서 '회개하라'마 4:17 하신 것은 신자의 전 삶이 돌아서야 함을 명령한 것이다." 이 가르침은 오늘 우리에게 다음과 같은 의미로 바꿀 수 있다. '우리는 개인과 공동체를 매일 파괴하는 돈의 지배에서 벗어나야 하며 우리를 자유롭게 하시는 하나님의 공의를 신뢰해야 한다. 또한 이웃과 이 땅의 피조물과 정의로운 관계를 맺어 함께 공감하고 연대하는 삶을 살아야 한다.'

10 성서 말씀대로 따르자면, 우리 인간은 다양한 지체로 서로를 섬기는 한 몸이다고전 12장. 그러나 자본주의적 논법과 실제 상황은 이 말씀을 거스른다. 우리는 모두 경쟁과 승자독식 구조 아래 놓여 있을 뿐이다. 루터에 따르면, 하나님께서 우리를 창조하신 이유는 동반자요 동료로서 서로가 서로를 지탱하고 새롭게 힘을 북돋우기 위한 것이라고 가르친다. 다시 말해, 우리는 경제·정치·교회 안에서 정의와 평화를 이루기 위해 서로 협력하기 위해 살아야 하는 존재라고 할 수 있다(자유로운 속박 의지). 이런 루터의 사상은 앞선 세대였던 발도파(Waldenser, 12세기 말 리용의 상인 발데스Petrus Valdes를 통해 프랑스 남부에 세워진 기독교계 신앙공동체)와 위클리프, 얀 후스에게서 볼 수 있는 가난한 자들을 위한 운동 위에서 있다고 할 수 있다. 8세기 이래로 생겨난 중세기 가난한 자들을 위한 운동들은 모두 자기 중심적이고 돈으로 모든 것을 지배하려는 세계에 질문을 던지면서 태동했다.

2. 2017년 종교개혁 500주년을 위한 진단과 전망

'2017년 종교개혁 500주년을 위한 진단과 전망'500 JAHRE REFORMATION LUTHER 2017:
Perspektiven für das Reformationsjubiläum 2017은 독일 개신교회연합EKD이 종교개혁 500주년 기
념사업을 위해 만든 신학자들의 공동 작업의 결과다. 종교개혁의 역사적 의미와 영향
에 대해 설명하고 있는 이 문서는 간결하지만 종교개혁을 정확히 이해하는 데 중요
한 기준이 될 것이다. 독일어 원문의 우리말 번역을 소개한다.[2]

1   종교개혁은 세계사적 의미를 지니고 있을 뿐만 아니라 전 대륙에 획기적인 변
    화를 가져다준 영향력 있는 사건이었다. 따라서 종교개혁을 통한 모든 사건 하
    나하나는 독일뿐만 아니라 유럽과 전 세계에 중요한 의미를 지닌다.
2   종교개혁이 가져다준 영향력은 다양한 관점에서 상이하게 인식되고 평가된
    다. 따라서 2017년 종교개혁 기념일을 앞두고 행해지는 모든 준비는 종교개혁
    과 그 영향력을 놓고 다양한 관점에서 토론할 기회이자 의사소통을 시작할 하
    나의 도전인 셈이다.
3   종교개혁은 서방교회의 해체를 촉진시켜 주도적 교파들 간의 모순을 드러내
    게 하였을 뿐만 아니라, 공통성을 형성시켜 종교와 문화의 다양화 및 다원화라
    는 특징을 가진 유럽 사회를 이루게 하였다.
4   이러한 다양화는 종교적 대립에 폭력으로 반응하는 세상 가운데 (절대적 변수는
    아니지만) 다른 요소들과 더불어 현재까지 그 후예가 존재하는 교파들 사이에서
    종교 전쟁 및 갈등의 원인이 되고 있다.
5   동시에 다원화를 향한 발전 속에 유럽은 분리되고 적대시된 교파 간의 평화와
    공존을 보장하고, 배타적으로 진리 주장을 하는 경우에도 관용과 상대방에 대
    한 존중에 근거하도록 하기 위하여 규정들을 구상하였다. 이러한 발전은 1555
    년의 아우구스부르크 종교평화조약을 기점으로 시작되었는데, 이 조약은 '분
    리를 통한 평화'라는 구상을 통하여, 오랫동안 해결할 수 없었던 어려운 상황
    에서도 평화적으로 공존하는 첫 발걸음을 가능하게 하였다. 이후 이루어진 계

속된 발전은 교파와 종교들 사이의 평화가 사회의 평화를 위한 결정적 조건이라는 사실을 보여주었다.

6 종교개혁은 교회와 신학만 근본적으로 변화시킨 것이 아니다. 오히려 종교개혁으로부터 유래한 개신교는 개인과 공적인 삶·사회적 구조와 경제 행위·정신적 산물인 문화의 양식·법 해석·학문 개념·예술적 표현 양식 등을 모두 새롭게 구성하였다.

7 그러한 포괄적·역사적 의미를 가진 종교개혁의 핵심은 종교적 성격의 사건이었다는 것이다. 종교개혁에서 중요시된 것은 인간이 하나님·자기 자신·이웃·세상과 갖는 관계이며, 이러한 관계가 종교개혁을 통해 근본적으로 새롭게 규정되었다.

8 종교개혁은 새로운 방식, 즉 오직 그리스도를 통하여 의롭게 되고 어떤 중재 없이 직접 하나님 앞에 서 있는 존재로서의 인간을 발견하게 하였다. 종교개혁은 이러한 존재의 정체성과 가치를 자연적 구성(성)·사회적 상태(신분)·개인적 능력(성공)과 종교적 성취(공로)가 아니라, 오직 하나님의 '의롭다 인정하심'에 근거를 두었다. 종교개혁은 자유를 이러한 존재의 본질로 규정하고 이해하였다.

9 종교개혁은 세례 받은 모든 사람이 사제라는 의미에서 교회를 어떤 계층적 질서 없는 모든 교회 구성원의 연합으로 이해하며, 교회 안에서의 차이는 단지 역할의 차이로 보는 것을 정당한 것으로 간주하였다. 종교개혁은 교회에 대한 이러한 이해를 위하여 개개인이 하나님에 의해 인정받은 자유로운 존재임을 자각시켰다.

10 종교개혁은 이웃 사랑과 사회적 책임에 대한 수용을 하나님께 인정받은 사실로부터 떼어낼 수 없는 결과로 규정하였다. 하나님에 대한 관계와 이웃에 대한 관계가 구분되지 않고 함께 속해 있다는 사실은 마르틴 루터의 '이중 논제'에서 고전적으로 표현되었다. "그리스도인은 모든 것의 자유로운 주인이며 어느 누구에게도 종속되어 있지 않다. 또한 그리스도인은 모든 것의 섬기는 종이며 누구에게나 종속되어 있다"(『그리스도인의 자유』, 1520).

11 종교개혁의 관점에서 이 모든 것은 믿음의 능력에 따른 것이다. 사람은 믿음 안에서, 하나님에 의해 인정받고 자유로운 존재가 된다. 인간의 존재, 그의 자유와 책임에 관한 종교개혁적 언급은 복음적인 교회에서조차 항상 환영받는 것은 아니지만, 수백 년이 지나면서 교회와 기독교를 넘어 서양 세계 전체에, 그리고 사회 각 분야 특히 문화·학문·교육·법·정치·경제 영역에 영향을 미쳤다.

12 사람이 직접적으로 하나님 앞에 서 있다는 사실은, 자신이 믿는 것을 이해하고 자신의 믿음에 관해 설명할 수 있다는 점을 포함한다. 종교개혁적 견해에 따르면, 그리스도인은 성숙을 위해 부름받은 존재다. 그러므로 종교개혁의 중심적 관심사는 성서와 설교였다. 성서가 일반 대중의 언어로 번역되고, 성서에 근거한 독립적 의미를 갖는 강해 설교가 예배의 필수불가결한 요소가 되었다. 그로 인해 종교개혁은 많은 대중에게 필요한 표준 언어의 창시자가 되었다. 그리고 종교개혁으로 인하여 개신교가 갖게 된 언어 및 말씀과의 특별한 관계는 우선 교회에, 후에는 세속 문화의 시와 문학에 반영되었다.

13 종교개혁은 성숙한 그리스도인의 존재에 대한 기본 신념에 근거하여 교육의 필요성을 불러일으켰다. 신앙은 교육받은 신앙이어야 하며, 그로 인해 교리문답은 신앙에 대한 이해로 이끄는 배움을 위한 수단이 되었다. 그리스도인이면서 동시에 세상에서 살아가는 존재의 양성을 위해 어느 곳에서나 학교가 있어야 했다. 학교 교육의 필요성은 개신교가 보급된 지역에서 보편적 교육 의무와 교육 참여의 도입을 촉진시켰고, 이것은 서양 세계의 공공 자산이 되었다.

14 종교개혁이 그리스도인의 성숙을 요구하고 후원한 결과, 개신교 국가들, 무엇보다도 독일에서는 계몽주의가 발전하여 신앙 및 교회와 긴장관계에 서게 되었다. 하지만 적대적 대립에 빠진 것이 아니라, 오히려 둘 사이에는 생산적 갈등이 형성되었다. 그런 점에서 '인간이 스스로 초래한 미성숙으로부터 벗어나는 것'을 내세운 계몽주의적 요구는, 이제는 종교개혁이 의존했던 하나님을 굳이 내세우지 않아도, 각 개인의 직접적 참여를 이끌어 내고자 한 종교개혁적 통찰의 전개로 이해될 수 있다.

15 인간이 믿음에 근거하여 직접 하나님 앞에 서 있다는 사실은, 정치적 제도들이 인간의 믿음을 통제할 수 있는 가능성을 배제하는 것이다. 종교개혁은 이 사실을 통해 교회와 국가 간의 분명한 구분을 요구하였고, 이를 통해 종교의 자유, 양심의 자유라는 근대 기본권이 형성되었다. 그러나 그러한 동기부여하에 종교의 자유와 양심의 자유를 허락해야 하는 교회와 국가 간의 구분은 개신교 역사에서 여러 차례 충분하게 이루어지지 않았다.

16 교회를 구성원의 비계층적 공동체로 이해하는 것은 종교개혁에서 그 주변적 몇 무리를 제외하고는 일반적인 사회적·정치적 모델이 아니었다. 아니, 심지어 그 자체가 저항에 부딪혔다. 그러나 이러한 원칙은 교회를 위해 주장되다가 정치 영역에서 급진적 평등사상으로 전개되어 민주주의를 발전시키는 결정적 동기가 되었다. 개신교가 주축을 이루는 많은 국가들(네덜란드·스위스·덴마크·노르웨이·아이슬란드·스웨덴·핀란드·영국·미국)에서 이러한 민주주의가 발전한 것은 우연한 일이 아니다.

17 모든 세례자가 사제라는 사실에 대한 예식적 표현은 말씀의 선포 형태인 예배의 공동 찬송에 나타난다. 이것으로 종교개혁은 다양한 음악 분야 발전에 초석을 놓았다. 오늘에 이르기까지 복음적 기독교의 특별한 표시인 예배에서의 성악과 악기 연주 등의 수많은 음악 형태는 교회의 영역을 넘어 다른 분야에 널리 영향을 끼쳤다.

18 종교개혁에 의해 결정된, 그리스도인의 자유의 결과인 이웃과 공동체에 대한 섬김은 개신교에서 사회 질서와 사회 본질의 새로운 형태를 초래하였다. 사회적 문제들을 돌보는 것(병원과 빈민 돌봄)이 이제는 전체 공동체의 일이 되었다. 이로써 종교개혁적 자극들이 근대 세계에서 공동체의 사회적 책임을 위한 출발점이 되었다.

19 특히 영적 소명으로서의 직업 이해는(그때까지는 수도원 제도와 관련 있었던) 모든 사람의 삶의 전 영역으로 확대되었다. 자신의 장소에서 각 그리스도인의 활동은 영적으로 동등하게 하나님을 섬길 수 있는 직업으로 간주되었다. 모든 노동 분야가 기독교 삶을 증명할 수 있는 영역이라는 이러한 확신은 무엇보다도 그때

루터의 재발견

까지 알려지지 않은 경제 발전의 원동력이 되었다.

20 이러한 다양한 상황에 직면하여, 2017년 종교개혁 500주년에 이르는 시점에서 종교개혁이 신학과 교회를 넘어 현대 문화의 다양한 영역을 위해 갖고 있는 적절성을 제시하고, 또한 개인주의·다원주의·세계화로 특징 지워진 시대에서 그러한 해석의 가능성이 타당한지 질문하는 것이 필요하다고 본다. 그러한 현재적 의미에 대한 고려는 역사적인 기념의 참된 과제이고, 이것은 현대 서양에서 문화 정체성의 보존과 문화의 지속적 발전을 위한 기여가 된다.

21 오늘날 서양 문화의 유지와 계속된 발전은 다음 두 가지 특징, 즉 기독교의 공통성과 교파들의 개별성(교회 일치적 공통점과 교파의 차이)이 공존할 때만 가능하다.

22 종교적인 세계는 심층적으로 변화되고 있다. 서양 사회는 아직 다문화와 다종교로 각인된 것은 아닐지라도 그러한 방향으로 움직이고 있다. 이러한 상황에서 기독교 종파들의 대립과 상호 공존을 통해 얻어진 통찰들을 살펴보는 것은 유용하다.

23 종교적 신념과 세계관의 다원성에 직면하여, 기독교 전체에 해당되는 특징의 중요성이 커지고 있다. 동시에 각각의 특색들은 나름대로 특별한 의미를 지닌다. '하나의 기독교 세계'라는 세계적·전체적 관점 속에는 문화뿐만 아니라 종교적으로 동일시되고 동일함을 증명할 수 있는 근원에 대한 갈망이 표현되어 있다.

3. 갈등에서 사귐으로

2016년 10월 31일, 루터파가 지배적인 국가 스웨덴 룬트Lund 대성당에서 열린 종교개혁 499주년 기념 예배가 전 세계 실황중계되었다. 이 예배의 절정은 로마 가톨릭의 교황 프란치스코와 세계루터교연맹LWF 의장 유난Munib A. Younan의 '공동 성명서: 갈등에서 사귐으로' 서명 장면이다. 성명서의 주된 내용은 이렇다. "로마 가톨릭과 루터교회는 지난 500년간 골이 깊던 미움·대립·오해의 역사를 끊어 버리고, 서로를 신뢰하며 상호 대화와 협력의 장을 넓혀 나갈 것이다. 이것이야말로 하나님께 감사드릴 제목이다." 두 교회는 "이제 더 이상 낯선 이방인이 아니다"nicht länger Fremde. '그러므로 이제부터 서로 대화하고 협력하여 신앙의 새로운 역사를 만들어 갈 것이다.'

더 나아가 이 공동 성명서에서는 양측 교회 모두 "종교개혁의 위대한 영적·신학적 유산을 이어받았다"고 적시해 놓고 있다. 동시에 이제껏 서로의 교회를 비방하던 대립과 충돌이 있었음을 서로에게 고백하고 용서를 구하고 있다. 또한 이런 서로의 상처를 치유하기 위해 '종교 정치'의 이름 아래 자행되던 신학적 편견과 충돌을 넘어 신뢰와 통합의 관계로 나아갈 것을 선언하고 있다.

명시적 내용은 이렇다. "우리는 이제 과거와 현재에 진행되었던 모든 미움과 폭력을 거부한다. 특별히 종교의 이름으로 자행되던 미움과 폭력이 그것이다"allen vergangenen und gegenwärtigen Hass und alle Gewalt ab, besonders jene im Namen der Religion.

그리스도에 대한 신앙은 이 위대한 발걸음을 시작하게 만들고, 그리스도의 세례는 "우리에게 매일 회개하고 돌아설 것을 요구한다. 이를 통해 우리 가운데 내재해 있던 의견의 차이와 화해를 위한 섬김의 사역을 방해하던 충돌의 역사를 모두 거부한다." 비록 우리가 과거를 완전히 되돌리거나 바꿀 수 없다 하더라도 "그리스도에 대한 역사와 기억은 우리로 하여금 무엇을 기억해야 할 것인지 깨닫게 만들고 우리를 변화시킬 것이다."

이 성명서는 특별하다. 왜냐하면 단순히 추상적·상징적 의미만을 가진 것이 아니기 때문이다. 적시된 내용 가운데는 "서로의 눈을 어둡게 만든 상처와 기억을 치유하기 위한" 공동 기도의 목표도 제시되었다. "우리 곧 루터교회와 로마 가톨릭 교회는

하나님의 은총 가운데 자유롭게 되었고, 하나님께서 우리를 하나 된 공동체Gemeinschaft
로 부르셔서 공동의 사역을 하게 된 것"을 감사하고 있다.

계속해서 두 교회는 하나님의 창조 세계 사회의 "인권·사회 정의·평화·화해"를
위한 연대를 통해 교회의 책임을 함께 질 것을 천명하고 있다. 망명자와 난민 문제·빈
민국을 위한 공동의 노력·어린이 노동력 착취·환경 문제 등 세계 곳곳에서 일어나는
문제들에 대해 적극적으로 협력 방안을 모색하여, "미래 세대가 하나님의 땅 안에 있
는 유산과 아름다움을 만끽하도록 할 수 있는" 책임 있는 행동을 하기로 손을 잡는다.

물론 여전히 아쉬운 점도 있다. 이번 예배 때 한자리에서 성만찬이 이루어지지 않
았다는 사실이다. 그러나 이런 문제와 아쉬움에 대해서도 피하지 않고 이렇게 설명
하고 있다. "완전한 일치의 상징으로 한 식탁에서 성찬을 나누기를 참으로 고대합니
다.……그리스도의 몸 안에서 우리의 모든 상처가 치유될 것입니다.……이것이 우리
모두가 간절히 원하고 노력하고 있는 에큐메니컬 운동의 목표입니다."

이 공동 성명서는 서로의 교회가 "담대하고 창조적이며 기쁘고 희망 가득한 길"을
함께 걸어갈 것을 다짐하며 마무리된다. 이것은 하나님께서 교회가 함께 걸어가는 곳
에 주신 일치의 과제이며, 우리 '공동의 연대'를 요구하는 일이다.

앞에서도 강조했지만, 이 성명서는 추상적이거나 상징적인 선언문이 아니다. 스웨
덴 룬트의 말뫼 광장에서는 양 교회가 함께 모여 대형 예배와 축제가 열렸다. 거기서
양 교회의 대표적인 대사회 협력 기관인 루터교회의 세계봉사협력국LWB-Weltdienstes 국
장인 마리아 임모넨Maria Immonen과 이에 상응하는 로마 가톨릭의 카리타스–인터내셔
널Caritas Internationalis 책임자인 마이클 로이Michel Roy는 공동 협력서를 체결하고, 세계 인
권 사각지대에서 양대 교회가 공동 전선을 펼 것을 확인했다.

1999년에 발표된 '칭의론에 관한 로마 가톨릭과 루터교회 공동 선언문'과 비교하
면 놀라울 정도로 진일보했다. 그때만 해도 루터교회에서는 세계루터교연맹 대표가,
로마 가톨릭에서는 일치교리성 대표가 사인을 했기 때문에 '격이 다르다'는 비판을
많이 받았다. 로마 교회 측에서도 교황이 아닌 하부기관의 기관장이 서명한 것으로
그 의미를 축소하기까지 했다. 그런데 이번에는 다르다. 격이 같아졌다. 그리고 내용
도 상당히 진보적이다. 냉정하게 평가하여 1999년 공동 선언문이 칭의에 대한 이해

가 어떻게 다른지 서로의 교리적 입장을 확인하는 수준에 머물러 있었다면, 이번에는 구체적 협력 방안까지 모색되어 나왔고, 성찬에 대한 확실한 언급이 있다는 점이 매우 고무적이다.

이제 한국에서도 이런 화해와 일치의 작업들이 시작될 것이 분명하고 반드시 필요하다. 종교개혁 500주년 기념은 자기를 과시하거나 상대방을 우습게 여기며 성을 쌓아 올리는 행사가 되어서는 안 된다. 화해와 일치를 모색하되, 교회와 사회의 상처를 보듬어 안고 미래를 도모하는 시간이 되어야 한다. 스웨덴에서 들린 소식이 종교개혁 500주년 행사를 준비하는 개신교 모두에게 본질이 무엇인지 깨닫게 하는 따끔한 죽비로 다가온다.

2015년부터 한국에서도 '한국 신앙과 직제'라는 이름으로 개신교와 한국 정교회와 로마 가톨릭의 만남이 본격적으로 시작되었지만, 대부분 관심 밖의 일로 치부되고 있는 것이 현실이다. 그러나 로마 가톨릭 측에서 교황청이 움직인 이상 한국 개신교 역시 실질적 대화와 협력 기구의 논의가 본격적으로 일어나, 종교개혁 500주년을 기념하는 사업 가운데 화해와 일치·인권·사회 정의에 대한 문제가 구체적으로 다루어지기를 기대한다.

루터의 재발견

세계사 · 교회사	루터의 생애
1452년 레오나르도 다 빈치 출생.	
1453년 오스만 제국이 콘스탄티노플을 점령하다.	
1455년 구텐베르크, 『42행 성서』를 금속 활자로 인쇄하다. 영국에서 장미전쟁이 발발하다(-1485년).	
1469년 종교개혁자 에라스무스 출생. 아라곤 왕국의 페르디난드와 캐스틸 왕국의 이사벨라가 결혼하다.	
1478년 교황 식스투스 4세에 의해 종교재판이 설치되다.	
1479년 스페인 왕국이 성립되다.	
	1483년 11월 10일, 아이스레벤에서 한스 루더와 마가렛 루더의 아홉 자녀 가운데 차남으로 태어나다. 11월 11일, 베드로-바울 교회에서 세례 받다.
1484년 츠빙글리 출생.	1484년 만스펠트로 이사하여 그곳에서 첫 번째 학창시절을 보내다(-1497년).
1485년 영국 헨리 7세, 튜더 왕가가 시작되다.	
1488년 바르돌로뮤 디아스, 아프리카 최남봉인 희망봉을 발견하다.	
1491년 헨리 8세 출생.	
1492년 콜럼버스, 신대륙(아메리카)을 발견하다	
1497년 바스코 다 가마, 인도 항로를 개척하다. 필리프 멜란히톤 출생.	1497년 막데부르크의 라틴어 기숙학교에 입학하다.
1498년 사보나롤라, 교수형에 처하다. 로마 교황청에서 면죄부를 판매하다.	1498년 아이제나흐의 학교로 진학하다.
1500년 러시아가 모스크바가 정교회의 중심지라고 주장하다.	
	1501년 5월, 에르푸르트 대학교에 입학하다.

세계사 · 교회사	루터의 생애
1502년 이란의 이슬람 왕조인 사파비 왕조가 창건되다. 작센의 선제후 프리드리히 3세, 비텐베르크 대학교를 설립하다.	1502년 9월 29일, 문학사 학위를 받다.
1503년 알렉산더 6세 사망. 비오 3세 등극 직후 사망. 이후 율리우스 2세 교황 선출.	
1505년 존 녹스 출생.	1505년 1월 7일, 문학석사 학위를 받다. 이후 아버지의 강권으로 법학대학 박사 과정에 진학하다.
	7월 2일, 슈토테른하임에서 만난 뇌우 아래서 수도사가 되기로 서원하다("성 안나여, 나를 도우소서. 내가 수도사가 되겠나이다!")
	7월 17일, 학업을 중단하고 에르푸르트의 아우구스티누스 수도원에 들어가다.
	1507년 4월 3일, 에르푸르트 대성당에서 사제로 서품받다.
	5월 2일, 아우구스티누스 수도원 성당에서 첫 미사를 집례하다. 신학 공부를 시작하다.
	1508년 겨울 비텐베르크 대학교에서 한 학기 수강하다 (-1509년).
1509년 장 칼뱅 출생.	1509년 10월, 에르푸르트로 돌아오다.
1509년 헨리 7세 사망. 헨리 8세 영국 왕 즉위.	
	1510년 11월, 수도원장 슈타우피츠의 명령으로 로마를 방문하다.
1511년 에라스무스, 『우신예찬』	1511년 4월, 로마의 부패한 실상과 교회의 권위주의 체계를 목격하고 실망하여 에르푸르트로 복귀하다. 슈타우피츠의 명령으로 비텐베르크로 전출되다. 비텐베르크 대학교에서 아리스토텔레스 윤리학을 강의하다.
1512년 제5차 라테란 공의회(-1517년)	1512년 10월 18일, 비텐베르크 대학교에서 신학박사 학위를 받다.
	10월 22일, 비텐베르크 대학교 성서학 교수로 임명되다(성서학을 가르치며 발견한 '칭의'의 진리는 그로 하여금 종교개혁자의 길을 걷게 만든다). 비텐베르크 아우구스티누스 수도원 부원장으로 임명되다.
1513년 교황 율리우스 3세 사망. 레오	1513년 아우구스티누스 검은 수도원 건물 꼭대기 방에서

루터의 재발견

<table>
<tr><td colspan="2"></td></tr>
</table>

세계사·교회사	루터의 생애
10세 교황 선출.	성서 연구 중 일명 '탑 체험'을 하다(이로써 성서에 대한 새로운 관점을 얻게 된다). 8월 16일, 비텐베르크 대학교에서 시편 강의를 시작하다(-1515년).
	1514년 비텐베르크 시 교회에서 공식적 설교자로 임명받다.
	1515년 4월, 로마서 강의를 시작하다. 5월, 작센과 튀링엔 지역의 10개 수도원 감독 및 교육 책임자로 임명되다.
1516년 에라스무스, 『헬라어 신약성서』(이것은 루터의 '95개조 논제'와 독일어 성서 번역의 기본 자료가 된다). 토머스 모어, 『유토피아』	1516년 9월 7일, 로마서 강의를 마치다. 10월 27일, 갈라디아서 강의를 시작하다. 『십계명에 대한 설교』『속 죄에 대한 설교』『독일 신학』 제1판 서문
1517년 교황 레오 10세, 로마의 베드로 성당 건축 자금 마련을 위한 사상 초유의 기념 면죄부를 발행하다.	1517년 3월 13일, 갈라디아서 강의를 마치다. 4월 21일, 히브리서 강의를 시작하다. 10월 31일, 면죄부 판매에 반대하여 비텐베르크 성채 교회당 정문에 '95개조 논제'를 게시하다(이것은 종교개혁을 촉발하는 동시에 중세 시대에 종말을 고하는 신호탄이 된다). 12월, 라이프치히, 뉘른베르크, 바젤 등지에서 '95개조 논제'가 여러 사람들의 독일어 번역으로 출간되어 지식인 사회에서 동의를 얻어 가자, 대주교 알브레히트가 이 사실을 교황 레오 10세에게 전달하다. 『평신도를 위한 주기도문 강해』『스콜라 신학 반박문』
1518년 8월 25일, 필리프 멜란히톤, 비텐베르크 대학교에 부임하다.	1518년 1월 20일, 면죄부 설교자였던 테첼과 프랑크푸르트 대학교 총장 콘라드 빔피나가 루터의 글을 반박하는 106개 조항을 만들어 루터를 이단으로 정죄하다. 2월, 『95개조 논제 해설』을 작성하여 막데부르크의 대주교 알브레히트에게 전달하다. 3월 26일, 히브리서 강의를 마치다. 3월 31일, 95개조 논제에 대해 독일어로 요약 설교하다. 4월, 시편 강의를 시작하다(-1521년 3월). 4월 26일, 하이델베르크에서 열린 아우구스티누스 수도회 총회에서 '하이델베르크 논제'를 발표하여

참된 신학을 '십자가 신학'으로, 거짓 신학을 '영광의 신학'으로 규정하다.

8월 7일, 교황에 의해 로마로 소환되어 이단 재판이 열리나, 선제후 프리드리히의 도움으로 아우구스부르크에서 청문회를 열기로 합의하다.

10월 12-14일, 아우구스부르크에서 열린 청문회에서 추기경 카예타누스에 의해 심문받다.

10월 30일, 비텐베르크로 귀환하다.

『면죄부와 은총』『독일신학의 완성본에 붙인 서문』

1519년	마젤란, 세계 일주하다(-1522년).	
	1월 12일, 황제 막시밀리안 1세 사망.	
	6월 28일, 칼5세, 신성로마제국 황제 선출.	

1519년 1월 4-6일, 루밀티츠와 면담하다.

7월 4-14일, 구교 신학자 요하네스 에크와 '라이프치히 논쟁'을 벌이다.

9월, 갈라디아서 강의를 시작하다.

『그리스도의 수난에 관한 설교』『라이프치히 토론문에 관한 해설』『갈라디아서 주석』『죽음의 준비에 관한 설교』『세례의 성례에 관한 설교』『그리스도의 거룩한 성만찬과 형제단에 관한 설교』『금전 이자에 관한 설교』『고민하는 자를 위안하기 위한 소책자』

1520년 1월, 기사 후텐과 지킹겐, 루터의 신변보호를 제의하다.

6월 11일, 100명의 기사, 루터에게 신변 보호를 제의하다.

6월 15일, 60일간의 여유를 준 예비 파문 교서를 발표하다.

7월 21일, 레오 10세, 루터에 대한 '파문 경고 교서'를 공표하다.

9월 6일, 자신의 무죄를 호소하는 편지를 교황에게 보내다.

10월 10일, 교황의 파문 교서를 접수하다.

11월 4일, 쾰른에 있던 황제 칼 5세, 청문회 개최를 약속하다.

11월 12일, 쾰른에서 루터의 책을 불사르다.

11월 28일, 보름스 제국의회 출두 명령하다.

12월 10일, 레오 10세가 보낸 파문 교서를 로마 교회 법전과 함께 불사르다.

12월 17일, 보름스 초청이 철회되다.

『그리스도인의 자유』『교회의 바벨론 포로』『독일 기독교 귀족에게 고함』『선행에 관한 설교』『로마 교황청에 관하여』『적그리스도의 교서를 반박함』

<table>
<tr><td>1521년</td><td>교황 레오 10세 사망. 멜란히톤, 『신학 총론』</td><td>1521년</td><td>1월 3일, 루터에 대한 파문 교서가 발표되다.</td></tr>
</table>

세계사·교회사	루터의 생애
1521년 교황 레오 10세 사망. 멜란히톤, 『신학 총론』	**1521년** 1월 3일, 루터에 대한 파문 교서가 발표되다.
9월 29일, 멜란히톤, 독일어 성찬을 집례하다(양형 성찬).	1월 27일, 보름스 제국의회가 개최되다.
11월 12일, 13명의 수도사, 아우구스티누스 수도원을 떠나다.	2월 10일, 루터에 대한 교서가 특별 재판관 알레안드로에게 도착하다.
12월 3-4일, 비텐베르크 소요가 발생하다.	2월 13일, 알렉안드로가 세 시간에 걸쳐 루터를 반박하여 교서가 반송되다.
12월 25일, 안드레아스 폰 보덴슈타인 미사에서 평신도에게 양형 성찬을 집례하다.	2월 14일, 가톨릭 온건파 글라피옹이 중재를 시도하다.
12월 27일, 신비주의 츠비카우 예언자들, 비텐베르크에 도착하다.	2월 17일, 루터에 대한 반박 칙령 초안이 작성되다.
	2월 19일, 격렬한 반대에 부딪히다.
	2월 22일, 루터의 소환이 결정되다.
	3월 2일, 칙령의 두 번째 초안을 작성하다.
	3월 6일, 다시 보름스로 초청받다.
	3월 8일, 루터의 모든 저작들에 대해 몰수령이 내려지다.
	4월 16일, 보름스에 도착하다.
	4월 17-18일, 보름스 제국의회 청문회에 참석하여 변론하다. 황제 앞에서 자신의 글을 취소하라는 요구를 거부하다.
	4월 19일, 신성로마제국 황제 칼 5세, 자신의 결정을 발표하다.
	4월 26일, 보름스를 떠나다.
	5월 4일, 선제후 현자 프리드리히에 의해 바르트부르크 성으로 피신하여 융커 요르크로 이름을 바꾸고 변장한 채 도피 생활을 시작하다.
	5월 26일, 칼 5세의 '보름스 칙령'으로 루터의 공민권이 박탈되고 '제국 추방령'이 반포되다.
1522년 1월 6일, 비텐베르크의 아우구스티누스 수도원 해산하다.	**1522년** 2월 26일, 비텐베르크 성채 교회에서 동료 유스투스 요나스가 결혼하다.
1월 9일, 하드리아누스 6세 교황 선출(최초의 비로마 출신	3월 1-6일, 소요 중인 비텐베르크로 복귀하여 설교로 민심을 가라앉히다.

세계사 · 교회사	루터의 생애
교황).	『독일어 신약성서』(9월 성경)
9월, 지킹겐과 독일 기사들, 트	
리어 대주교령 습격하다.	
1523년 7월 1일, 루터의 동료이자 루터	1523년 요하네스 부겐하겐, 비텐베르크 시 교회에 청빙되다
추종자 두 명, 브뤼셀에서 이단	(개신교 최초의 청빙목사). 『국가 정부』『예배 순서』
자로 화형당하다.	
8월 23일, 기사 후텐 사망.	
11월 19일, 하드리아누스 6세	
사망. 클레멘스 7세 교황 선출.	
1524년 농민 전쟁이 발발하다(-1525	1524년 『기독교 학교를 설립하고 유지하는 독일의 모든 도
년).	시 시의원들에게』『상업거래와 고리대금에 관하여』
비텐베르크 시 교회에서 독일	
어 찬송가(코랄)로 예배하다.	
9월, 에라스무스, 『자유의지에	
관하여』	
1525년 신앙을 고백하는 자에게만 세	1525년 3월, 농민들로부터 '슈바벤 농민의 12개조 조항'이
례를 베푸는 재세례파 집단이	라는 글을 받다.
결성되다.	5월 15일, 튀링겐에서 봉기한 농민군이 프랑켄하우
5월 5일, 선제후 현자 프리드리	젠 전투에서 섬멸되다.
히 사망.	5-6월, 농민 전쟁이 진압되다.
	6월 13일, 수녀 출신 폰 보라와 결혼하다. 이후 2남
	3녀의 자녀를 두다.
	『하늘의 선지자들에 대한 반박』『평화를 위한 권고,
	슈바벤 농민들이 제시한 12개 항목에 대한 답변』『살
	인자이자 도둑 떼거리인 농민들에 대한 반박』『농민
	들을 반박한 책에 대한 공개장』『독일어 예배』『노예
	의지에 관하여』『독일어 미사』『요나서 강해』
1526년 윌리엄 틴데일이 번역한 영어	1526년 6월, 루터과 제후들이 루터를 보호하기 위해 '토르
신약성경이 출간되다.	가우 동맹'이라는 정치군사협약체제를 결성하다.
북인도에 무굴 제국이 세워지	6월 25일, 제1차 슈파이어 제국의회, '보름스 칙령'
다(-1857년).	실행을 보류하다(-8월 27일).
1527년 막데부르크에 최초의 프로테스	1527년 성만찬과 관련하여 츠빙글리와 대립하다(-1528년).
탄트 대학교가 설립되다.	교회 시찰단을 운영하다. 『군인도 구원을 받을 수 있
	는가』『이것은 내 몸이니라』「내 주는 강한 성이요」
	1528년 십계명에 대해 강의하다. 최초의 개신교 찬송가가

세계사 · 교회사	루터의 생애
	출간되다. 『작센 선제후국의 목사들에게 주는 시찰자의 교육』 『성찬에 관한 고백』
1529년 오스만 제국이 신성로마 제국의 수도를 포위 공격하다. 10월 1-4일, 루터와 츠빙글리가 마르부르크에서 개신교 연합을 위한 회담을 시작했으나 성찬 이해로 인해 결렬되다.	1529년 4월 19일, 제2차 슈파이어 제국의회에서 '보름스 칙령'의 재확정이 결되자, 루터파 영주들이 저항하다(여기서 '프로테스탄트'라는 이름 유래) 『대교리문답』 『소교리문답』 『비텐베르크 회중 찬송가』 『기도서』
1530년 6월 25일, 멜란히톤, 아우구스부르크 제국의회에 『아우구스부르크 신앙고백서』를 제출하다(이것은 당시 부상하고 있던 루터파 교회의 교리적 기준이 된다).	1530년 3월 14일, 멜란히톤 · 부겐하겐 · 요나스와 함께 '토르가우 신조'를 발표하다(이것은 『아우구스부르크 신앙고백서』의 모체가 된다). 아버지 한스 루더 사망. 시편 117편 강의. 아우구스부르크 제국의회 기간 동안 코부르크 성에 침거하다. 『학교에서 아이들을 돌보는 일에 대한 설교』 『시편 82편 강해』
1531년 츠빙글리 사망. 루터를 지지하는 제후들이 개신교 연맹인 '슈말칼트 동맹'을 체결하다(황제에 대한 군사적 저항 결의). 헨리 8세에 의해 수장령이 선포되고 영국 국교회가 성립되다.	1531년 갈라디아서 강의를 시작하다. 어머니 마가렛 루더 사망.
1534년 재세례파, 뮌스터에서 폭동을 일으키다. 클레멘스 7세 사망. 바울 3세 교황 선출.	1534년 『독일어 성서』(완역판)
1536년 멜란히톤, 재세례파의 사형을 찬성하는 성명서 발표하다. 윌리엄 틴데일, 성서를 번역하고 보급했다는 이유로 처형되다. 칼뱅의 『기독교 강요』(초판). 에라스무스 사망.	1535년 6월, 창세기 강해를 시작하다. 갈라디아서 강의를 시작하다.
	1536년 성찬론에 있어서 의견 차이를 보이던 스위스 츠빙글리파와 비텐베르크에서 평화 협정을 맺다(비텐베르크 일치 신조). 『인간에 관한 토론』
1537년 헨리 8세가 틴데일 성경의 완결판인 『매튜 성경』을 승인하다.	1537년 『슈말칼트 조항』
	1539년 『독일어 저술 전집』 『율법 무용론자들에 대항하여』 『공의회와 교회들에 관하여』
1540년 로욜라에 의해 예수회가 창설되다.	

세계사 · 교회사	루터의 생애
	1541년 『한스 보르스트 반박문』
	1542년 5월, 마지막 창세기 강의를 시작하다.
1543년 코페르니쿠스, 지동설을 발표 하다.	1543년 『유대인들과 그들의 거짓말』『창세기 주석』『다윗의 마지막 말에 관한 글』
1544년 10월 5일, 개신교 최초 교회 건 축인 토르가우 성채 교회를 봉 헌하다.	
1545년 가톨릭 교회의 개혁을 위한 트 리엔트 공의회가 개최되다. 면 죄부와 성직 판매를 금지하 고 성직자의 금욕을 강조하다 (-1563년).	1545년 『마귀가 세운 로마의 교황제도에 대한 반박』
1546년 루터파 토벌을 위해 황제 칼 5 세가 '슈말칼트 전쟁'을 일으키 다(-1547년).	1546년 2월 18일, 고향 아이스레벤에서 63세의 나이로 숨 을 거두다. 비텐베르크 성 부속교회에 안장되다.
1547년 비텐베르크 시 교회, 종교개혁 제단화를 제작하여 봉헌하다.	
1550년 바울 3세 사망. 율리우스 3세 교황 선출.	
	1552년 12월 20일, 아내 폰 보라 사망.
1555년 9월 25일, '아우구스부르크 화 의'를 통해 루터파를 로마 가톨 릭과 동등한 종파로 인정하다. 각 지역 영주의 결정에 따라 종 교를 보장하게 되다.	

서문

1. 비교. 테리 핀카드, 『헤겔』, 전대호·태경섭 역(서울: 길, 2015), 11.

1. 시작하는 말

1. 2016년 10월 13일부터 5주간 청어람 ARMC 가을 강좌로 진행되었던 '루터의 재발견' 첫 번째 강좌 인사말 원고를 보완한 것이다.
2. 보다 자세한 내용은 다음 링크를 참조하라. http://ichungeoram.com/11364
3. 대개 루터에 대한 왜곡이 일어나는 지점은 히틀러와 관련한 부분이다. 히틀러가 루터를 가장 위대한 독일인으로 꼽은 것은 그 이면에 유대인을 향한 루터의 잔혹한 글들이 있었기 때문이다. 여기서 루터와 아우슈비츠를 연결시키는 견해들도 간혹 등장한다. 그러나 그것은 너무 멀리 나간 것이다. 왜냐하면 루터가 반셈족주의의 대문을 열어 놓은 것이 아니기 때문이다. 정확히 말하자면, 루터는 인종차별주의자가 아니라 '반유대주의'에 기울어져 있다고 하는 게 맞다. 예를 들어, 『대교리문답』의 십계명 해설 가운데 제3계명(안식일 계명)을 보면 확실하게 드러난다.

2. 문제의 발단

1. 이 자료는 옥성득 교수(UCLA 아시아언어문화학과)가 제공해 주었다. 보다 자세한 내용은 다음 링크를 참조하라. https://goo.gl/rM8TAE

2. '중세'(the Middle Ages)라는 개념은 단순하지만 매우 애매한 표현이다. 우리 시대에서 가장 먼 시대를 '고대'로 놓고, 지금 시대와 가까운 시대를 '근대'로 표현하는 가운데 양자 사이의 중간 시대를 아우르는 용어로 만들어진 것이 바로 '중세'다. 문제는 이 시기에 대한 규정이 모호하다는 점이다. 일반적으로 19세기 말 미슐레(Jules Michelet, 1798-1874)나 부르크하르트(Jacob Burckhardt, 1818-1897)가 정리한 대로, 5세기부터 종교개혁 직전인 15세기까지를 중세라 칭한다. 이렇게 구분하는 중요한 근거는 교회를 세상의 중심으로 보았고, 동시에 중세의 표식이라 할 수 있는 '세 신분론'이 사회적 계급을 구분하던 시기였기 때문이다. 즉 사제 그룹(가르치고 기도하는 자), 귀족과 기사 그룹(보호하는 자), 농민 그룹(생산하는 자)이 위계적 질서를 분명히 하던 시기를 중세로 본 것이다. 그러나 이렇게 역사를 구분하는 것은 시대를 연속성 없는 형태로 보게 되는 위험이 있다.

3. 르네상스 교황들에 관한 정보는 "[세계교회사 100대 사건-역사의 현장을 찾아서](59) 르네상스 시대의 교황", 「가톨릭신문」(2002. 7. 14) 기사에서 발췌했다. https://goo.gl/WzCE8G

4. 에라스무스의 생애와 사상은 다음을 참조하라. 요한 하위징아, 『에라스뮈스』, 이종인 역(고양: 연암서가, 2013).

5. 당시 라틴어역에는 "하늘에서 증언하는 이가 셋이니, 성령과 물과 피라. 이는 셋이 하나니라"는 구절이 있었다. 오늘날 라틴어역에는 삭제되었다.

6. 원문은 다음과 같다. "So protestieren und bezeugen wir hiermit offen vor Gott, unserem alleinigen Erschaffer, Erhalter, Erlöser und Seligmacher, der allein unser aller Herzen erforscht und erkennt, auch demnach recht richten wird, auch vor allen Menschen und Kreaturen, daß wir für uns, die Unsrigen und aller männiglich halben in alle Handlung und vermeinten Abschied nicht gehelen noch billigen, sondern aus vorgesetzten und anderen redlichen gegründeten Ursachen für nichtig und unbündig halten."

3. 질문

1. Mario Süßenguth, *Aus einem traurigen Arsch fährt nie ein fröhlicher Furz* (Berin: Eulenspiegel Verlag, 2006), 16.

2. Monika Lücke, Dietrich Lücke, *Ihrer Zauberei halber verbrannt* (Halle: Mitteldeutscher Verlag, 2011), 126; Uwe Schirmer: Die Hinrichtung einer Zauberin. In: Erich Donnert (Hrsg.): *Europa in der Frühen Neuzeit*. Band 7. 2008, 138.

3. 비교. 라이프치히 대학교 성명학 교수인 우돌프(Jürgen Udolph)는 루터가 성을 바꾼 시점을 1517년 이후로 주장한다. 그리고 당시 중세 독일어 사전에 나온 루더(Luder)를 '유혹', '사기꾼', '거짓말쟁이' 등의 부정적인 뜻으로 설명한다. https://goo.gl/w6HNFN

4. Bernd Moeller, K. Stackmann, "Luder-Luther-Eleutherius. Erwägungen zu Luthers Namen", *Nachrichten der Akademie der Wissenschaften in Göttingen*, *Phil.-Hist. Klasse 1981*, Nr. 7.

5. 이 성은 1302년 뫼라(Möhra) 지역에서 기사 작위를 가지고 살던 비간트 폰 루더(Wigand von Lüder)까지 소급된다.

6. 에픽테토스, 『왕보다 더 자유로운 삶』, 김재홍 역 (파주: 서광사, 2013).

7. 검색을 국외로 확장해 보면 바로 발견하겠지만, 이 경구는 스피노자가 아니라 거의 모든 경우 루터의 말로 검색된다 (가끔 마르틴 루터와 마르틴 루터 킹 Jr.를 착각하는 사람이 있을 뿐이다).

8. 원문은 "Hilfe du, heilige Anna, ich will ein Münche Werden"이다. 이에 대한 자세한 정황은 다음을 참조하라. 마르틴 루터, 『탁상담화』, 이길상 역 (고양: 크리스챤다이제스트, 2005).

9. 자세한 당시 상황은 다음을 참조하라. 롤런드 베인턴, 『마르틴 루터』, 이종태 역 (서울: 생명의말씀사, 2016, 3판), 64-69.

4. 저항

1. 마르틴 루터, "독일 크리스챤 귀족에게 보내는 글", 『말틴 루터의 종교개혁 3대 논문』, 지원용 역 (서울: 컨콜디아사, 1993), 28.

2. Martin Luther, *Unterricht der Visitatoren an die Pfarrherrn in Kurfürstentum zu*

Sachsen, 1528.

3. 마르틴 루터, 『마르틴 루터 대교리문답』, 최주훈 역(서울: 복 있는 사람, 2017), 25-28, 30-32.

5. 소통

1. TRE 7, 354-363.
2. WA 12, 190, 32-194 , 20.
3. WA 12, 14, 16ff.
4. WA 16, 226 Anm. Z. 6; Volker Leppin, "Priestertum aller Gläubigen. Amt und Ehrennamt in der lutherischen Kirche", Ulich Heckel(Hg.), Luther Heute(Tübingen: Mohr Siebeck , 2017), 154에서 재인용.
5. WA 12, 14, 25ff., 15, 23ff.
6. 비텐베르크에서는 1520년 '주머니 규정'(Beutelsordnung)을 만들어 모든 예배마다 빈 자를 위한 헌금을 따로 하도록 했고, 길드를 조직하여 유랑하며 구걸하는 행위를 금지 했다. 브로니슬라프 게레멕(Bronislaw Geremek, 1932-2008) 같은 역사학자에 따르면, 걸인들의 길드 조직화는 중세 사회의 큰 골칫거리 가운데 하나로 등장했다. 15세기부 터 시민 사회 계급이 성장하면서 걸인들 역시 전문 직업화되는 것이 도시의 일반적인 풍경이었고, 실제로 1473년 독일 아우구스부르크 사람 가운데 107명이 세금을 내는 거지들이었다고 보고한다. 이런 이유로 일부 학자들은 이것을 루터가 가르친 '모든 세 속 직업의 소명론'의 배경으로 보기도 한다. 즉 '일하지 않는 자는 먹지도 말라'는 뜻이 다. 어찌 되었건, 주머니 규정보다 더 발전된 공동체 헌금의 종류가 바로 '공동 금고 제 도'다. 1522년 1월 24일 '비텐베르크 시 규정'을 보면, 일반 신자들의 헌금 외에 교회 의 재산과 시의회로부터 급여를 받던 성직자가 죽었을 경우 지급될 성직록, 그리고 수 도원 폐지로 인해 환수된 일부 재산을 이 공동 금고에 귀속시키도록 명시하고 있다. 이 를 통해 긴급히 재난당한 지역 주민과 교회에 재산을 기부한 사람의 상속자가 빈곤에 빠진 경우와 열악한 지역 교회에 그 재산을 분배할 수 있도록 했다. 이와 같은 공동 금 고 규정은 1523년 라이스니히(Leisnig) 공동 금고 규정으로 더욱 강화되었고, 이를 통 해 개신교회는 공동체성을 강화해 나갔다. 참조. WA 12, (1) 11-15; WA 12, 12, 20ff.; WAB 3, 495, 592f.
7. 이에 대한 논문은 다음을 참조하라. Becker, Sascha O. & Woessmann, Ludger,

2008, "Luther and the Girl: Religious Denomination and the Female Education Gap in 19th Century Prussia", *IZA Discussion Papers* 3837, Institute for the Study of Labor, 1-18.

8. Martin Luther, *An die Ratsherren aller Städte deutschen Landes, dass sie christliche Schulen aufrichten und halten soll*(1524); WA 15, 9-53.

9. Martin Luther, "To The Councilmen of all Cities in Germany that They Establish and Maintain Schools"(1524), LW 45:350-351.

10. Becker, Sascha O. & Woessmann, Ludger, 2008, "Luther and the Girl: Religious Denomination and the Female Education Gap in 19th Century Prussia", *IZA Disscussion Papers* 3837, Institute for the Study of Labor, 18.

11. 2015년 10월 7일, 루터대학교(용인) 강좌에서.

12. WA 50, 657-661.

6. 새로운 공동체

1. WA 50, 624, 18-20(『루터 선집』8권), 293. "교회라는 이 용어는 독일어가 아니며 이 신조(사도신조) 조항으로부터 취해져야 하는 의미를 전달하지 못한다."

2. 이에 대한 자세한 내용은 다음을 참조하라. Albrecht Peters, *Kommentar zu Luthers Katechismen*, Bd. II: *Der Glaube*(Göttingen: Vandenhoeck & Ruprecht, 1991), 214. 페더스에 의하면, 루터는 테르툴리아누스(Tertullianus, 160?-220)의 『호교서』(*Apologeticum*)에 나오는 'Curia'와 라틴어 'qurius'를 동의어로 보고 있다. 이것으로 볼 때, 불가타 'kurikon'의 어원은 켈트어 'kyrk'와 코트 아리안족의 언어인 'kyriko' 까지 거슬러 올라간다. 루터는 이와 같은 어원을 '교회'(kirche)라는 독일어의 배경으로 파악했다. BSLK, 656, 21.

3. 그 대표적 예가 사도행전 19:39이라 할 수 있다. 헤롯이 소집한 '민회'도 헬라어 본문에서 '에클레시아'로 표현한다.

4. WA 50, 624, 25; 비교. CA 7: BSLK(독일어판 루터교회 신앙고백서) 61, 4에서 교회는 '모든 신자의 모임'(Versammlung aller Gläubigen, *congregatio sanctorum*)으로 정의된다.

5. WA 50, 624, 26f., "Nu sind der welt mancherley Voelcker, Aber die Christen sind ein besonder beruffen Volck."

6. 16세기만 하더라도 'Gemeine'와 'Gemeinde'와 'Gemeinschaft'의 구분이 없었다.

7. Paul Althaus, *Die Theologie Martin Luthers*(Gütersloh: Gerd Mohn, 1963), 255; 『루터의 신학』, 구영철 역(서울: 성광문화사, 1994), 414.

8. WA 30, I, 189. "16세기 독일어 'Gemeinschaft'와 라틴어 'communio'는 동의어이며, 어떤 것에 대한 '공동의 참여와 권리'를 의미한다."

9. BSLK 21, 19-21. "Credo in spiritrum sanctum, sanctam ecclesiam catholicam, sanctorum communionem."

10. BSLK 27, 7f.. "Credo……unam, sanctam, catholicam et apostolicam ecclesiam." 이 말의 성서적 근거와 여기서 언급한 네 가지 속성에 관한 신학사적 접근은 다음을 참조하라. Reinhart Staats, *Das Glaubensbekenntnis von Nicäa-Konstantinopel. Historische theologische Grundlagen*(Darmstadt, 1999), 264-270.

11. WA 50, 250, 1-7('슈말칼트 신조').

12. BSLK 657, 1-42(『대교리문답』).

13. WA 2, 190, 23ff.(Resolutio...); WA 2, 53, 20-23('사도신조' 제3조 설교, 1523. 3. 6.); WA 30, I, 92, 9(1528. 12. 10. 설교).

14. Niketas, Explan. symb. 10(MPL 52, 871A-C); Albrecht Peters, *Kommentar zu Luthers Katechismen*, Bd. II: *Der Glaube*, 215. Anm. 353에서 재인용.

15. 이 단락 내용의 자료는 다음을 참조하라. Albrecht Peters, *Kommentar zu Luthers Katechismen*, Bd. II: *Der Glaube*, 215-217. Anm. 353-364.

16. WA 2, 741, 21-30(Sermon von dem hochwürdigen Sakrament des hl. wahren Leichnams, 1519). "성례전에서 떡과 포도주를 받는 것은 그리스도와 모든 거룩한 자들의 교제와 연합의 확실한 표지를 받는 것이다. 이는 마치 한 시민이 그 도시의 시민이며, 그 도시 공동체의 일원임을 확증하기 위해 주는 표지나 증서나 어떤 증명서를 받는 것과 동일한 의미를 지닌다.……공동체는 그리스도와 그의 성도들의 모든 영적 소유를 함께 공유하여 나누는 것이며, 이 소유가 성찬의 성례에 참여한 사람들에게 공동의 재산이 됨으로써 이루어진다. 성만찬의 교제는 모든 고통과 죄까지도 공통의 소유로 삼는 것이다. 이와 같은 일은 오직 사랑 안에서만 일어난다. 그 사랑이 다시 우리에게 사랑을 불러일으킨다."

17. WA Br 4, 238; WA 7, 35. "나는 그리스도가 그 자신을 나에게 주었듯이, 그리스도처럼 나 자신을 나의 이웃에게 줄 것이다.……우리는 다른 사람에게 소위 그리스도가 되어야 하고, 그 결과 우리는 서로에게 그리스도가 되고, 그리스도는 모든 사람 안에서 바로 그 그리스도가 되고, 곧 우리는 진정으로 그리스도인이 되는 것이다."

18. 베른하르트 로제, 『마틴루터의 신학』, 정병식 역(서울: 한국신학연구소, 2002), 393. 로제의

'무교회주의적'이라는 표현을 이 책에서는 '교회에 나가지 않고'라고 번역했지만, 실제로는 "교회 공동체의 일원이 되지 않고"라는 뜻이다.

19. 칼 라너, 『그리스도교 신앙 입문』, 이봉우 역(칠곡: 분도출판사, 1994), "VI: 구원과 계시의 역사, VIII: 교회로서의 그리스도교."

20. 여담이지만 개신교에서는 소위 '강대권'(?)이라고 하여 주일 '대예배'('대'자가 꼭 들어가야 할 이유를 모르겠다) 때 담임목사 외에 다른 사람이 설교하는 것을 극도로 꺼린다. 그런데 가톨릭에서는 미사 때 설교를 개신교 목사에게도 아주 쉽게 맡길 수 있다. 실제로도 그런 경우를 몇 번 보았다. 그러나 성찬 집례는 다른 사람에게 절대 맡기지 않는다.

21. Martin Luther, *Dass eine christliche Versammlung oder Gemeinde Recht und macht, alle Lehre zu beurteilen und Lehre zu berufen, ein- und abzusetzen, Grund und Ursache aus der Schrift*(1523); WA 11, 401-416.

22. Martin Luther, *Deutsche Messe und Ordnung des Gottesdienstes*(1526); WA 19, 72-113.

7. 예술과 종교개혁

1. WA 30, II, 696, 3-14.

2. WATR 2, 434, Nr. 2362.

3. WATR 1, 90, Nr. 968.

4. 참조. 최유준 교수(전남대학교 호남학연구원 감성인문학연구단)는 「한겨레신문」(2017. 4. 27) 기사에서 "한반도 서양 음악은 루터의 종교개혁으로부터" 연원한 것으로 풀이한다. 주목할 것은, 사제의 전유물이었던 교회 음악을 회중에게로 돌려 놓은 것은 루터의 만인사제직에 근거가 있다고 본 점이다. https://goo.gl/LGDZbE

5. 루카스 크라나흐 부자가 종교개혁에 미친 영향을 독일 공영방송사인 DW가 다큐멘터리로 담아 놓았다. https://goo.gl/Hym1qB

6. 앞에서 다루었듯이, 당대에 개신교 진영에서는 중세 교회의 '이종 배찬 금지론'을 부수고 모든 신자가 주의 말씀대로 떡과 포도주를 받도록 한 것을 종교개혁의 가장 혁명적인 것으로 받아들였다.

7. '마리아 교회'(Marienkirche, 1280/1412-1439)라고 이름 지어진 이 교회당에는 지금과 다른 제단화가 있었을 것이다. 아마도 교회 이름으로 추정하건데 마리아에 관한 제단화였을 가능성이 유력하다. 그러나 보름스 제국의회(1521)에서 추방령이 내려진 이후

루터는 자취를 감췄고, 비텐베르크 시는 급진파의 개혁에 몸살을 앓게 된다. 그 중심에는 칼슈타트로 불리던 옛 동료 안드레아스 보덴슈타인(Andreas Rudolf Bodenstein, 1486-1541)이 있다. 그는 구교회적인 것은 모두 제거해야 한다는 주장을 하며 옛것을 모두 파괴해 버렸고, 바로 그때 원래 있던 제단화도 파손되었다. 1522년 3월에 급히 돌아온 루터는 소요를 안정시키고, 종교개혁의 물결을 다시 원상 궤도에 올려놓게 된다. 그리고 세월이 흘러 1530년 루터는 사라진 제단화를 대신하여 개신교적 성만찬에 대한 그림이 그 자리에 있기를 소망하게 된다(WA 31, 415).

8. 네 폭의 제단화 중 가장 먼저 제작된 것이다. 루터 생전인 1537(9)년 제작된 중앙 패널은 1547(8)년 부겐하겐의 요청에 따라 네 폭 제단화의 중앙에 담긴다.

9. 2017년 4월 CBS 「다시 쓰는 루터로드」 촬영(2017년 10월 방송 예정)차 현 시 교회 담임 목사를 인터뷰한 일이 있다. 그때 어떤 실존 인물을 유다의 모델로 삼았을지 물어봤는데, "루터 당시 주민인 것은 확실하지만 누구인지는 정확하지 않다"고 대답했다.

10. 마르틴 루터, 『마르틴 루터 대교리문답』, 최주훈 역(서울: 복 있는 사람, 2017), 317.

11. 『신앙고백서』, 지원용 편역(서울: 컨콜디아사, 1988), 29. "우리 교회는 누구나 정식으로 부름을 받은 사람이 아니면 아무도 교회에서 가르치거나 성례전을 집행하지 못한다고 가르칩니다."

12. 더 심한 경우, 루터교회 교인으로 입교하지 않은 사람은 모두 수찬을 받을 수 없다. 루터파에서도 극보수로 꼽히는 미국 미조리 시노드 계열은 이 방식을 취하고 있고, 그 교단이 선교한 한국 루터교회에서도 한동안 이런 모습을 따랐지만 지금은 그렇지 않다.

13. 마르틴 루터, 『마르틴 루터 대교리문답』, 최주훈 역(서울: 복 있는 사람, 2017), 347.

14. 16세기 종교개혁 당시 시작된 이 재세례파 운동은 어떤 이가 회심을 체험했을 경우, 유아세례를 받았을지라도 다시 세례를 받도록 했다. 여기서 핵심은 스스로 신앙고백을 할 수 있는지에 달려 있다. 그 때문에 재세례파는 유아세례의 가치를 부정했다. 재세례파는 종교개혁 이후 광범위하게 기독교 영성에 영향을 끼쳤는데, 루터가 가르친 '모든 신자의 만인사제직'을 더욱 첨예하게 실현한 것으로 평가받는다. 당시 세속 권력과 연결된 루터파 및 개혁파와 충돌했고, 사제주의에 대해서 엄격하게 거부할 것을 가르치며 회중교회를 형성했다. 이와 같은 기본적 신학 틀을 가지고 있는 재세례파는 다양한 형태로 발전했고 지금까지 이어지고 있다. 현대에는 메노나이트(Mennonite), 아미시(Amish), 후터라이트(Hutterite)를 비롯하여 다양한 침례교회가 이 정신을 이어받았다. 루터와 개혁파 노선에서 재세례파를 거부했던 가장 큰 이유는 칭의론적 사고에 있다. 칭의론적 관점에 따르면 세례란 무력한 유아라 할지라도 하나님의 백성으로 받아들이는 '하나님'의 은총이지만, 재세례파는 '인간'의 고백이라는 측면이 강조된다.

15. 기독교한국루터회가 참회를 로마 교회의 것으로 오해하고 있는 큰 이유는 신학적 이유가 아니라 엉뚱하게도 '오역'에서 비롯되었다는 점이 특별하다. 한국 루터교회는 650페이지에 달하는 루터교회 『신앙고백서』를 가지고 있다. 그중에서 기본 중의 기본으로 여기는 문서는 『아우구스부르크 신앙고백서』(1530)인데, 1988년 우리말로 옮기는 과정에서 제25조(죄의 고백에 관하여)를 다음과 같이 오역하고 말았다. "우리들의 교회에서는 죄의 고백이 폐기되었습니다." 바로잡은 번역은 "우리들의 교회에서는 죄의 고백이 여전히 유효합니다"이다.

16. H. Denzinger, A. Schmönmetzer, *Enchiridion Symbolorum*, 812. 이 교령은 종교개혁 운동의 반동으로 시작된 트리엔트 공의회(1551)에서 공식화되었다. 이에 따르면 "신자는 사제 앞에서 개인적으로 죄를 고백(고해성사)해야 한다. 그때 모든 죄목이 각각 고백"되어야 하며, 사죄 선언은 오직 사제를 통해서만(private Absolution) 가능하다(같은 책, 1679-1680, 1707).

17. 이에 대한 자세한 내용은 다음을 참조하라. 『마르틴 루터 대교리문답』(서울: 복 있는 사람, 2017), 357-373.

18. 같은 책, 359.

19. 같은 책, 222-223.

20. Martin Luther, "Vorrede auf die Epistel S Jacobi und Jude"(1546) in WA, DB VII 385. "Darin stimmen alle rechtschaffenen Bücher überein, dass sie allesamt Christus predigen und treiben. Auch ist das der rechte Prüfstein, alle Bücher zu tadeln, wenn man sieht, ob sie Christum treiben oder nicht. Sintemal alle Schrift Christum zeiget und S. Paulus nichts denn Christum wissen will. Was Christum nicht lehret, das ist nicht apostolisch, wenns gleich S. Petrus oder Paulus leret. Widerum, was Christum prediget, das wäre apostolisch, wenns gleich Judas, Hannas, Pilatus oder Herodes lehrt."

21. 예를 들어, 르네상스 예술의 대가로 알려진 미켈란젤로의 「피에타」(Pieta, 1498-1499)를 관찰해 보면 흥미로운 사실을 발견할 수 있다. 바티칸 대성당에 있는 이 작품은 그가 남긴 피에타 상 중에서 최초의 것으로, 그 중심에는 예수가 아니라 마리아가 위치하고 있다. 마리아의 표정을 보면 아들이 죽은 직후임에도 불구하고 모든 것을 초탈한 담담하고 아름다운 모습이다. 사건의 전후 사정을 알고 보면 이런 모습은 상당히 비정상적이다. 그러나 이 작품이 유명해진 이유가 바로 여기 있다. 당시 문제가 많던 로마 교회가 하고 싶은 설교를 대신 해주고 있기 때문이다. '이렇게 교회와 사제들이 문제가 많아도 마리아처럼 초탈한 모습으로 사는 것이 신앙인으로 가져야 할 참 경건이다.' 당

시 중세 교회의 교리를 웅변하고 있던 청년(25세) 미켈란젤로의 「피에타」는 그의 노년에 급격한 사상의 변화가 감지된다. 그의 인생 후기로 갈수록 마리아는 점차 중앙에서 밀리고, 그 자리에 예수가 자리 잡는다. 심지어 자기 묘비로 사용하기 위해 만든 피렌체의 「피에타」(1550)를 보면, 예수 원편에 있는 마리아의 얼굴은 원편의 막달라 마리아와 비교가 되지 않을 정도로 거칠다. 영원한 젊음을 간직하고 있다는 중세 교회의 성모론은 이 작품에서 거부된다. 게다가 예수의 시신을 뒤에서 잡고 있는 니고데모의 얼굴에 자기 얼굴을 새겨 놓았는데, 당시 로마 가톨릭 내부에서 활동하던 니고데모파는 개신교회의 사상을 추종하는 개혁 그룹이었고 그 때문에 그 당시 축출당했다. 개신교회와 내통하는 스파이 혹은 로마 가톨릭의 신앙을 훼손하는 숨겨진 이단이라는 의심을 피하기 위해 미켈란젤로는 이 작품을 스스로 부수려고 했지만, 제자들이 말리는 바람에 예수의 원쪽 다리만 부서진 상태로 보존되었다. 죽기 직전까지 작업을 하며 공을 들인 것으로 유명한 「론다니니 피에타」(1552-1564)는 더욱 이상하다. 십자가에서 죽은 아들이 오히려 살아 있는 마리아를 등에 업고 있는 듯한 모습이다.

22. WA 10/2266, 15-18.

23. WA 12, 309, 11-34.

24. 『신앙고백서』, 지원용 편역(서울: 컨콜디아사, 1988), 53.

25. 1546년 루터가 죽은 이후, 폰 보라는 줄곧 비텐베르크에서 살았다. 그러나 1552년 비텐베르크에 흑사병이 불어닥치자 자녀들과 함께 토르가우로 거처를 옮기다가 도시 근처에 다 와서 마차 사고를 당하게 된다. 그 때문에 골반뼈가 부러지고 폐렴까지 겹쳐서 3주 후인 1552년 12월 20일 사망하게 된다. 토르가우 시 교회에는 폰 보라의 시신이 안장되어 있고(Stadtkirche St. Marien), 세계에서 유일한 폰 보라 기념관(Katharina-Luther-Stube)도 이 도시에 있다.

26. 교회에 시신을 묻는다는 것은 '시신을 교회에 맡겨 버린다'는 뜻과 상통한다. 하나님 품에만 맡기면 그 다음은 어떻게 되든 상관없다는 일종의 군건한 종교적 믿음(?)의 표현이라고 할 수 있다. 그런데 문제는 부자들의 묘는 교회 안쪽에 있는 반면, 가난한 자들의 시신은 교회 밖이라는 점이다. 중세 시대 가난한 사람들은 교회 주변에 큰 구덩이를 파고 거기에 무수히 많은 시체를 함께 매장했다. 그러다가 그것이 다 차면 흙으로 덮어 묻고, 이전에 사용했던 구덩이를 도로 팠다. 그러면 그 구덩이에는 이전에 묻었던 시체들이 모두 썩어 몇 조각 뼈만 남아 있게 된다. 그러면 그것을 회수하여 항아리에 담아 교회 한쪽에 보관하고 그 구덩이에 다른 시체들을 매장했다고 한다. 부모든 자식이든 누가 죽어도 산 자들의 책임은 오직 교회 옆에 묻는 것으로 끝난다. 즉 시신을 교회에 맡겨 버리는 것으로 끝났다. 산 자들은 죽은 자에 대해 무관심했다. 교회에 시신

을 맡긴 이상 그 시신의 심판과 부활은 교회가 책임질 것이니 공동묘지를 두려워할 필요도 없었고, 오히려 일상적 삶의 한 부분으로 받아들였다. 그 때문에 공동묘지는 장사를 하는 장소, 축제를 벌이고 춤을 추는 장소였다. 시체가 땅 위로 드러나서 냄새가 진동해도 별로 신경 쓰지 않았다. 오죽했으면 '묘지에서 춤추는 것을 금지하는 법령'이 발효되었을까?

8. 루터의 신학

1. 알리스터 맥그래스, 『종교개혁시대의 영성』, 박규태 역(서울: 좋은 씨앗, 2005), 107-144.

2. 마르틴 루터, 『말틴 루터의 종교개혁 3대 논문』, 지원용 역(서울: 컨콜디아사, 1993), 307. "그리스도는 은총과 생명과 구원이 충만하시다. (인간의) 영혼은 죄와 죽음과 멸망으로 충만하다. 이제 신앙을 그들 사이에 끼워 보자. 그러면 죄와 죽음과 멸망은 그리스도의 것이 될 것이고, 한편 은총과 생명과 구원은 (인간) 영혼의 것이 될 것이다. 그 이유는 만일 그리스도가 신랑이시라면 그는 그의 신부의 것을 그 자신이 맡으셔야 하고 그의 것을 신부에게 주셔야 하기 때문이다." 이와 유사한 문장이 만스펠트 시장이었던 카스파르 뮐러(Caspar Mueller)에게 1534년 11월 24일 보낸 편지에서도 발견된다. "성서에 기록되어 있다. '담대하라. 내가 세상을 이기었노라'(요 16:33). 그러니 그리스도를 영화롭게 하고 우리 몸 안에 모시는 것 외에 달리 할 일이 무엇인가? 그는 세상과 마귀와 죄와 사망과 육체와 질병과 모든 악에 대해 승리하셨다. 그의 멍에는 지기 쉽고 그의 짐은 가볍다.⋯⋯그는 이미 이것들로부터 우리를 자유하게 하셨으므로 우리는 대신 그의 쉬운 멍에와 가벼운 짐을 진다. 우리는 계속 이 짐을 져야 한다. 우리는 이 교환을 기쁘게 받아들여야 한다. 그리스도는 선한 상인이며 자비로운 판매상이시다. 그는 우리의 죽음을 [물건 값으로] 받고 그의 생명을 파시며, 우리의 죄를 [물건 값으로] 받고 그의 의를 파신다. 또한 일시적인 질병 한두 개를 우리에게 지우시되 이자를 붙여 주신다. 적절한 가격으로 파시며 푸거 가문(Fugger family)과 이 세상 모든 장사꾼들보다 훨씬 후한 이자를 붙여서 빌려 가신다." https://goo.gl/JwvEQc

3. CA VII. "Est autem ecclesia congregatio sanctorum, in qua evangelium pure docetur et recta administrantur sacramenta."

4. 비교. Karl Barth, KD I/1:74ff.

5. WA 40 III, 352, 1-3(Vorlesung über die Stufenpsalmen 1532/1533).

6. WA 39 I, 205, 2-5(Vorrede zur Promotionsdisputation von Palladius und Zilemann

1537).

7. I. C. 헤네르, 『폴 틸리히의 그리스도교 사상사』, 송기득 역(서울: 한국신학연구소, 2001), 242.

8. 같은 책, 158-166.

9. 이 체계는 알렉산드리아 학파의 신플라톤주의적 존재 질서로부터 유래했다.

10. 루터의 종교 이해에 대한 대표적인 논문은 다음과 같다. Karl Holl, "Luther", ders., *Gesammelte Aufsätze zur Kirchengeschichte*, Bd. I.(Tübingen, 1921), 1-90; Herbert Vossberg, *Luthers Kritik aller Religion*(Leipzig, 1922), 14-24; Ernst Feil, *Religio: Die Geschichte eines neuzeitlichen Grundbegriffs vom Frühchristentum bis zur Reformation*(Göttingen: Vandenhoeck & Ruprecht, 1997), 236-245. 루터가 기독교를 '참된 종교'(vera religio)로 이해하고 양심을 강조했기 때문에, 칼 홀(K. Holl)은 1917년 종교개혁 400주년 기념 논문에서 루터의 개혁을 통해 세워진 교회를 '양심의 종교'로 이해했다. 보스(H. Voss)의 경우, 루터가 종교의 일반적 특징을 말하면서도 일반적 특징과 구별되는 참된 종교의 필수 요건을 언급하고 있다고 말한다. 페일(E. Feil)의 연구 조사에 따르면, Weimar Ausgabe 1-13(1930ff.)에서만 라틴어 'religio'를 1130번, 독일어 'Religion'을 68번 사용한 것으로 보고한다.

11. 루터는 안셀무스나 아퀴나스가 가졌던 신 존재 증명에 대해 관심이 없다. 그 이유는 로마서 1:19 이하를 근거하여 "하나님을 알 만한 것"이 모든 사람에게 자명한 것으로 받아들이기 때문이다. 대신 "바른 신에 대한 바른 신앙"을 갖는 것이 참된 그리스도인의 과제라고 강조한다. 참조.『마르틴 루터 대교리문답』, 최주훈 역(서울: 복 있는 사람, 2017), 51-53; BSLK, 5. Aufl., Nr. 587, 595.

12. 물론 루터는 이런 배타적이며 이원론적인 방식으로 종교를 구분하지는 않는다. 논지 전개의 편의상 참된 종교와 거짓 종교라는 표현을 사용했다. 루터는 바른 신앙이 있는 곳에 참된 종교가 있다고 보았다. 즉 모든 종교는 신앙이 복음의 기준에 비추어 바른지 아닌지의 정도에 따라 참된 종교가 될 수도 있고 우상숭배의 종교가 될 수도 있다. 교회라는 이름으로 예배드리는 기독교 역시 동일하게 적용된다. 참조. Joo-Hoon Choi, *Das Konzept der Ur-Offenbarung bei Paul Althaus*(Frankfurt a.M.: Peter Lang, 2006), 210-248.

13. WA 31, II, 318(Vorlesung über Jesajas, 1527-1530).

14. WA 47, 393(마태복음 18-24장 설교, 1537-1540).

15. WA 25, 11(디도서와 빌레몬서 강해, 1527).

16. WA 44, 557(창세기 강해, 1535-1545).

17. WA 6, 538.35-539.5.

18. 마르틴 루터, 『루터 저작선』, 이형기 역(서울: 크리스챤다이제스트, 1994), 430.

19. 루터는 1520년 『교회의 바벨론 포로』에서부터 '죄의 고백과 용서'를 성례전에서 제외
　　시켰지만, 멜란히톤의 경우 암묵적으로 용인했다. 이러한 증거는 멜란히톤이 작성한
　　『아우구스부르크 신앙고백서』(1530)에서 세례와 성찬 항목 다음에 이것이 나오는 것을
　　보면 알 수 있다.

20. 1520년 『새로운 언약에 대한 설교』에서 루터는 다음과 같이 말한다. "그것들(성찬의 요
　　소인 빵과 포도주)은 말씀과 강하게 결부되어 있고, 가장 완전한 인장이며 표시다. 즉 그
　　자신의 참된 몸과 피가 빵과 포도주 아래 있는 것이다"(WA 6, 359, 5-7)라는 표현을 한
　　다. 여기서 루터는 빵과 포도주, 그리스도의 몸과 피의 관계를 "아래에"라는 말로 바
　　꾸어 쓰고 있다. 이 개념을 우리는 빵과 그리스도의 몸이 분할되거나 구분됨 없이 함
　　께 현존한다는 의미로 '공재설'(共在說) 또는 '공체설'(共體說)이라 부른다. 이를 다른
　　말로 환언하면, 거룩한 그리스도의 몸이 물질적 실체와 공존한다는 의미의 '성체 공
　　존'(Konsubstantiation)이라고 표현되는 것이 적절하다. 성체 공존 이론은 물질과 그
　　리스도의 임재에 관한 관계성을 나타내기 위한 신학적 시도이자 개념이다. 그러나 문
　　제는 이 성체 공존 개념을 루터는 단 한 번도 사용한 적이 없다는 것이다. 루터 사후
　　인 1560년대에 이르러서야 비로소 공재설이라는 개념이 개혁 신학자들에 의해 등장
　　한다. 개혁과 신학자들은 보통 루터의 성찬론을 공재설로 설명하는데 그리 적절한 개
　　념은 아니다. 다음을 참조하라. Hartmut Hilgenfeld, "Mittelalterlich-traditionelle
　　Elements in Luthers Abendmahlsschriften", SDGSTh 29(Zürich, 1971), 467ff.;
　　Wolfgang Schwab, *Entwicklung und Gestalt der Sakramententheologie bei
　　Martin Luther*, EHS.T Reihe XXIII, 79(Frankfurt 1977), 262. Anm. 27.

21. 『교회의 바벨론 포로』에서 비판을 가한 이종 배찬 금지는 1414년 콘스탄틴 공의회에
　　서 본격화되었다.

22. 플라톤은 지식의 종류를 현상계에 속하는 'scientia'와 이데아에 속하는 'sapientia'로
　　구분한다. 그에 의하면 참된 지식과 진리는 'sapientia'이며, 'scientia'는 임시적 '주장'
　　이나 '견해'일 뿐이다. 루터의 견해를 단순히 플라톤과 동일시할 수는 없다. 루터는 성
　　령을 통한 "체험적 지식"(*sapientia experimentalis*)이야말로 참된 그리스도인의 지식이
　　라고 말한다.

23. 1215년 제4차 라테란 공의회 13차 모임, *Dekret über das Sakrament der
　　Eucharistie*, Kap. 4: DH 1642.

24. 물론 여기서 철학적 비판점을 제기한다면, 형상적 객체를 중시한 아리스토텔레스의 이

해와 이데아적 실재를 강조한 플라톤의 견해가 별다른 고려 없이 혼합적으로 사용되었다는 점이다. 과연 아리스토텔레스와 플라톤 사상이 지평의 융합을 이룰 수 있을까?

25. 마르틴 루터, "교회의 바벨론 포로", 『루터 저작선』, 이형기 역(크리스챤다이제스트, 1994), 332-333.

26. 같은 책, 334.

27. Martin Luther, BSLK, 5. Auf.(2004), 595f.(『대교리문답』 십계명 제1계명). "Ist der Glaube und das Vertrauen recht, so ist dein Gott recht, und umgekehrt, wo das Vertrauen falsch ist und unrecht ist, da ist auch der rechte Gott nicht. Denn die zwei gehören(zuhauf) zusammen, Glaube und Gott."

28. WA 50, 532(Von den Konziliis und Kirchen 1539). "Ich neme das wort Religion jtzt an, das es heisse den gemein Christlichen glauben."

29. 이에 관한 목록은 E. Feil, *Religio*, 238을 참조하라.

30. Bernhard Lohse, "Das ist eine neue Theologie-Luthers Theologie zwischen Scholastik und Humanismus", M. Greschat(Hg.), *Luther in seiner Zeit*(Kohlhammer: Sututtgart u.a., 1997), 29-45. hier 30ff.; 베른하르트 로제, 『마틴 루터의 신학』, 정병식 역(서울: 한국신학연구소, 2002), 166-171.

31. LW 35:9-22; LW 35:29-43; LW 35:49-73.

32. WA X, III, 48.7-54.12; 마르틴 루터, 『그리스도의 수난과 부활』, R. H 베인튼 편, 김득중 역(서울: 컨콜디아사, 1992), 51에서 재인용.

33. 로마 교회의 미사에서 화체의 시점은 '축성'(consecratio)의 순간이다.

34. 13세기 라테란 공의회에서 교리화된 화체설을 로마 가톨릭은 지금도 여전히 고수한다. 화체설에 반대하는 개신교의 예배를 로마 교회가 정상적인 예배로 인정하지 않는 이유도 바로 이것에 근거한다. 다른 개신교에 대한 태도와는 조금 다르지만 현재 교황인 베네딕토 16세(Benedictus XVI)가 교황청 교리성 장관으로 재임할 당시인 1993년 교황청 교리성 공식 문서에서는, 루터교회의 실재설에 대해서 논외의 것으로 명시하고 있다(Schreiben des Präfekten der römischen Glaubenskongregation, Kardinal Josef Ratzinger an den evangelischen bayerischen Landesbischof, 1993).

35. "Empfängt, was ihr seid: der Leib Christi. Werdet, was ihr empfängt: der Leib Christi."

36. 이양호, "루터의 성례론", 『현대와 신학』 26(2001).

37. LW 37: XII.

38. Zwingli, CR 90, 789, 3f.; 794, 23("De vera et falsa religione Commentarius", 1525).

39. 루터는 이미 오래전부터(적어도 1520년부터) 이런 견해를 고수했다. WA 6, 502, 7(『교회의 바벨론 포로』, 1520). "c. vi. Iohannis in totum est seponendum."

40. Jaroslav Pelikan, "Luther und Expositor", *American Edition of Luther's Works*. Companion Volume(Saint Louis, 1959); Gerhart Ebling, *Evangelische Evangelienauslegung. Eine Untersuchung zu Luthers Hermeneutik*(1942), 2.Aufl. (Darmstadt, 1962), 311-344.

41. WA 50, 660, 1-16(『독일어 성서』 1권)에서 루터는 'Rottengeist'(분열의 영)라는 용어를 사용한다. 즉 성서의 말씀에 근거하지 않고 인간 영의 환상과 기도, 사변적 신앙으로 교회를 분열시키고 분당시키는 영을 의미한다.

42. 진행에 대한 간단한 설명은 다음을 참조하라. B. Lohse, *HdBDThG* II, 1980, 60-64. 상세한 내용은 다음을 참조하라. Heinrich Bornkamm, *Martin Luther in der Mitte seines Lebens*(Göttingen 1979), 558-585; Martin Brecht, *Martin Luther*, Bd. II: *Ordnung und Abgrenzung der Reformation 1521-1532*(Stuttgart 1986), 315-324.

43. 1523년 루터는 『성례전 숭배에 관하여』라는 글에서 그리스도의 현재적 임재가 어떻게 가능한지 다음과 같이 진술한다. WA 11, 449, 34-450, 13(Von Anbeten des Sakraments, 1523). "그리스도의 영과 혼, 더 나아가 하나님 성부와 성령이 어떻게 성례전에 현존하는지에 관해 관심을 갖는 이들이 많다.……이 모든 것은 성례전에서의 사람의 생각과 말을 극복하도록 그들에게 주시는 하나님의 말씀과 역사를 잊어버린 게으르고 텅 빈 영혼과 마음의 생각이다. 성례의 말씀에 대해 단순하게 대하면 대할수록 당신에게 유익할 것이다.……먹고 마시라. 그래서 너의 믿음을 살찌게 하라.……그리고 하나님 성부·성자·성령이, 또는 그리스도의 영이 어떻게 성례전에 현존하는지 알도록 혹은 탐구하도록 추천받지 않았다고 너 스스로에게 말하라." 루터는 여기서 인간의 생각과 철학이 우선이 아닌 그리스도 영의 인도함, 즉 주체가 삼위일체 하나님이며 성찬 속에 현존하는 그리스도는 그 자신에 의한 선물이라는 것에 초점을 둔다.

44. WA 23, 179, 7-15(Daß diese Wort Christi 'Das ist mein Leib' noch fest stehen, 1527).

45. 영과 육의 문제는 루터와 츠빙글리의 성찬 논쟁 중 중요하게 다룬 문제였는데, 이는 1526년 이후부터 루터가 '편재설'(Ubiquitätslehre)을 전개하는 배경이 된다. 이에 대해서는 다음을 참조하라. WA 19, 491, 17-20; Erwin Iserloh, *Gnade und Eucharistie in der philosophischen Theologie des Wilhelm von Ockham: Ihre Bedeutung für die Ursachen der Reformation*, VIEG 8, Wiesbaden 1956, 174. 197ff. 253-266; Heiko A. Obermann, *Spätscholastik und Reformation* I. *Der Herbst der mittelalterlichen Theologie*(Zürich, 1955), 256-258.

46. WA 9, 406, 17-20(창세기 28장 설교, 1520).

47. 원시 기독교 공동체에서 노예 해방이나 사회 계급 구조 변혁에 힘을 기울이지 않았다
는 사실을 외면하면 곤란하다. 이런 사고방식은 중세를 넘어 루터에게까지 미치고 있
다. 다만 중요한 것은 초대 교회 상황에서 헬라 문화와 달리 유대-그리스도인들은 노
동의 가치를 부정적으로 여기지 않았다는 점이다. 이는 창세기에서부터 등장하는 '일
하시는 하나님'(천지창조)에 대한 관념에서 시작했고, 다문화 사회였던 헬라 문화 속에
서도 그 가치가 퇴색되지 않았다. 그 때문에 신약에서 몸을 "성령의 전"(고전 6:19)이
라고 표현하기도 했다. 그러나 영지주의를 필두로 이원론적 세계관은 창조 세계·성육
신·부활 같은 기독교의 핵심 가치를 공격하게 되었고, 이와 같은 이원론적 세계관에
대항하는 신앙고백들이 교부들에 의해 만들어지게 된다. 그럼에도 불구하고 이런 상황
은 교회 내부에 깊숙이 자리 잡게 되는데, 그 대표적인 것이 수도원의 출현이다. 수도
원을 세상과 구별된 거룩한 곳으로 구별하는 것은 이원론이 교회 내부로 들어와 영적
계급화를 이루는 주요 맥락이 된다.

48. 이러한 이해는 사막 교부 안토니우스(Antonius, 251-356)의 삶을 다룬 *Vita
Antonii*(360)에 잘 드러난다. 그는 세상을 떠나 사막으로 들어간 것을 고린도전서 7:20
에 나오는 "부르심"으로 이해했고, 그런 삶을 영적으로 뛰어난 삶으로 여겼다. 이 사상
은 후에 중세 수도원 사상에도 밑거름이 되었고, 중세 사회의 계급 질서를 정당화시키
는 데도 한몫하게 된다. 성서의 본문 역시 영적 계급과 세속적 계급을 구분하고 정당화
하는 수단으로 오용된 경우가 간혹 있다. 예를 들어, 누가복음 10:38-42 '마리아와 마
르다'에 관한 본문은 대표적 오용 사례에 속한다. 13세기 토마스 아퀴나스와 베르톨드
폰 레겐스부르크(Berthold von Regensburg, 1220-1272)같은 경우에는 세상적·영적 신
분을 개념화시켜 신학에 적용시킨 대표적 사례다. 이에 대한 부정적인 결말은 원시 기
독교가 가지고 있던 육체 노동의 가치가 퇴색되어 버렸다는 데 있다. 그로 인해 중세
사회 시스템에서는 육체 노동자보다 영적 직무를 행하는 자가 언제나 존경받게 되었
다. 이런 상황 속에서 루터는 만인사제직과 직업 소명론을 통해 세속 직업의 가치를 격
상시켰다.

49. WA 10, 309.

50. W. Conze, Art: "Arbeit", *Geschichtliche Grundbegriffe Historisches Lexikon zur
politisch-sozialen Sprache in Deutschland*, Bd. I, Stuttgart 1972, 166.

51. WA 8, 588(1521).

52. Johannes Schilling(Hg.), *Luther zum Vergnügen*(Stuttgart: Phillpp Reclam jun.,
2008), 37. (『탁상담화』 크리스챤다이제스트)

53. 1525년 '슈바벤 농민의 12개 조항' 요구를 시작으로 그해 5월 프랑켄하우젠 전투에서 토마스 뮌처(Thomas Münzer, 1489-1525)가 죽기까지 보여준 루터의 태도는 이런 한계를 극명하게 보여준다. 경제 공동체인 농민들이 목사 선출권을 요구한 것은 영적 공동체의 직무와 권리를 요구한 것으로, 농민들이 칼을 든 것은 정치 공동체인 국가의 직무를 침범한 것으로 루터는 이해했다.

54. 개혁 세력 내부 갈등과 맞물린 농민들의 탄식은 결국 독일을 농민 전쟁의 소용돌이로 들끓게 했다. 루터가 자신들 편에 있다고 믿었던 농민들은 '슈바벤 농민의 12개조 조항'이라는 글을 루터에게 보내 힘을 실어 줄 것을 기대했으나 결국 무산되어 버렸고, 그해 영주들의 군대에 의해 진압되고 만다. 농민 전쟁에서 루터가 일방적으로 귀족들 편에 섰다는 주장은 여전히 논란거리다. 그 시기 루터가 썼던 몇 개의 편지와 글을 객관적 입장에서 판단해 보면 꼭 그렇다고 판단하기 힘들다. 일례로, 그 당시 선제후에게 직접 쓴 편지는 이런 생각을 확증한다. "저는 선제후 전하의 보호를 요청할 생각이 없습니다. 선제후 전하가 저를 보호하실 수 있는 것보다, 오히려 제가 선제후 전하를 더 보호할 수 있다는 것을 저는 진실로 확신하기 때문입니다.……그리고 개인적으로 선제후 전하께서 아직 신앙에 아주 약하시다는 인상을 갖고 있기에, 저는 결코 선제후 전하에 대해서 저를 보호하고 구해 주는 사람으로 간주할 수 없습니다"(LW 48, 391). 귀족을 향한 루터의 생각은 통일성이 있다. "태초로부터 현명한 제후는 아주 희귀한 새와 같고, 경건한 제후는 더 희귀하다는 사실을 모두 알아야 한다." 제후들은 대부분 "바보들"이고 "악당들"이다. 농민 전쟁과 관련해서도 제후들은 제 할 일을 하지 않고 "쾌락에 빠져 백성들을 벗겨 먹고, 춤과 사냥에 빠져 세금을 부과한다. 그들은 도둑이나 악당보다 더 악하게 행동한다"(LW 45, 120-121:109-110). 농민 전쟁과 루터에 관한 역사와 문제점에 대해서는 다음을 참조하라. 후버트 키르히너, "루터와 농민 전쟁", 『루터 사상의 진수』, 지원용 편(서울: 컨콜디아사, 1986), 239-269.

55. WA 11, 252, 12-14.

56. WA 32, 390, 10.

57. WA 11, 393, 38f.

58. WA 6, 267, 21-26:267, 32-35(1520).

59. WA 11, 255, 12ff.

60. WA B. 2, 372, 84f.

61. 이에 대한 설명은 다음을 참조하라. 디트리히 본회퍼, 『나를 따르라』, 김순현 역(서울: 복 있는 사람, 2016), 44-51.

참고자료

1. '94개조 논제' 전문은 다음을 참조하라. https://goo.gl/vaxcVa; 번역 자료. 김수남 역, "종교개혁의 칼날을 다시 세우라",『기독교사상』2016. 10., 67-92.)
2. 목원대학교 신학과 권진호 교수가 번역한 것이다. 독일어 원문은 다음 링크를 참조하라. https://goo.gl/9ffcH8